:k

Gedichte des Barock

Herausgegeben von
Volker Meid

Reclam

2., überarbeitete Auflage

RECLAMS UNIVERSAL-BIBLIOTHEK Nr. 19100
1980, 2014 Philipp Reclam jun. GmbH & Co. KG,
Siemensstraße 32, 71254 Ditzingen
Gestaltung: Cornelia Feyll, Friedrich Forssman
Druck und Bindung: Eberl & Koesel GmbH & Co. KG,
Am Buchweg 1, 87452 Altusried-Krugzell
Printed in Germany 2021

ISBN 978-3-15-019100-2
www.reclam.de

ANONYM

PostBott.

ICh bin ein Postbott außgesandt /
Vom Graf Buquoy in alle Landt /
Dem newen Koͤnig nachzufragen /
Der sich auß Boͤhm hat lassen jagen.
Ey liebe sagt wo findt ich doch
Den verlornen Pfaltzgrafen noch?

Ihr khuͤen Soldaten Knecht und Herrn /
Auß Boͤhem / Hungarn / und auß Maͤhrn /
Die ihr da man all arm hat blasen /
Geflohen seyt als wie die Hasen.
Ey liebe sagt wo find ich doch /
Den verlornen Pfaltzgrafen noch?

6 Du arme Burgerschafft zu Prag /
Sag mir daß ich doch wissen mag /
Ob man under deim putzel gsind /
Den armen Koͤnig auch nit findt.
  Ey liebe sagt wo find ich doch /
  Den verlornen Pfaltzgrafen noch?

Sagt mir ihr arme Bawerßleut /
Die ihr vom Hauß vertriben seyt /
Und jetzt in Berg und Waͤld muͤst leben
Hat er sich under euch begeben?
  Ey liebe sagt wo find ich doch /
  Den verlornen Pfaltzgrafen noch?

Bethlem Gabor / sein freund gar gut /
Den gwiß sein Ungluͤck schmirtzen thut /
Der du jetzt bist sein trost allein /
Sag wo mag er hin gflohen seyn?
  Ey lieber sag wo find ich doch /
  Den verlornen Pfaltzgrafen noch?

Ihr Fuͤrsten von der Union /
So ihm von Hertzen guͤnt die Cron /
Ist er nicht kommen euch zu klagen /
Wie er so elend sey geschlagen.
  Ey liebe sagt wo find ich doch /
  Den verlornen Pfaltzgrafen noch?

Und du Fuͤrst / der Hollender Gott /
So ihm grhaten zu disem Spott /
Und gmaint dein Bruder Heinrich soll /
Ihm Land und Leut bewahren wol.
  Ey lieber sag wo find ich doch /
  Den verlornen Pfaltzgrafen noch?

Ihr Kauffleut so in England ziecht /
Verlangt den gscheiden Kȯnig nicht
Zusehn / den arm verlornen Sohn /
Der in Bȯhem ist gloffn darvon.
  Ey liebe sagt wo find ich doch /
  Den verlornen Pfaltzgrafen noch?

Ihr die ihr stets geht ůber Landt /
Ist euch nit auff der straß bekandt /
Ein junger Mann mit Weib und Kindter /
Ist Kȯnig gwest vergangnen Winter.
  Ey liebe sagt wo find ich doch /
  Den verlornen Pfaltzgrafen noch?

Ihr Hånseestått mich doch bericht /
Habt ihr ihn arrestiret nicht?
Dieweil er euch ist schuldig vil /
Und hat zum zahlen keinen wil.
  Ey liebe sagt wo find ich doch /
  Den verlornen Pfaltzgrafen noch?

Secht wol ihr Jacobsbrůder frumb /
So im Land hin und her ziecht umb /
Ob nit in ewrem Pilgram gwandt /
Ein Calvinist steck unbekandt?
  Ey liebe sagt wo find ich doch /
  Den verlornen Pfaltzgrafen noch?

Ihr Judn an Gelt und Kleider reich /
Ist er im Laden nicht bey euch?
Und nimbt ein seltzams Kleid umb Lohn /
Daß er kumb unbekandt darvon.
  Ey liebe sagt wo find ich doch /
  Den verlornen Pfaltzgrafen noch?

8 O Camerari, ô Scultet,
Weil der Fritz so hoch fallen thet /
Und jetzt villeicht bey euch umbhinckt /
So schreit einmal / *Der Koͤnig trinckt.*
Ey liebe sagt wo find ich doch /
Den verlornen Pfaltzgrafen noch?

Ihr Herren uͤbers arm Spittal /
Und Seckelmaister zu Franckenthal /
Ist bey euch nit ein armer Dropff /
Der die Cron hat verlorn vom Kopf?
Ey liebe sagt wo find ich doch /
Den verlornen Pfaltzgrafen noch?

Ihr Bettelrichter ist euch nicht
Ein Bruder kommen zu gesicht /
Dem ein strumpf auff den schuech abhangt /
Weil er verlorn ein Hosenbandt?
Ey liebe sagt wo find ich doch /
Den verlornen Pfaltzgrafen noch?

Ich bin schier muͤed / mag nit mehr fragen /
Auff ihn wil ich ein Trinckgelt schlagen /
Wer mir zaigt den verlornen Mann /
Mit dem theil ich das Botenlohn.
Ey liebe sagt wo find ich doch
Den verlornen Pfaltzgrafen noch?

GEORG RODOLF WECKHERLIN

Lob-gesang
Von meiner gnaͤdigen Landsfuͤrstin.

GLeich wie / wan mit gleich-losem glantz
Die Delische goͤtin gezieret
Der sternen gewohnlichen dantz
Vor der goͤter gesicht auffuͤhret /
 Sie mit ihrem kraͤftigen pracht
 Die fuͤnsternus dem tag gleich macht:

Also Nymf / aller Nymfen blum /
O fuͤrstliche zier aller frawen /
O ihr aller Princessin ruhm /
Muß man euch mit wunder anschawen /
 Als deren schoͤnheit suͤsse macht
 Des himmels und der erden pracht.

Der doppelt-leuchtende planet /
Damit ewere stirn sich ehret /
Mit stehts-wehrender mayestet
Die lieb und ehr zumahl uns lehret:
 Und ihr lieblich-leuchtender pracht
 Die fuͤnsternus dem tag gleich macht.

Der muter-losen goͤtin witz
Muß ewerer weißheit nachgehen:
Die / so in Paphos ihren sitz /
Kan an zier vor euch nicht bestehen /
 Ewerer zier und weißheit macht
 Ist der goͤter und menschen pracht.

Dan der himel hat seine kunst /
So er (gerecht) so lang gespahret /
Mit mehr reicher dan spahter gunst
Durch euch bey uns geoffenbahret /
Und durch ewerer tugent pracht
Die menschen wie goͤter gemacht.

Und die Natur all ihre macht
Vor der welt augen zubeweisen /
Hat euch als ihr kunst-stuck erdacht /
Damit man sie durch euch solt preisen:
Also die erd durch ihre macht
Empfieng des himels wahren pracht.

Darumb dan unser grosse Printz
Sein hertz euch gern under-gegeben /
Auf das mit ihm seine provintz
Koͤnte durch euch gluͤckseelig leben /
Und durch ewerer jugent pracht
Die nacht dem tag wurd gleich gemacht.

O das euch beed der goͤter hand
Fuͤhre spaht zu des himels fraiden!
Das sie nicht moͤg ihn von dem land /
Euch von ihm / uns von euch abschaiden!
O das ewerer schoͤnheit macht
Bleibe stehts der welt wahrer pracht!

Uber den fruͤhen tod etc.
Fraͤwleins Anna Augusta Marggraͤfin zu Baden etc.

DEin leben / dessen end uns plaget /
War wie ein tag schoͤn und nit lang /
Ein stern vor des morgens aufgang /
Die Roͤhtin wehrend weil es taget /
Ein seufz auß einer edlen brust /
Ein klag auß lieb nicht auß unlust /
Ein nebel den die sonn verjaget.

Ein staub der mit dem wind entstehet /
Ein Daw in des Sommers anbruch /
Ein luft mit lieblichem geruch /
Ein schnee der fruͤlingszeit abgehet /
Ein blum die frisch und welck zugleich /
Ein regenbog von farben reich /
Ein zweig welchen der wind umbwehet.

Ein schaur in Sommers-zeit vergossen /
Ein eiß an haissem Sonnenschein /
Ein glaß also bruͤchig als rein /
Ein wasser uͤber nacht verflossen /
Ein plitz zumahl geschwind und hell /
Ein strahl schiessend herab gar schnell /
Ein gelaͤchter mit laid beschlossen.

Ein stim die lieblich dahin faͤhret /
Ein widerhall der stim in eyl /
Ein zeit vertriben mit kurtzweil /
Ein traum der mit dem schlaf aufhoͤret /
Ein flug des vogels mit begihr /
Ein schat wan die Sonn sticht herfuͤr /
Ein rauch welchen der wind zustoͤret.

Also dein leben (schnell verflogen)
Hat sich nicht anderst dan ein Tag /
Stern / morgenröht / seufz / nebel / klag /
Staub / daw / luft / schnee / blum / regenbogen /
Zweig / schaur / eiß /glaß / plitz / wasserfall /
Strahl / gelächter / stim / widerhall /
Zeit / traum / flug / schat und rauch verzogen.

Grabschrifft
Des Unvergleichlichen Fürstens und Heldens /
H. Bernharden / Hertzogen zu Sachsen / etc.

STeh / Leser / seufz und wein. Der welcher keine müh
Gespahret / des Reichs Recht und Freyheit hand zu haben /
Bernhard / des Teutschlands Held / und mit ihm ist alhie
Die Teutsche Redlichkeit und Dapferkeit begraben.

An das Teutschland.
Sonnet.

ZErbrich das schwere Joch / darunder du gebunden /
O Teutschland / wach doch auff / faß wider einen muht /
Gebrauch dein altes hertz / und widersteh der wuht /
Die dich / und die freyheit durch dich selbs überwunden.

Straf nu die Tyranney / die dich schier gar geschunden /
Und lösch doch endlich auß die (dich verzöhrend) glut /
Nicht mit dein eignem schwaiß / sondern dem bösen blut
Fliessend auß deiner feind und falschen brüdern wunden.

Verlassend dich auf Got / folg denen Fuͤrsten nach /
Die sein gerechte hand will / (so du wilt) bewahren /
Zu der Getrewen trost / zu der trewlosen raach:

So laß nu alle forcht / und nicht die zeit hinfahren /
Und Got wirt aller welt / daß nichts dan schand und schmach
Des feinds meynayd und stoltz gezeuget / offenbahren.

An den Unuͤberwindlichen
Koͤnig von Schweden / etc. 1631.

O Koͤnig / dessen haupt den Weltkraiß zu regieren /
Und dessen faust die welt zu sigen / allein gut;
O Herrscher / dessen hertz / Herr / dessen grossen muht
Gotsfurcht / Gerechtigkeit / Staͤrck / Maaß und Weißheit zieren:

O Held / fuͤr dessen Schwert die Verfolger die wuht /
Ihr klagen / forcht / gefahr die verfolgte verlieren;
Mars / Goͤtlichen geschlechts / von der Erroͤtter blut /
Wehrt uͤber Tyranney und stoltz zu triumfieren.

Des feinds zorn / hochmuht / haß / durch macht / betrug / untrew /
Hat schier in Dienstbarkeit / Unrecht / Abgoͤtterey /
Des Teutschlands freyheit / Recht und Gottes dienst verkehret;

Als ewer haupt / hertz / hand / gantz weiß / gerecht / bewehret /
Die feind bald ihren wohn und pracht in hohn und Rew /
Die freind ihr leid in frewd zu verkehren / gelehret.

An H. Martin Opitzen
Teutschen Poeten / etc.

INdem mein ohr / hand / mund schier muͤd / die schwere plagen /
Die diser Grosse Krieg mit Schwert / Pest / Hunger / Brand /
Und unerhoͤrter wuht auff unser Vaterland
Außgiesset / ohn ablaß zu hoͤren / schreiben / klagen /

Da ward mit wunder mir und mit wohn fuͤrgetragen /
Mein Opitz / deiner Lieb und Freindschafft wehrtes pfand /
Pfand / welches mir alßbald die feder auß der hand /
Und auß dem mund und geist die klag und leyd geschlagen.

Dan ja dein Orgelstraich / und deiner Harpfen klang
So lieblich das gehoͤr und hertz zugleich beruͤhren /
Daß wer (sinn-reich) mit mir erforschet ihren zwang /

Der kan nichts dan dein werck und wehrt zu hertzen fuͤhren /
Und sein mund muß dich bald mit einem Lobgesang /
Und seine hand dein haupt mit Lorboͤr-zweigen zieren.

Sie ist gantz Lieblich und Loͤblich.

DAs Gold des Morenlands / wie pur es auch kan sein /
Muß ihres krausen haars koͤstlichem schimmern weichen:
Der rohteste Coral / des schoͤnsten Rubins schein
Ist ihres Rosen-munds reichtumb nicht zuvergleichen.

Und keine perlein seind so weiß / so gleich / so rein /
Als die / die ihres munds red und geschmoͤll bereichen:
So kan auch die Natur und Kunst kein helfenbein /
Das so zart / glat und weiß / wie ihr Leib / herauß streichen.

Kurtz / meine Nymf Myrt ist ein Kunst-stuck der Natur /
Der hertzen brunst und wunsch / die herrscherin der seelen /
Der holdseeligkeit quell / der lieblichkeit figur /

Der augen suͤsse wayd / die todte zu besehlen /
Der Schoͤnheit gantze Sum / der Tugenten Richtschnur;
Wie kan ich immer dan / sie liebend / lobend / fehlen?

Venedig gegen seiner Liebsten verglichen.

WItzloß war die Fuͤrwitz / aufsaͤtzig der fuͤrsatz /
Kreutz-geitzig der ehrgeitz / die mich so sehr bethoͤret /
Daß eines Fuͤrstens will (der Schoͤn und Lieb gesatz
Zuwider) mich jetz ihm gehorsamen gelehret.

Dan was seind doch die Brent / Galleen / Marxenplatz /
Die statliche Pallaͤst / der Schatz so weit vermehret /
Gegen der haaren strom von purem gold bewehret /
Und gegen der Schoͤnheit und Tugend groͤsserm schatz?

Was ist des Hertzogs / Rahts / der Curtisanen prangen
In purpur / scharlach / gold / in bestem saal und mahl /
Verglichen mit dem schmuck der lippen und der wangen?

Was seind die Muͤntz / Zeughauß / Geschuͤtz und Arsenal /
Gegen dem schoͤnen aug / das billich (mein verlangen
Zustrafen) so weit ab mich toͤdtet wie ein strahl?

Die Lieb ist Leben und Tod.

DAs Leben so ich fuͤhr ist wie der wahre Tod /
Ja uͤber den Tod selbs ist mein trostloses Leben:
Es endet ja der Tod des menschen pein und Leben /
Mein Leben aber kan nicht enden diser Tod.

Bald kan ein anblick mich verloͤtzen auf den Tod /
Ein andrer anblick bald kan mich widrumb beleben /
Daß ich von blicken muß dan sterben und dan leben /
Und bin in einer stund bald lebendig bald tod.

Ach Lieb! verleyh mir doch numehr ein anders leben /
Wan ich ja leben soll / oder den andern tod /
Dan weder disen tod lieb ich / noch dises leben.

Verzeih mir / Lieb / ich bin dein lebendig und tod /
Und ist der tod mit dir ein koͤstlich-suͤsses leben /
Und leben von dir fern ist ein gantz bittrer tod.

Ihrer Schoͤnheit uͤbernatuͤrliche Wuͤrckung.

ICh sah / als ihr gesicht / der Morgen-roͤhtin gleich /
Als ihre zwilling-brust / so weiß als schnee zu sehen /
Und ihren glatten halß vil taussent ringlein reich
Von ihrem krausen gold umbgaben / sie auffstehen.

Auffstehen sah ich sie / so kunstloß als Lieb-reich /
Mit solcher Schoͤnheit schatz ohn muͤh / ohn sorg versehen /
Daß sie so Schoͤn / so fruͤh in der lieb Koͤnigreich
Kont andren umb mittag gezieret weit vorgehen.

Alßbald ich sie ersah / O wunder / schry ich bald /
Was kan von diser brunst und disem band mich freyhen /
Wan gőtlich sie an macht / und gőtlich an gestalt;

Und wan / als sie mir wolt ihr angesicht verleyhen /
Je bloser ihre brust / je stårcker ihr gewalt /
Je freyher ihre haar / je mehr sie mich entfreyhen!

Ein Rund-umb:
An eine grosse F. etc.

EIn kleine weyl / als ohn gefåhr
Ich euch in einem Sahl gefunden /
Sah ich euch an / bald mehr und mehr
Hat ewer haar mein hertz verbunden:
Ihr auch lieb-aůgleten mir sehr /
Da durch ich weiß nicht was empfunden /
Das meinem Geist / dan leicht dan schwer /
Auß lieb und layd alßbald geschwunden
Ein kleine weyl.
Biß ich von ewrer augen lehr /
Und ihr von meiner seufzen måhr
Die schuldigkeit der lieb verstunden;
Darauf wir heimlich ohn unehr
Einander frőlich ůberwunden
Ein kleine weyl.

Auff Danielis Heinsii Niederlaͤndische Poëmata.

IHr Nymphen auff der Maas' / ihr Meer-Einwohnerinnen /
Hebt ewre Haͤupter auff / erhoͤhet ewre Sinnen /
Biß froh / du schoͤner Rein / und du gelehrte Stadt /
Die Hungersnoth und Krieg zugleich ertragen hat:
Der gantze Helicon ist bey dir eingezogen /
Nach dem der hohe Geist von Gent hieher geflogen:
Die Tauben so zuvor dir Zeitung zugebracht /
Hat Venus jetzt auch hier zu Buͤrgerinn gemacht.
Der edle von der Does hat erstlich sie gelocket /
Sein' Ida gleichsfals offt' an ihren Mund gedrucket /
Sein' Ida die den Mars so inniglich verletzt /
Daß er sein grimmes Schwerdt mehr als zuvor genetzt.
Die Threnen so vor Lieb' aus seinen Augen flossen /
Sind in der Feinde Heer und Laͤger auch geschossen;
Da ward es gar zu naß. Sie liessen Leiden stehn /
Und fuͤrchteten die Flut moͤcht' an die Haͤlse gehn.
So bald das Gegentheil nun Urlaub hat genommen /
Des Wassers ungewohnt; ist Pallas zu euch kommen /
Und Phebus hat mit ihm die Musen hergebracht /
Die dann aus Niederland' Athen und Rom gemacht.
Es war noch nicht genung / der Held von Brennus Stamme /
Der grosse Scaliger / stackt' auff die helle flamme /
Die Franckreich war entfuͤhrt: Ein Mann / ein einig Mann /
Der Adler in der Lufft / redt' alle Voͤlcker an.
Biß ihr auch / Heinsius / ihr Phenix unsrer Zeiten /
Ihr Sohn der Ewigkeit / beguntet auszubreiten
Die Fluͤgel der Vernunfft. Das kleine Vaterland
Trotzt jetzt die grosse Welt durch eweren Verstand.
Was Aristoteles / was Socrates gelehret /
Was Orpheus sang / was Rom von Mantua gehoͤret /
Was Tullius gesagt / was irgend jemand kan /
Das sieht man jetzt von euch / von euch / ihr Gentscher Schwan.

Die Deutsche Poesie war gantz und gar verlohren /
Wir wusten selber kaum von wannen wir gebohren;
Die Sprache vor der vor viel Feind' erschrocken sind
Vergassen wir mit Fleiß' und schlugen sie in Wind.
Biß ewer grosses Hertz ist endlich ausgerissen /
Und hat uns klar gemacht / wie schendlich wir verliessen
Was allen doch gebuͤhrt: wir redten gut Latein /
Und wolte keiner nicht für Deutsch gescholten seyn.
Der war weit uͤber Meer in Griechenland geflogen /
Der hatt' Italien / der Gallien durchzogen /
Der prallte Spanisch her. Ihr habt sie recht verlacht /
Und unsre Muttersprach' in ihren werth gebracht.
Hierumb wird ewer Lob ohn alles Ende bluͤhen /
Das ewige Geschrey von euch wird ferne ziehen /
Von dar die schoͤne Sonn' aus ihrem Bett' auffsteht /
Und wiederumb hinab mit ihren Pferden geht.
Ich auch / weil ihr mir seyd im Schreiben vorgegangen /
Was ich fuͤr Ehr' und Rhum durch Hochdeutsch werd' erlangen /
Wil meinem Vaterland' eroͤffnen rund und frey /
Daß ewre Poesie der meinen Mutter sey.

Echo oder Wiederschall.

ECho Goͤttin die man niergendt kan finden /
Und bist doch nicht wenn man dich rufft dahinden /

Antworte mir auff meine Frage.	Frage.
Was thue ich in des Tages Hitze?	Sitze.
Ob ich mich mit dir unterrede?	Rede.
Was ists das mich so thut außsaugen?	Augen.
So hat mein Lieb an sich die Stuͤcke?	Tuͤcke.
Und krieg' ich das fuͤr meine Trewe?	Rewe.
Thut sich doch nichts so hart erweisen!	Eysen.
Wie mach' ich's denn das ich's erleyde?	Leyde.
Wie thue ich das ich sie erbitte?	Bitte.

So sol ich mich ihr untergeben?	Geben.
Was machet mich aber recht lieben?	üben.
Muß ich die Lieb' andern verschweigen?	Schweigen.
Und die Begier heimlich verbergen?	Bergen.
Und so wirdt sich das Blat noch wenden?	Enden.
Wie mach' ich das ich's end' erwarte?	Warte.
Was werd' ich denn zu letzt erhalten?	Halten.
Es ist genung hab' ich die Gnade.	Ade.

Ein Gebet / daß Gott die Spanier widerumb
vom Rheinstrom wolle treiben.
1620.

SChlag doch / du starcker Heldt / die Scheußlichen Maranen /
So leyder ihre Zelt und Blutgefärbten Fahnen
  Auch jetzt in Teutschlandt bracht / an unsern schönen Rhein /
  Der Waffen tragen muß / vor seinen guten Wein /
Es ist genug gespielt mit eisernen Ballonen /
Du grosser Capitain / hör auff / fang' an zu schonen /
  Es ist genug / genug / die Götter sein verheert
  Durch die / so sie gemacht / Statt / Dorff / und Feld verkehrt /
Laß die / durch deren grimm die Ströme kaum geflossen
Von Leichen zugestopfft / nit außgehn ungenossen /
  Und mache kundt / daß der / der dir zugegen strebt /
  Stürtzt / oder bleibt er ja / ihm selbst zur straffe lebt.

IN dem die Sonne sich hat in das Meer begeben /
Und das gestirnte Haupt der Nacht herausser bricht /
Sind Menschen / vieh und Wild wie gleichsam ohne Leben /
Der Monde scheinet auch gar kaum mit halbem Liecht'.
Ich / ob schon alles schlåfft / muß ohn Auffhören wachen /
Von vielen Tagen her / und wallen ohne Rhu:
Ist schon die gantze Welt befreyt von ihren Sachen /
So bring' ich doch vor Lieb' und Angst kein Auge zu.
Auch dich / Asterie / hat gantz der Schlaff umbringet /
Der Tagesarbeit furth / des Todes Ebenbild;
Da mir der Zehren Bach aus beyden Augen dringet /
Bist du mit sanffter Rhu auff deinem Bett' erfüllt.
Wie wann sich Delia hat in den Wald verborgen /
Wird durch den Schlaff erwuscht / und fellt in's grüne Graß;
Und wie die Nymphen auch sich legen gegen Morgen /
Nach dem der Nachttantz sie gemacht hat můd' und laß.
Sie ruhen sicherlich bey einem frischen Bronnen /
Die Båume halten auff der Morgenröthe Liecht;
Daß sie nicht alsobald erwachen von der Sonnen
Deckt sie der dicke Wald: Pan aber schlåffet nicht.
Er geht / er rufft / er schreyt mit sehnlichem Verlangen /
Daß seine Stimm' erklingt durch Půsche / Berg und Thal /
Und sie sind sånfftiglich mit süssem Traum' umbfangen;
Dem Pan antwortet nur der blosse Wiederschall.
Du auch / mein Leben / schlåffst / ich muß in Nöthen wallen;
Du bist in guter Rhu / ich wache für und für /
Biß mich der letzte Tod wird endlich uberfallen /
Auff den ich sehnlich wart' allhier bey deiner Thür.

Wo ist mein auffenthalt / mein trost undt schȏnes liecht?
Der trůbe winter kȏmpt / die nacht verkůrtzt den tag:
Ich irre gantz betrůbt umb diesen ȏden waldt:
Doch were gleich ietzt lentz / undt tag ohn alle nacht /
Undt hett' ich fůr den waldt die lust der gantzen welt /
Was ist welt tag undt lentz / wo nicht ist meine ziehr?
Ein schȏnes frisches quell giebt blumen ihre ziehr /
Dem starcken adler ist nichts liebers als das liecht /
Die sůße nachtigal singt frȏlich auff den tag /
Die lerche suchet korn / die ringeltaube waldt /
Der reiger einen teich / die eule trůbe nacht;
Mein Lieb / ich suche dich fůr allem auff der welt.
So lange bist du mir das liebste von der welt /
So lange Pales hegt der grůnen weide ziehr /
So lange Lucifer entdeckt das klare liecht /
So lange Titans glantz bescheint den hellen tag /
So lange Bacchus liebt den wein / undt Pan den waldt /
So lange Cynthia uns leuchtet bey der nacht.
Die schnelle hindinn sucht den hirschen in der nacht /
Was schwimmt / undt geht / undt kreucht liebt durch die gantze welt /
Die grimme wȏlffinn schȃtzt den wolff fůr ihre ziehr /
Die sternen leihen uns zum lieben selbst ihr liecht;
Ich aber gehe nun allhier schon manchen tag /
O Schwester / ohne dich durch berge / wildt undt waldt.
Was ist wo du nicht bist? so viel der kůhle waldt
Ein sandtfeldt ůbertrifft / der morgen fůr der nacht
Uns angenemer ist / der mahler dieser welt
Der lentz fůr winterlufft / so viel ist deine ziehr /
Die schȏnheit / diese lust mir lieber / o mein liecht /
Als das so weit undt breit bestralt wirdt durch den tag.

Der trost erquickt mich doch es komme fast der tag /
Da ich nicht werde mehr bewohnen berg undt waldt /
Da deine gegenwart / undt die gewündtschte nacht
Der trew noch lohnen soll: in deßen wirdt die welt
Vergeßen ihrer selbst / eh' als ich deiner ziehr /
Mein höchster auffenthalt / mein trost undt schönes liecht.
Laß wachsen / edler waldt / mitt dir mein trewes liecht /
Die liebste von der welt; es schade deiner ziehr /
O bawm / kein heißer tag / undt keine kalte nacht.

Jetzund kömpt die Nacht herbey /
Vieh und Menschen werden frey /
Die gewüntschte Ruh geht an;
Meine Sorge kömpt heran.

Schöne gläntzt der Mondenschein;
Und die güldnen Sternelein;
Froh ist alles weit und breit /
Ich nur bin in Trawrigkeit.

Zweene mangeln uberall
An der schönen Sternen Zahl;
Diese Sternen die ich meyn'
Ist der Liebsten Augenschein.

Nach dem Monden frag' ich nicht /
Tunckel ist der Sternen Liecht;
Weil sich von mir weggewendt
Asteris / mein Firmament.

Wann sich aber neigt zu mir
Dieser meiner Sonnen Ziehr /
Acht' ich es das beste seyn /
Das kein Stern noch Monde schein.

24 Ach Liebste / laß uns eilen /
Wir haben Zeit:
Es schadet das verweilen
Uns beyderseit.
Der edlen Schoͤnheit Gaben
Fliehn fuß fuͤr fuß:
Das alles was wir haben
Verschwinden muß.
Der Wangen Ziehr verbleichet /
Das Haar wird greiß /
Der Augen Fewer weichet /
Die Brunst wird Eiß.
Das Muͤndlein von Corallen
Wird ungestalt /
Die Hånd' als Schnee verfallen /
Und du wirst alt.
Drumb laß uns jetzt geniessen
Der Jugend Frucht /
Eh' als wir folgen můssen
Der Jahre Flucht.
Wo du dich selber liebest /
So liebe mich /
Gieb mir / das / wann du giebest /
Verlier auch ich.

Ihr schwartzen Augen / ihr / unnd du / auch schwartzes Haar /
Der frischen Flavien / die vor mein Hertze war /
Auff die ich pflag zu richten /
Mehr als ein weiser soll /
Mein Schreiben / Thun und Tichten /
Gehabt euch jetzund wol.

Nicht gerne sprech' ich so / ruff' auch zu Zeugen an
Dich / Venus / und dein Kind / daß ich gewiß hieran
Die minste Schuld nicht trage /
Ja alles Kummers voll
Mich stůndlich krånck' und plage /
Daß ich sie lassen soll.

Ihr Parcen / die ihr uns das Thun des Lebens spinnt
Gebt mir und ihr das was ich ihr / und sie mir gönnt /
Weil ich's ja soll erfůllen /
Soll zåhmen meinen Fuß /
Und wieder Lust und Willen
Auch nachmals sagen muß:

Ihr schwartzen Augen / ihr / unnd du auch schwartzes Haar /
Der frischen Flavien / die vor mein Hertze war /
Auff die ich pflag zu richten /
Mehr als ein weiser soll /
Mein Schreiben / Thun und Tichten /
Gehabt euch jetzund wol.

Ich empfinde fast ein Grawen
Daß ich / Plato / fůr und fůr
Bin gesessen uber dir;
Es ist Zeit hinaus zu schawen /
Und sich bey den frischen Quellen
In dem grůnen zu ergehn /
Wo die schönen Blumen stehn /
Und die Fischer Netze stellen.

Worzu dienet das studieren
Als zu lauter Ungemach?
Unter dessen laufft die Bach /
Unsers Lebens das wir fůhren /

Ehe wir es inne werden /
Auff ihr letztes Ende hin /
Dann kömpt ohne Geist und Sinn
Dieses alles in die Erden.

Hola / Junger / geh' und frage
Wo der beste Trunck mag seyn /
Nimb den Krug / und fülle Wein.
Alles Trawren / Leid unnd Klage
Wie wir Menschen täglich haben
Eh' uns Clotho fort gerafft
Wil ich in den süssen Safft
Den die Traube giebt vergraben.

Kauffe gleichfals auch Melonen /
Und vergieß des Zuckers nicht;
Schawe nur daß nichts gebricht.
Jener mag der Heller schonen /
Der bey seinem Gold' und Schätzen
Tolle sich zu krencken pflegt /
Und nicht satt zu Bette legt;
Ich wil weil ich kan mich letzen.

Bitte meine gute Brüder
Auff die Music und ein Glaß:
Nichts schickt / dünckt mich / nicht sich baß
Als gut Tranck unnd gute Lieder.
Laß' ich gleich nicht viel zu erben /
Ey so hab' ich edlen Wein;
Wil mit andern lustig seyn.
Muß ich gleich alleine sterben.

ISt Liebe lauter nichts / wie daß sie mich entzůndet?
Ist sie dann gleichwol was / wem ist ihr Thun bewust?
Ist sie auch gut und recht / wie bringt sie bȍse Lust?
Ist sie nicht gut / wie daß man Frewd' aus ihr empfindet?
Lieb' ich ohn allen Zwang / wie kan ich Schmertzen tragen?
Muß ich es thun / was hilfft's daß ich solch Trawren fůhr'?
Heb' ich es ungern an / wer dann befihlt es mir?
Thue ich es aber gern' / umb was hab' ich zu klagen?
Ich wancke wie das Graß so von den kůhlen Winden
Umb Vesperzeit bald hin geneiget wird / bald her:
Ich walle wie ein Schiff das durch das wilde Meer
Von Wellen umbgejagt nicht kan zu Rande finden.
Ich weis nicht was ich wil / ich wil nicht was ich weis:
Im Sommer ist mir kalt / im Winter ist mir heiß.

Aus dem Italienischen der edelen Poetin Veronica Gambura.
Sie redet die Augen ihres Buhlen an / den sie umbfangen.

SO offt' ich ewren Glantz / ihr hellen Augen / schawe /
Bin ich in grosser Lust vertåufft so hoch und weit /
Daß ich mich frewen muß auch in Trůbseligkeit
Und eusserster Fortun / in dem ich auff euch bawe.
Hergegen Schȁtz' ich mich fůr die betrůbtste Frawe /
Wann ihr nicht wie zuvor geneigt und freundlich seyd:
Ich bin mir selber gram / mein Leben ist mir leidt /
Dieweil ich euch nicht hab' auff die ich einig trawe.
Ihr irrdisches Gestirn' / ihr sterblichen Planeten /
Ihr meine Sonn' unnd Mond' / ihr / die ihr mich kȍnnt tȍdten /
Ohn euch ist alle Lust nichts als ein blosses Bild.
Was wundert ihr euch dann / daß ich zu euch muß eilen /
Mein bester Trost? es fleucht ein jeder fůr den Pfeilen
Des Todes / wider welch' ihr seyd mein starcker Schild.

Sonnet
ůber die augen der Astree.

Diß sindt die augen: was? die goͤtter; sie gewinnen
Der helden krafft undt muth mitt ihrer schoͤnheit macht:
Nicht goͤtter; himmel mehr; dann ihrer farbe pracht
Ist himmelblaw / ihr lauff ist ůber menschen sinnen:
Nicht himmel; sonnen selbst / die also blenden koͤnnen
Daß wir umb mittagszeit nur sehen lauter nacht:
Nicht sonnen; sondern plitz / der schnell undt unbedacht
Herab schlegt wann es ie zue donnern wil beginnen.
Doch keines: goͤtter nicht / die boͤses nie begehen;
Nicht himmel / dann der lauff des himmels wancket nicht;
Nicht sonnen / dann es ist nur einer Sonne liecht;
Plitz auch nicht / weil kein plitz so lange kan bestehen:
Iedennoch siehet sie des volckes blinder wahn
Fůr himmel / sonnen / plitz undt goͤtter selber an.

Ihr / Himmel / Lufft und Wind / ihr Hůgel voll von Schatten /
Ihr Hainen / ihr Gepůsch' / und du / du edler Wein /
Ihr frischen Brunnen ihr so reich am Wasser seyn /
Ihr Wůsten die ihr stets můßt an der Sonnen braten /
Ihr durch den weissen Thaw bereifften schoͤnen Saaten /
Ihr Hoͤlen voller Moß / ihr auffgeritzten Stein' /
Ihr Felder welche ziert der zarten Blumen Schein /
Ihr Felsen wo die Reim' am besten mir gerathen /
Weil ich ja Flavien / das ich noch nie thun koͤnnen /
Muß geben gute Nacht / und gleichwol Muth und Sinnen
Sich foͤrchten allezeit / und weichen hinter sich /
So bitt' ich Himmel / Lůfft / Wind / Hůgel / Hainen / Waͤlder /
Wein / Brunnen / Wůsteney / Saat / Hoͤlen / Steine / Felder
Und Felsen sagt es ihr / sagt / sagt es ihr vor mich.

Vom Wolffesbrunnen bey Heidelberg.

DU edler Brunnen du / mit Rhu und Lust umbgeben
Mit Bergen hier und da als einer Burg umbringt /
Printz aller schőnen Quell' / aus welchen Wasser dringt
Anmutiger dann Milch / unnd kőstlicher dann Reben /
Da unsres Landes Kron' und Hâupt mit seinem Leben /
Der werthen Nymph' / offt selbst die lange Zeit verbringt /
Da das Geflůgel ihr zu Ehren lieblich singt /
Da nur Ergetzligkeit und keusche Wollust schweben /
Vergeblich bist du nicht in dieses grůne Thal
Beschlossen von Gebirg' und Klippen uberall:
Die kůnstliche Natur hat darumb dich umbfangen
Mit Felsen und Gepůsch' / auff daß man wissen soll
Daß alle Frőligkeit sey Můh' und Arbeit voll /
Und daß auch nichts so schőn / es sey schwer zu erlangen.

Ie n'ay plus, etc.

Ich bin nur Haut und Bein / bin durch deß Todes Klawen
Geâdert / abgefleischt / verdőrrt und außgewacht;
Die Sieche Lagerstat hat gantz mich hingebracht:
Ich fůrchte meine Hând' und Armen an zu schawen.
Apollo / und sein Sohn / ich habe das vertrawen
Umbsonst gehabt auff euch und ewrer Krâuter Macht:
Die Fenster brechen mir: O Sonne / gute Nacht:
Mein Leib der taug nicht mehr zuflicken unnd zu bawen.
Kan jemand welcher mir mit seiner trewen Hand
Die toden Augen wischt mich sehen unverwand /
Behertzt zu Hause gehn / und unbesorgter Sachen
Gedencken an den Leib der jetzt verwesen soll?
Ihr Freunde / grůß' euch Gott / gehabt euch alle wol:
Ich reise zuvoran euch oben Raum zu machen.

Auff des Petrarchen Katze.

DEr Tichter von Florentz hat zweyerley geliebet /
Mich vor / die Laura dann der er viel ehre giebet.
Was lachst du? ihre ziehr war wuͤrdig solcher brunst /
Und meine grosse trew verdiente gleichfals gunst.
Sie machte daß er lust und muth gewann zum schreiben /
Ich machte daß die schrifft vor maͤusen kundte bleiben.

[*Grabschrift*]
Eines geilen Weibes.

Hier liegt ein hoͤffliches doch geiles Weib begraben /
Wuͤntscht ihr nicht daß sie Rhu moͤg' in der Erden haben:
Sie hat dem Himmel selbst zu gleichen sich geuͤbt /
Und nichts als stetige Bewegung mehr geliebt.

[*Über die Eroberung der Stadt Magdeburg*]

Die stets alleine schlief / die alte keusche Magd /
Von tausenden gehofft / und tausenden versagt /
Die Carl zuvor / und itzt der Marg-Graf hat begehret /
Und jenem nie / und dem nicht lange ward gewaͤhret /
Weil jener ehlich war / und dieser Bischoff ist /
Und keine Jungfrau nicht ein frembdes Bett erkiest /
Kriegt Tylli. Also koͤmmt itzt keusch und keusche Flammen /
Und Jungfrau und Gesell / und alt und alt zusammen.

Der CXXX. Psalm.

AUß diesem tieffen grunde
Der ängsten ruff ich dir
Mit hertzen und mit munde /
O Gott / mein trost und ziehr:
Du wollest / HErr / mir leihen
Dein väterliches ohr:
Erhöre ja mein schreyen /
Laß diese seufftzen vor.

Dann wo du auff wilst mercken
Was sünden wir begehn /
Wer wird mit seinen wercken
Für dir / o HERR / bestehn:
Doch / HERR / du kanst vergeben /
Und bist genaden-voll /
Darmit man besser leben
Und dich mehr fürchten soll.

Ich wart' auff Gottes güte
Dem ich mein leid geklagt;
Es harret mein gemüte
Auff diß was er gesagt:
Es harrt mit trewen sorgen /
Ist wie die wächter sind /
Wie wächter eh es morgen
Und tag zu seyn beginnt.

Israel sol mit wachen
Und hoffen embsig seyn;
GOTT weiß es wol zu machen /
Und stellt die straffen ein:

Er wird von allem bösen /
Von schuld und missethat
Israel selbst erlösen
Das ihn zum HERREN hat.

Salomons hohes Lied.
Das Siebende Liedt.

WIe schöne Füß' und auch wie schöne Schue
Sind deine doch / du Fürstentochter du!
Wie Spangen stehn beysammen deine Lenden /
Sehr wol gemacht von guten Meisterhänden.
Dein Nabel wie ein runter Becher steht /
Dem niemals Tranck und süsser Wein abgeht;
Der Bauch gleicht sich dem Weitzenhauffen eben /
Der rings umbher mit Rosen ist umbgeben.
Gleich wie man sicht zwey junge Rehe sich
Mit geilem Spiel' ergetzen lustiglich /
Und frölich sein an einer grünen Wüste /
So stehn dir auch die rundterhabnen Brüste.
Dein weisser Hals giebt von sich solchen schein
Als wie ein Thurn gemacht auß Helffenbein.
Die Wangen sind wie Hesbons schöne Teiche
Am Bathrabs Thor' in Armons seinem Reiche.
Die Nas' ist dir wie Libans Thurn erhöht
Hier wo der Weg hin nach Damascus geht:
Das Haupt sieht auß wie Karmel an dem Strande
Der Mittelsee im Palestiner Lande.
Das edle Haar mit dem du / Liebste / blühst /
Hat einen Glantz wie Königs purpur ist.
Du hast doch nichts als lauter solche Gaben
Die manch' ihr wündscht / und du kanst einig haben.
Was ist es nun das dir an lenge gleicht?
Ein Palmenbawm der keiner last nicht weicht.

Die Bruͤste stehn wie Trauben die noch reiffen /
Und harte sind zum ersten anzugreiffen.
Was geb' ich doch dem saͤumen weiter raum /
Und steige nicht auff meinen Palmenbawm?
Laß deine Bruͤst' als junge Trauben stehen /
Der Nasen ruch fuͤr schmeckend' Oepffel gehen.
Dein zarter Schlund sey wie ein suͤsser Wein
Der uns erquickt und schlaͤfft die Sinnen ein /
Und machet das dein Buhle sachen saget /
Wie einer der im Traume nach was fraget.

Die Sulamithinn.

Ich bleib' und bin deß Liebsten fuͤr und fuͤr /
Dann seine lust beruhet gantz auff mir.
Komm / Hertze / komm; laß uns zu Felde bleiben
In felster Rhue / und da die Zeit vertreiben.
Wir lassen nur der Statt nicht-rechten-schein /
Ihr eitels thun und falsche Frewde sein;
Wir wolln mit dir / O Morgenroͤth' / auffstehen /
Und froͤlich hin in unsern Weinberg gehen.
Wir wollen sehn ob nicht der Stock schier bluͤht /
Und ob er nicht mit newen Augen sieht;
Ob dieses Jahr wird Granatoͤpffel tragen /
Ob ihre Haut beginnet außzuschlagen.
Alsdann will ich dir reichen meine Brust /
Und einen Kuß; will alle Feldeslust
Dich lassen sehn / dir alle Fruͤchte geben
So ich fuͤr dich pfleg' heilig auffzuheben.

An Herrn Heinrich Schuͤtzen /
auff seiner liebsten Frawen
Abschied.

O Du Orpheus unsrer Zeiten /
Den Thalia hat gelehrt /
Dessen Lied und guͤldne Seiten
Phebus selbst mit Frewden hoͤrt /
Worzu dienet dann das klagen?
Kan die Angst den Tod verjagen?

Stimme deine Lauten wider /
Laß die Orgel besser gehn /
Laß erschallen deine Lieder
Soll dein Lieb noch bey dir stehn /
Soll sie auff das newe leben /
Und sich selbst dir widergeben.

Gib ihr durch dein lieblichs singen
Was der Tod hat hingebracht;
Laß den suͤßen Thon erklingen
Den Eaͤgers Sohn gemacht /
Und so kuͤnstlich hat gesungen
Daß er Nacht und Tod bezwungen.

Die beruͤmbten Lieder bleiben
Wann wir lengst gestorben sind:
Was durch sie nicht kan bekleiben
Fehrt dahin wie Rauch und Wind.
Wer so stirbet muß nur sterben /
Und sein Lob mit ihm verderben.

Preise deiner Liebsten Tugend /
Sage von der Freundligkeit /
Von der Anmuth ihrer Jugend /
Von der angenehmen Zeit
Welcher du mit ihr genossen
Ehe sie die Zeit beschlossen.

Wir auch wollen mit dir stimmen /
Wollen Eyfrig neben dir
An die blawen Wolcken klimmen /
Daß sie lebe fůr und fůr
Durch die Kunst gelehrter Seiten /
O du Orpheus unsrer Zeiten.

HORATII: EXEGI monumentum.

ICh hab' ein Werck vollbracht dem Ertz nicht zu vergleichen /
Dem die Pyramides an Hŏhe mŭssen weichen /
Daß keines Regens Macht / kein starcker Nordwind nicht /
Noch folge vieler Jahr' und Flucht der Zeit zerbricht.
Ich kan nicht gar vergehn. man wird mich rŭhmen hŏren
So lange man zu Rom den Jupiter wird ehren.
Mein Lob soll Aufides der starck mit rauschen fleußt /
Und Daunus wissen auch der selten sich ergeußt.
Dann ich bin der durch den der Griechen schŏnes Wesen /
Was Tichterkunst betrifft / jetzt Rŏmisch wird gelesen.
Setz' O Melpomene / mir auff als meinen Ruhm
Den grŭnen Lorberkrantz / mein rechtes Eygenthumb.

ISAAC HABRECHT

Uberreime / an die Teutsche Musa.

NUn / Teutsche Musa / tritt herfuͤr /
  Laß kecklich deine stimm erklingen /
Warumb woltestu foͤrchten dir /
  In deiner Mutter sprach zusingen?
Meint man / Teutschlandt sey ohne sinnen?
  Soll dann der Grichen pracht /
  Oder die Roͤmisch macht
Der Poetrei Kleinodt allein gewinnen?

JULIUS WILHELM ZINCGREF

An die Teutschen.

IHr klagt / ihr habt vor euch noch einen schweren Berge
Zusteigen / biß ihr kompt zu deß Lufftpferdts Herberge /
  Und zu der Ewigen gedechtnus guͤldnem Thron /
  Uff dem bewaret ligt die Edle Lohrberkron;
Wohlan / wie daß ihr dann so still hienieden sitzet /
Und vor Teutschlandes Ehr nit auch ein wenig schwitzet.
  Je weiter ist der weg / je reicher ist der Lohn:
  Ist dan der Weg gering / je groͤsser ist eur hon.

Epigramma
Vom Thurn zu Straßburg / warumb der andere darneben nit auffgebawet worden.

IHr seyt unrecht daran / Zuseher / die ihr schawet
  Diesen herrlichen Thurn / das achte Wunderwerck
  Deß Irrdischen bezircks / und uber alle Berg
Denselben hoch erhebt / weil er koͤstlich erbawet

Biß an die Wolcken reicht / daß ihr darbey wolt klagen /
Es mangelt ihm noch eins / diß nemlich / daß der grundt
Seins Bruders neben ihm leer / der uff diese stundt
Nur halb geführet auff. Nicht lasset euch mißhagen
Dieses geheimnus groß. Natur hats eingestelt
Daß neben diesem Thurn noch einer solt gefallen /
Dann so ist er allein der schönst und höchst vor allen /
Und hat seins gleichen nicht in dieser weiten Welt.

HENRICH HUDEMANN

Teutschland.
Emblema.

TEutschlandt ist durch den Wind deß Krieges umbgetrieben
Nicht anders / alß ein Schiff / welchs fast ist auffgerieben
Durch grossen Meeres Sturm / durch Unglück mannigfalt;
Und solches ist geschehn durch Aeoli gewalt:
Derselbe ist dahin / sein Krafft hat Er verlohren;
Castor und Pollux seynd nu wieder new geboren /
Die werden scheinen hell / und unser Schiff geschwind
Wird finden seinen Port durch stillen guten Wind.
Anno 1625.

Von der Zeit.

GLeich wie des Neptuns Frewd / daß blawe Wasser fliesset
Mit schnellem stillen Lauff / welchs jederman geniesset /
Daß wirs vermercken kaum; Also die edle Zeit /
Darin wir leben all / auch mit Geschwindigkeit
Hinläuffet / wann wir nicht ihr köstligkeit recht achten /
Und unsers Leben End gebürlich thun betrachten;

Die ungewisse Stund deß Todts verborgen ist /
Welch doch zu ihrer Zeit uns treffen wird gewiß /
Auff daß mit frechem Muth wir uns nicht hoch erheben /
Sondern zu aller frist im anvertrawten Stand
Verůben / waß gereicht zum eigenem Wolstand /
»Und auch gemeinen Nutz: dann die wohl / und recht leben /
»Die immerdar mit des Gewissen Sauberkeit
»Zu leben lenger / und zu sterben seyn bereit.

JOHANN HERMANN SCHEIN

MEin Schifflein lieff im wilden Meer /
Geschlagen von sturmwinden:
Das Segel war zu rissen sehr /
Kein Ruder kont ich finden:
Kein Schiffmann da vorhanden war /
Auff allen Seiten war Gefahr /
Kein Sternlein ließ sich blicken:
Wie bett / wie gab ich gute wort /
Biß endlich durch gewůndschten port
Mich Amor thet erquicken.
Drumb ich dem Gŏttlein blind zu Danck /
Mein hertz vovir mein Lebelang.

AMor das liebe Råuberlein
In Filli Eugelein /
Ein guter Bogenschůtz /
Mit seiner List und Witz /
Hat sich logiret ein:
Daraus es unverdrossen
Viel tausend Pfeil verschossen /

Die manch Hertz ungehewer
Gebrennt wie lauter Fewer.
Und schoͤß es mehr der Pfeile noch /
So mangelt ihme keiner doch /
Das koͤmmet daher eben /
Weil Filli Augenoͤpffelein
Mit ihren Liebesblickelein
Gnug Fewr und Pfeile geben.

GLeich wie ein armes Hirschelein /
Das man gejaget hat /
In einem gruͤnen Waͤldelein /
Bin ich so muͤd und matt /
Nicht lengr ich mich salviren kan /
Amor mir fort nachstellt /
Er will auch nicht ehe abelahn /
Er hab mich denn gefellt.

O Filli schoͤn dein LiebesStral /
Auß deinen Eugelein /
Braucht er zum schiessen allzumal /
An stat der Pfeile sein /
Sein Jaͤger-hund dein Tugend viel /
Mein Hertz ergriffen han /
Das ich gefellt / muß ligen still /
Und nicht entspringen kan.

Abr Filli from / sieh an mein Noth /
Bitt Amor noch fuͤr mich /
Das er nicht gar mich schieß zu todt /
Auß zorn so grimmiglich /
Ich will dafuͤr in deinem Wald /
Mich allzeit stellen ein /
(Ach eil / Ach eil / mein Lebn erhalt /)
Dein trewes Hirschlein sein.

1.

JErusalem du hochgebawte Stadt /
Wolt Gott / wer Ich in dir!
Mein sehnlich Hertz so groß Verlangen hat /
Und ist nicht mehr bey mir!
Weit ůber Berg und Thale /
Weit ůber blache Feld /
Schwingt es sich ůberale
Und eylt aus dieser Welt.

Jubelgesang / und dieses Orts eingeführe[t] worden.

Also erseufftzen betrůbte Christen / wenn sie den heutigen Zustandt / Elend und Jammer wo nicht ansehen doch erfahren. Sie wůndschen:

2.

O schǒner Tag / und noch viel schǒnste Stund
Wenn wirstu kommen schier!
Da ich mit Lust / mit Freudenfreyen Mund
Die Seele geb von mir:
In Gottes trewe Hånde
Zum Außerwehlten Pfand /
Daß Sie mit Heyl anlende
Bey jenem Vaterland.

Nun wolan / es wird zwar unserer Seelen lang zu wohnen bey denen die den Frieden hassen: Jedoch wird der schǒne Tag / und noch viel schǒnste Stundt dermahl eins anbrechen / und alsdann

3.

Im Augenblick wird Sie erheben sich
Biß an das Firmament /
Wann Sie verlest so sanfft / so wunderlich
Die Stett der Element:

Faͤhrt auff Eliae Wagen
Mit Engelischer Schaar /
(Die Sie in Haͤnden tragen)
Umbgeben gantz und gar.

Mit was froͤlichem Gesicht / mit was heiligen Gedancken / muß doch die abgeholte Seel die Himmelstadt ansehen / wenn sie derselbigen sich nahet? Sie kan fuͤrwar nicht schweigen / das Hertz schuͤttet sie aus / der Mund gehet uͤber / Sie spricht:

4.

O Ehrenburgk / nun sey gegruͤsset Mir /
Thue auff der Gnaden Port:
Wie grosse Zeit hat mich verlangt nach dir /
Ehe Ich bin kommen fort!
Aus jenem boͤsen Leben /
Aus jener Nichtigkeit /
Und Mir Gott hat gegeben
Das Erb der Ewigkeit.

Wird aber auch bey demselbigen nicht verbleiben / sondern

5.

Ein edles Volck / und ein sehr werthe Schaar
Koͤmpt dann gezogen schon?
Was in der Welt / von Außerwehlten war
Sicht Sie die beste Kron:
Die JEsus Ihr der HERRE
Entgegen hat gesandt /
Da sie noch war so ferre
In ihrem Threnen-Land.

(Sicht sie) im Gesang: Seh ich. (Ihr) im Gesang Mir. (Sie) im Ges. Ich. (Ihrem) im Gesang Meinem.

6.

Propheten groß und Patriarchen hoch
Auch Christen in Gemein /
Die weyland dort trugen des Creutzes Joch
Und der Tyrannen Pein
Schawt Sie in Ehren schweben
In Freyheit ůberall
Mit Klarheit hell umbgeben
Mit Sonnenliechten Strahl.

(Schawt sie) im Ges. Sch. Ich.

7.

Wenn dann zuletzt Sie ist gelanget hin
Ins schôe Paradeiß /
Von hôchster Frewd erfůllet wird der Sinn /
Der Mund von Lob und Preiß:
Das Halleluja reine
Man spielt in Heiligkeit /
Das Hosianna feine
Ohn End in Ewigkeit.

(Sie ist) im Gesang / ich eingelanget bin.

8.

Mit JubelKlang! mit Instrumenten schon!
Auff Choren ohne Zahl!
Das von dem Schall / und von dem sůssen Thon
Sich regt der Frewden Saal!
Mit hundert tausend Zungen /
Mit Stimmen noch viel mehr!
Wie von Anfang gesungen
Das Himmelische Heer!

Wer dahin begehret / und dermahl eins nur eine Noten mitsingen / oder doch der Thůr hůtten will in dem Hause unsers Gottes / der sage im Hertzen Amen. Hilff aber HErr Jesu Christe / daß viel diese ewige

Frewde wol fassen / an ihren Todtbett ihrer eingedenck werden / und durch diese liebliche Betrachtung allhier ritterlich ringen / durch Todt und Leben zu dir tringen / Amen / O Jesu / Amen.

JOSUA STEGMANN

Kurtze Reimen /
Von Eitelkeit des menschlichen Lebens.

WAs ist doch unser Lebenszeit /
Alß lauter Muͤh und Eytelkeit /
Ein Staub der mit dem Wind entsteht /
Ein Schnee der im Fruͤling weggeht /
Ein Wasserblaß so bald zerrinnt /
Ein Regenbog so bald verschwindt /
Ein Nebel den die Sonne verjagt /
Ein Himmelroͤth so lang es Tagt /
Ein Thaw von der Hitze verzehrt /
Ein Blat vom Winde umbgekehrt /
Ein schoͤnes Glaß so bald zubricht /
Ein Blume so bald wird zu nicht /
Ein Eyß am heissen Sonnenschein /
Ein Schatten der da bricht herein /
Ein Plitz der daher fehret hell /
Ein Stral so scheust herab gar schnell /
Ein Wiederschall der Stimm in Eyl /
Ein Zeit vertreiben mit kurtzweil /
Ein Traum der mit dem schlaff aufhoͤrt /
Ein Rauch welchen der Wind zerstoͤrt /
Hilff Herr daß nach der kurtzen Zeit /
Wir erben die froͤlich Ewigkeit.

In Kriges- und VerfolgungsGefahr

GRoß ist / O grosser Gott / die Noth / so uns betroffen:
Das Unrecht haben wir / wie Wasser eingesoffen.
Doch ist das unser Trost / Du bist voll Gütigkeit /
Du nimbst die Straffe hin / wann uns die Sünd ist leid.
Wir ligen hier für dir / betrawren unsre Sünden:
Ach laß uns Gnade doch für deinen Augen finden!
Treib ab die KriegsGefahr durch deine starcke Hand /
Gib uns den lieben Fried / schütz unser Vaterland.
Erhalte deine Kirch in diesen letzten Zeiten:
Da Teuffel / Hell und Welt sie plagt auff allen Seiten.
Dein ist die Sach O Gott / drumb wach und mach dich auff /
Schlag eine Wagenburg umb deinen kleinen Hauff.
Der sich auff dich verlest / der sich dir ganz ergiebet /
Der dich im Hertzen tregt / der dich von Hertzen liebet:
Der dein Wort höher acht / denn alles Gut und Geldt /
Unnd was die Welt sonst mehr für jhre Frewde helt.
Laß sehen jederman / laß jederman erfahren /
Du eben seyst der Gott / der sein Volck kan bewahren:
Der hülffe senden kan / wann niemand hülffe weis.
Dafür wird alles Volck dir singen Lob und Preiß.

ANONYM

Der Mitternåchtische Lewe / welcher in vollen Lauff durch die PfaffenGasse rennet.

TRiumpff! Victoria! Der Lew aus Mitternacht
Hat endlich Rach geůbt / und euch in Lauff gebracht /
Ihr feistes Klostervolck! Ihr in der Pfaffengasse
Laufft nun / und trollet euch aus ewrem festen Passe /
Von ewrem Feigenbawm / von ewrem Rebenstock /
Geht bald / und hůllet euch in ewren PfaffenRock /
Und rennet / was ihr kőnt: das Blat ist umbgewendet /
Und hat sich ewer Trotz / und schnarchen nun geendet /
Wie starck und scharff es war: Das jagen und das Blut /
Darnach euch so gedůrst / wird ůber euch geschůtt /
Ihr Hell-Verbantes Volck. Kompt nun ihr Baalspfaffen /
Uns unser Geistlich Gut / und Stiffter zu entraffen /
Die Thůr ist auffgethan / kompt / kompt / und schleicht euch ein /
Ihr solt uns allerseits Willkomne Herren sein!
Doch schawet fleissig zu / das ihr euch nicht verirret /
Noch in dem schwinden Lauff gefehrlichen verwirret /

Der Lewe moͤcht euch sonst ertappen / eh ihr euch
Zu ruͤcke finden koͤnnt in ewer Erbgestreuch.
Der Adler traun fleucht / und trawt sich nicht zu wehren /
Wil auch der stoltze Beer schon seinen Ruͤcken kehren;
Wolan / ergreiffet bald die noch erlaubte Flucht /
Sonst werdet ihr gewiß in ewrem Nest besucht /
Geht / weils noch gehens gilt! Wenn Beer und Adler lauffen /
So fuͤrchtet man sich nicht vor aller Schweine schnauffen.

DIEDERICH VON DEM WERDER

[Krieg und Sieg Christi]

Eingang. Sonnet.

Von Christi Krieg' und Sieg' erfrew ich mich zu singen /
Der seiner Kriege last mit Sieg' ertragen hatt /
Und Sieghafft auff den Hals der Kriegesfeinde tratt:
Ja unser Sieg und Krieg soll drunter mit erklingen /
Wie ich und jeder Christ durch Krieg zum Siege dringen
Sieghafften Kriegern gleich; verleih' hier deinen rath
Du Kriegs- und SiegesFuͤrst / steh bey mir in der that /
Und hilff mir einen Sieg in diesem Krieg' erringen.

Du großer SiegesHeld / ErtzHertzog Heer- und Kriegs /
Der KriegesHeere Herr und geber jedes Siegs /
Gib daß sich jeder Vers mit Sieg und Krieg zerstreite /
Das spielend' ich Krieg Sieg in alle reimen leg' /
Und mache Siegen mich / auff das der Krieg / den heute
Ich kriegend' hier anheb' / bald Siegend' enden moͤg.

TrawerLied /
Uber die klågliche Zerstőrung der Lőblichen
und Uhralten Stadt Magdeburg.

DIe Thrånen / Clio heut' / in grossem Uberfluß' /
Auß deinen Augen schůtt' / den harten Himmelsschluß /
Sein schwer Verhångnůs auch / gar heiß / mit mir beweine
Die unerhőrte Noth / den Untergang ich meyne /
Der Jungfråwlichen Stadt / die umb Untugent nicht
Hat ein kohlschwartzer Tag so klåglich hingericht.
O glůcklichs Jungfråwlein! O Liebstes aller Lieben!
So lang' als Jungfraw du und ungeschwåcht geblieben /
So lang' als von sich noch gab einen hellen Glantz
Die gůlden' EhrenCron / und Jungfråwlicher Krantz /
Auff deinem gelben Haar: Jetzt ligstu da gestrecket
Als ein' ermordte Braut / bist uberall bedecket
Mit Eisen / Asch / und Blut / erschrecklich / blaß / verbrendt /
Geschwollen / stinckicht / schwartz / unflåtig / und zerschendt /
Zerschendt durch Nothzucht auch / durch Nothzucht so zerrůttet /
Daß sich die Sonn' entsetzt / die Erde drob erschůttet /
Der Himmel selbst erschrickt. Gottloser BulenKnecht /
Es weren ja fůr dich die drey HőllHuren recht /
Ihr Bråutigam zu seyn: Mit solchem Brand und Morden
Ist auch des Plutons Weib selbst nicht geraubet worden.
Du ALTER KAHLKOPF / du verdientest / daß das Schiff
Charontis mit dir stracks in seinen Abgrund lieff.
Du bist nicht wůrdig einst den Schatten anzusehen /
Der von WeibsBildern kőmpt: Darffst dich doch unterstehen /
Auff gar unmenschlich' Art und Weiß' / als ein Tyrann /
Ein reines Jungfråwlein / das ein Gelůbd gethan /
In Keuschheit seinem GOtt / zur Unzucht zu begehren.
O rasend-alter Hund! Ich dűrfft in Warheit schweren /
Daß dich kein MenschenBlut / und keines Mannes Macht
Hab' in die Welt gesetzt / Herfůr hat dich gebracht

Das ungehewre Meer / Es haben dich gezeuget
Die Klippen im Gebirg' / ein Tyger hat geseuget
Mit seinen Tutten dich / Tractierst im Bråutgamstand'
Du deine Braut also? Ist das der Liebe Pfand?
Ist das der Mahlschatz nun / damit du zuversehen
Als deine Bråute pflegst? Pflegst du so zu begehen
Fein dein Verlôbnůs Fest / und hohen EhrenTag?
Wildt / Grausam / Murrisch / Rauh / und ein Unmensche mag
Wol dieser Freyer seyn. Nun / nun / Ey trag' und fůhre
Die Nase nicht zu hoch / nur nicht zu sehr stoltzire /
Du auffgeblasner Feind: Es weltzen nun mehr auch
Die Parcae mitten drinn' im Fewer / Flamme / Rauch /
Und Zorn dein Glůck herůmb: Es schlåfft zur rechten Rache
Des HERREN AUGE nie. Und hat zu dieser Sache
Schon einen dir ersehn / der dich zerscheitern sol;
Vielleicht steht er schon da / und siehst sein Rachschwert wol
Vielleicht wird er dich noch mit allen deinen Siegen /
Triumphen / Ruhm / und Gut zum Raub' und Beute kriegen /
Und treten unter sich: Er fůhrt mit gleicher Ehr'
Auff seinem Haupt die Cron' und in der Hand die Wehr.
Ihr Bůrger aber all'; Ihr Månner / und ihr Frawen /
Ihr Kinder / Knåbelein / ihr Jůngling und Jungfrawen:
Du kecke Kriegesschaar: Und du O Edler Heldt*;
Der du ihr warest gleich als Hertzog fůrgestellt /
Glantz aller Tapferkeit / und Sonne des Verstandes
Ruht ruhet in der Asch' hier ewres Vaterlandes /
Ja ruhet sůß und sanfft / kein Todt ist ewer Todt:
Ein Leben ist er euch / ein Leben auch in GOtt /
Ein Leben voller Ehr ein Leben voller Leben:
Ihr uberwunden habt: Ihr werdet euch erheben /
Hoch ůber das Gestirn / Es wird nach unsrer Zeit
Auch werden ewer Lob unsterblich außgebreit.

* Marschall Dieterich von Falckenberg.

Und Ihr / Ihr andern auch / ihr Jungen mit den Alten
Die ihr in dieser Nacht / erhalten und behalten
Zu fernerm Leiden noch mit andern Christen seit /
Im Glauben stehet fest / und machet euch bereit
Zu dulden ungemach / und frewdig außzustehen /
Was euch verordnet ist: Ihr werdets endlich sehen
Was es euch helffen muß. Ja wie auch Christus noch
Durch diese Trübsal sich so herrlich und so hoch
An euch verklären wird: Ihr werdet noch einst sagen /
Wol uns! Die wir verschmertzt nun haben so viel plagen!
Seyn Christen in der That: Drumb dawret tapffer auß
Die Crone der Gedult kömpt euch gewis ins Haus.

GEORG GLOGER

Generals Tylli drey Tugenden in Laster verkehret.

NOch newlich rühmbte man / der Tylli sey beschryen
Von dreyen Tugenden / vor andern Ihm verliehen.
Zum ersten / daß er nie ein Weibesbild berührt.
Vors andre hett' Ihn auch kein Trunck noch Rausch verführt.
Zum dritten hett' er gar in keiner Schlacht verlohren /
Und were von Natur zum Siegen nur gebohren.
Ich glaubs / und ist auch war. durch solcher Tugend Krafft
Hat weder Macht noch List an Ihm gar viel geschafft.
Denn keusche Jungfrawschafft stets ihre Lohnung findet /
Und wer sich selbst beherscht / auch ander' überwindet.
So gleichfals / wer sich recht vor Voll-sein hüten kan /
Der bleibt vor seinem Feind' ein ungeschlagner Mann.
Nach dem er aber sich an Blutschuld vollgesoffen /
Und an der Sachsen Magd die Keuschheit abgeloffen /
So kan er in der Schlacht nicht mehr / wie vor / bestehn /
Und muß vor seinem Feind' in stettem fliehen gehn.

Denn wer sich Blutvoll saͤufft / hat gar kein recht Geschicke;
Und wer Jungfrawen schaͤndt / hat weder Stern noch Gluͤcke.
Druͤmb heist er billich nun / wie ers verdienet hat /
Ein Hurer / Trunckenpolt / und fluͤchtiger Soldat.

ANONYM

Wallensteins Epitaphium.

Hie liegt und fault mit Haut und Bein
Der Grosse KriegsFuͤrst Wallenstein.
Der groß Kriegsmacht zusamen bracht /
Doch nie gelieffert recht ein Schlacht.
Groß Gut thet er gar vielen schencken /
Dargeg'n auch viel unschuldig hencken.
Durch Sterngucken und lang tractiren /
Thet er viel Land und Leuth verliehren.
Gar zahrt war ihm sein Boͤhmisch Hirn /
Kont nicht leyden der Sporn Kirrn.
Han / Hennen / Hund / er bandisirt /
Aller Orten wo er losirt.
Doch mußt er gehn deß Todtes Strassen /
D' Han kraͤhn / und d' Hund bellen lassen.

FRIEDRICH SPEE VON LANGENFELD

Die gesponß Jesu klaget
ihren hertzenbrand.

I.

Gleich fruͤh wan sich entzuͤndet
Der silber weiße tag;
Und uns die Sonn verkuͤndet /
Waß nachts verborgen lag:

Die lieb in meinem hertzen
Ein flåmlein stecket an;
Daß brint gleich einer kertzen /
So niemand leschen kan.

II.

Wan schon Ichs schlag in Winde /
Gen Ost- und Norden brauß;
Doch ruh / noch rast ich finde /
Last nie sich blasen auß.
O wee der qual / und peine!
Wo soll mich wenden hin?
Den gantzen tag ich weine /
Weil ståts in schmertzen bin.

III.

Wann wider dann entflogen
Der Tag zur Nacht hinein /
Und sich gar tieff gebogen
Die Sonn / und Sonnenschein;
Daß Flåmlein so mich queelet
Noch bleibt in voller glut;
All stundt / so viel man zehlet /
Michs je noch brennen thut.

IV.

Daß Flåmlein daß ich meine /
Ist JESU sůsser nam;
Eß zehret Marck und Beine /
Frißt ein gar wundersam.
O sůssigkeit in schmertzen!
O schmertz in sůssigkeit!
Ach bleibe doch im Hertzen /
Bleib doch in Ewigkeit.

V.

Ob schon in pein / und qualen
  Mein Leben schwindet hinn /
Wan JEsu Pfeil und Stralen
  Durchstreichet Muth und Sinn;
Doch nie so gar mich zehret
  Die Liebe JESU mein /
Alß gleich sie wider nehret /
  Und schenckt auch frewden ein.

VI.

O Flåmlein sůß ohn massen!
  O bitter auch ohn ziel!
Du machest mich verlassen
  All ander Frewd / und Spiel;
Du zůndest mein gemůthe /
  Bringst mir groß Hertzen leidt /
Du kůhlest mein Geblůthe /
  Bringst auch ergetzligkeit.

VII.

Ade zu tausent Jahren /
  O Welt zu guter nacht:
Ade laß mich nun fahren /
  Ich långst hab dich veracht.
In JESU lieb Ich lebe /
  Sag dir von Hertzen grund:
In lauter Frewd Ich schwebe /
  Wie sehr ich bin verwund.

Liebgesang der Gesponß Jesu,
im anfang der Sommerzeit.

I.

Der trůbe winter ist fůrbey /
Die Kranich widerkehren;
Nun reget sich der Vogel schrey /
Die Nester sich vermehren:
Laub mit gemach
Nun schleicht an tag;
Die blůmlein sich nun melden.
Wie Schlånglein krumb
Gehn låchlend umb
Die båchlein kůhl in Wålden.

II.

Der brůnnlein klar / und quellen rein
Viel hie / viel dort erscheinen /
All silber-weiße tőchterlein
Der holen Berg / und Steinen:
In großer meng
Sie mit gedreng
Wie pfeil von Felsen zichlen;
Bald rauschens her /
Nit ohn gepleer /
Und mit den steinlein spielen

III.

Die jågerin Diana stoltz /
Auch wald- und wasser-Nymphen /
Nun wider frisch in grůnem holtz
Gahn spielen / schertz- und schimpffen.

Die reine Sonn /
Schmuckt ihre Cron /
Den kocher fůlt mit pfeilen:
Ihr beste roß /
Låst lauffen loß /
Auff marmer-glatten meilen.

IV.

Mit ihr die kůhle Sommer-wind /
All jůngling still von sitten /
Im lufft zu spielen seind gesinnt /
Auff wolcken leicht beritten.
Die båum und nåst
Auch thun das best /
Bereichen sich mit schatten;
Da sich verhalt
Daß Wild im waldt /
Wans pflegt von hitz ermatten.

V.

Die meng der Vôglein hôren last
Ihr Schyr- und Tyre-Lyre;
Da sauset auch so mancher nast /
Sampt er mit musicire.
Die zweiglein schwanck
Zum vogelsang
Sich auff / sich nider neigen;
Auch hôret man
Im grůnen gahn
Spatziren Laut- und Geigen.

VI.

Wo man nur schawt / fast alle Welt
Zun frewden sich thut rüsten:
Zum schertzen alles ist gestelt /
Schwebt alles fast in lüsten.
Nur ich allein /
Ich leide pein /
Ohn end ich werd gequeelet /
Seit ich mit dir /
Und du mit mir /
O JEsu / dich vermåhlet.

VII.

Nur ich / O JESU / bin allein
Mit ståtem leyd umbgeben;
Nur ich / muß nur in schmertzen sein /
Weil nit bey dir mag leben /
O ståte klag!
O wehrend plag!
Wie lang bleib ich gescheiden?
Von großem wee /
Daß dich nit seh /
Mir kombt so schwåres leiden.

VIII.

Nichts schmåcket mir auff gantzer welt /
Als JESU lieb alleine:
Noch spiel / noch schertz mir je gefelt /
Biß lang nur Er erscheine:
Und zwar nun frey
Mit starckem schrey

Ruff im so manche stunden:
Doch nie kein tritt /
Sich nahet nit;
Solt michs nit hart verwunden?

IX.

Was nutzet mir dan schoͤne zeit?
Was glantz / und schein der Sonnen?
Waß Baͤum gar lieblich außgebreit?
Waß klang der klaren Bronnen?
Waß Athem lind
Der kuͤhlen wind?
Waß Baͤchlein krum geleitet?
Waß edler Mey /
Waß vogelschrey?
Waß Felder gruͤn gespreitet?

X.

Waß hilft all frewd / all spil / und schertz?
All trost / und lust auff Erden?
Ohn ihn ich bin doch gar in schmertz /
In leyd und in beschwerden.
Groß hertzen brand
Mich toͤdt zuhandt /
Weil JESU dich nit finde;
Drumb nur ich wein /
Und heul / und grein /
Und seufftzer blaß in winde.

XI.

Ade du schoͤne Fruͤhlingszeit /
Ihr Felder / waͤld / und wisen /
Laub / graß / und bluͤmlein new gekleid /
Mit suͤßem taw berisen:

Ihr waͤsser klar /
Erd / himmel gar /
Ihr pfeil der guͤlden Sonnen;
Nur pein und qual /
Bey mir zumahl
Hat uberhandt gewonnen.

XII.

Ach JEsu / JEsu / trewer heldt /
Wie kraͤnckest mich so sehre!
Bin je doch hart / und hart gequeelt;
Ach nit mich so beschwere.
Ja wiltu sehn /
All pein und peen
Im augenblick vergangen?
Mein augen beid /
Nur fuͤhr zur weid /
Auff dein so schoͤne wangen.

Ein kurtz Poëtisch Christ-Gedicht,
vom Ochß, und Eselein bey der Krippen.

I.

Der Wind auff laͤren strassen
Streckt auß die fluͤgel sein:
Streicht hin gar scharpff ohn massen /
Zur Bethlems krippen ein;
Er brummlet hin / und wider
Der fliegend winter-bott /
Greifft an die gleich / und glieder
Dem frisch vermenschten Gott.

II.

Ach / ach / laß ab von brausen /
　Laß ab / du schnöder wind:
Laß ab von kaltem sausen /
　Und schon dem schönen kind.
Vielmehr du deine Schwingen
　Zerschlag im wilden Meer /
Alda dich satt magst ringen
　Kehr nur nit wider her.

III.

Mit dir nun muß ich kosen /
　Mit dir / O Joseph mein /
Daß futter misch mit rosen
　Dem Ochß / und Eselein /
Mach deinen frommen Thieren
　So lieblichs misch-gemüß /
Bald / bald / ohn zeit verlieren /
　Mach ihn den athem süß.

IV.

Drauff blaset her / ihr beyden /
　Mit süssem Rosen-wind;
Ochß / Esel wol bescheiden /
　Und wärmets nacket kind.
Ach blaset her / und hauchet /
　Ahà / ahà / ahà.
Fort / fort / euch weidlich brauchet /
　Ahà / ahà / ahà.

Lob-Liedlein
Zu Ehren der Schwedischen Cronen /
Und allen die darunter wohnen /
Gestellt den 7 Septembris, Anno 1644, in der
Kôniglichen Statt Stockholm.

K.
S.
D.
L.
K. S. D. L. Z. L. D. S. K.
L.
D.
S.
K.

Kommet Singet Dis Liedlein Zum Lob
Der Schwedischen Kôniginnen.

GOTT ERHALTE DIE HOCHLÖBLICH KÖNIGIN
AUCH DIE HOCHEDLE REICHS HERRN.

1.

G Roßmâchtigste Kônigin
Frâwlein Hochgeboren /
Durchleuchtigste Groß-Fûrstin
Von Gott außerkoren /
Zu fûhren das Regiment /
Im Kônigreich Excellent;
Gott woll langes Leben
Ewer Maystât geben.

2.

O Ruhm-würdigs-Schweden-Reich /
Frew dich deiner Cronen;
Kein Königreich ist dir gleich
In dir ist gut wohnen;
Bey dir suchen schirm und schutz
Wider ihrer Feinde trutz
Frembde / Wittwen / Wäisen /
Hoch bistu zu preisen.

3.

Trewlich meynt es Gott mit dir /
Gibt dir Glück für allen /
Und lesst / des sind frölich wir /
Deine Feinde fallen /
Du gewinnest Städt und Land /
Wirst in aller Welt bekandt /
Gott laß deine Thaten
Ihm zum Lob gerahten.

4.

Tapffer Helden und Reichs-Räth
Mit Weißheit geziehret
Hat Königlich Mayestät /
Alles wird regieret
Durch Sie sehr wol und löblich /
Schweden ich preiß seelig dich /
Auch mich / weil ich wohne
Unter deiner Crone.

5.

ER frewt euch der Herrlichkeit
Unser Königinnen;
Kommet her von nah und weit /
Schweden / Lappen / Finnen;

Ihr Frantzosen hier im Reich /
Deutschen / Russen / allzugleich /
Helfft diß Reich erheben
Drinn wir friedlich leben.

6.

HALTE t Fest / seyt frewden voll /
Spielt lieblich auff Seyten /
Alles Volck in Schweden soll
Schweden Lob außbreiten /
Schweden Reich ist Lobens wert /
Schweden wird billich geehrt /
Schweden Reich florieret /
Schweden triumphieret.

7.

DIE HOCHLÖBLICH KÖNIGIN
Woll' der HErr bewahren
Fůr Unglůck / und wie vorhin
Im Fried frőlich spahren:
AUCH DIE HOCHEDLE REICHS HERRN,
Die des Landes Wolfart mehrn /
Zu Lob seinem Nahmen
Lang erhalten / Amen.

M.
G.
M. G. E. G. M.
G.
M.

Mein Gott Erhőre Gnådig Mich.
Diß bitt tåglich von Hertzen ich

ANNA OVENA HOYERS

JOHANNES PLAVIUS

Sey der Obrigkeit unterthan:

Ein Christe sol ohn' alles wiederstreben
Gehorsam seyn der lieben Obrigkeit /
Und alles thun was Gott durch sie gebeut /
Auch ohne zwang / was ihr gebůret geben.
Der Obrigkeit sol man mit leib und leben
Mit gut und bluth' im nothfall seyn bereit /
Doch weiter nicht. Die seel' ist allezeit
Des der sie gab / und keinem mehr daneben.
Drumb rath' ich dir / daß du zuwiederstreben
Nur unterlåsst: es kostet dich dein leben /
Sie fůhrt das schwert und ist an Gottes statt:
Gib ehr' und forcht / wem ehr' und forcht gebůret /
Doch sey die forcht mit lieb' und gonst gezieret /
Auß dessen forcht / der sie geordnet hat.

PAUL FLEMING

Herrn Pauli Flemingi der Med. Doct. Grabschrifft / so er ihm selbst gemacht in Hamburg / den xxiix. Tag deß Mertzens m. dc. xl. auff seinem Todtbette drey Tage vor seinem seel: Absterben.

ICh war an Kunst / und Gut / und Stande groß und reich.
Deß Glůckes lieber Sohn. Von Eltern guter Ehren.
Frey; Meine. Kunte mich aus meinen Mitteln nehren.
Mein Schall floh ůberweit. Kein Landsmann sang mir gleich.
Von reisen hochgepreist; fůr keiner Můhe bleich.
Jung / wachsam / unbesorgt. Man wird mich nennen hőren /
Biß daß die letzte Glut diß alles wird verstőren.
Diß / Deůtsche Klarien / diß gantze danck' ich Euch.

Verzeiht mir / bin ichs werth / Gott / Vater / Liebste / Freunde.
Ich sag' Euch gute Nacht / und trette willig ab.
Sonst alles ist gethan / biß an das schwartze Grab.
Was frey dem Tode steht / das thu er seinem Feinde.
Was bin ich viel besorgt / den Othem auffzugeben?
An mir ist minder nichts / das lebet / als mein Leben.

Gedancken / ůber der Zeit.

IHR lebet in der Zeit / und kennt doch keine Zeit /
So wisst Ihr Menschen nicht von / und in was Ihr seyd.
Diß wisst Ihr / daß ihr seyd in einer Zeit gebohren.
Und daß ihr werdet auch in einer Zeit verlohren.
Was aber war die Zeit / die euch in sich gebracht?
Und was wird diese seyn / die euch zu nichts mehr macht?
Die Zeit ist was / und nichts. Der Mensch in gleichem Falle.
Doch was dasselbe was / und nichts sey / zweifeln alle.
Die Zeit die stirbt in sich / und zeucht sich auch aus sich.
Diß kömmt aus mir und dir / von dem du bist und ich.
Der Mensch ist in der Zeit; sie ist in ihm ingleichen.
Doch aber muß der Mensch / wenn sie noch bleibet / weichen.
Die Zeit ist / was ihr seyd / und ihr seyd / was die Zeit /
Nur daß ihr Wenger noch / als was die Zeit ist / seyd.
Ach daß doch jene Zeit / die ohne Zeit ist kåhme /
Und uns aus dieser Zeit in ihre Zeiten nähme.
Und aus uns selbsten uns / daß wir gleich köndten seyn /
Wie der itzt / jener Zeit / die keine Zeit geht ein!

SEY dennoch unverzagt. Gieb dennoch unverlohren.
Weich keinem Gluͤcke nicht. Steh' hoͤher als der Neid.
Vergnuͤge dich an dir / und acht es fuͤr kein Leid /
hat sich gleich wieder dich Gluͤck' / Ort / und Zeit verschworen.
Was dich betruͤbt und labt / halt alles fuͤr erkohren.
Nim dein Verhaͤngnuͤß an. Laß' alles unbereut.
Thu / was gethan muß seyn / und eh man dirs gebeut.
Was du noch hoffen kanst / das wird noch stets gebohren.
Was klagt / was lobt man doch? Sein Ungluͤck und sein Gluͤcke
ist ihm ein ieder selbst. Schau alle Sachen an.
Diß alles ist in dir / laß deinen eiteln Wahn /
und eh du foͤrder gehst / so geh' in dich zu ruͤcke.
Wer sein selbst Meister ist / und sich beherrschen kan /
dem ist die weite Welt und alles unterthan.

LAß dich nur nichts nicht tauren
mit trauren /
Sey stille /
Wie Gott es fuͤgt /
So sey vergnuͤgt /
mein Wille.

Was wilst du heute sorgen /
auff morgen /
der eine /
steht allem fuͤr /
der giebt auch dir /
das deine.

Sey nur in allen Handel
ohn Wandel.
Steh feste /
Was Gott beschleust /
das ist und heist /
das beste.

Der CXXX. Psalm.

1 AUs diesem tieffen Schlund' / aus dieser schwartzen Grufft /
Hab' ich so offt' und offt' / O HERR / zu dir gerufft:
2 Ach Vater / hoͤre mich! ach laß dein' Ohren mercken
3 Auff meines flehens Stimm'. * HERR / so du nach den Wercken
Mit uns verfahren wilst / uns unsre Missethat
Und Suͤnde rechnen zu / so man veruͤbet hat /
HERR / HERR / wer wird vor dir in seinem Thun bestehen.
Wir muͤssen allesampt auff eins zu scheittern gehen.
4 Du aber / Gott / vergiebst / daß man dich fuͤrchten sol.
Und so kan mancher noch vor dir bestehen wol /
Der nur frisch aus bekennt / und Gnad' umb Recht begehret.
Das ihm denn / milder HERR / von dir stracks wird gewehret.
5 So kan man selig seyn. * Ich harre meines HERRN /
Und meine Seele harrt. der frische Safft und Kern /
Den sein Wort in sich hat / heisst so mich auff ihn hoffen.
6 Diß Wohnhauß meiner Seel' halt' ich dem HERREN offen
Nicht an dem Tage nur. wenn noch die dicke Nacht
Umb mein Gemach ist her / und eh die Sonn' erwacht /
So denck' ich schon an ihn / und warte mit Verlangen
7 Auff ihn und seinen Trost. * Gantz Israel sol hangen
Mit seinen Hoffnungen und Seufftzen / HERR / an dir /
Denn bloß bey dir allein ist Gnade fuͤr und fuͤr.

Du bist die Gnade selbst. Wohl! hoffet all' ihr Frommen /
Wir wollen doch durch ihn zur alten Freyheit kommen.
8 Erloͤsung hat er gnung. * Und Er / der trewe Gott /
Wird Jacob machen loß von aller Schuld und Noth.

Auff die Italiaͤnische Weise:
O fronte serena.

O Liebliche Wangen /
Ihr macht mir Verlangen /
diß rohte / diß weisse
zu schauen mit fleisse.
Und diß nur alleine
ists nicht / das ich meyne;
Zu schauen / zu gruͤssen /
zu ruͦhren / zu kuͤssen.
Ihr macht mir Verlangen /
O liebliche Wangen.

O Sonne der Wonne!
O Wonne der Sonne!
O Augen / so saugen
das Liecht meiner Augen.
O englische Sinnen /
O himmlisch Beginnen.
O Himmel auff Erden /
magst du mir nicht werden.
O Wonne der Sonne!
O Sonne der Wonne.

O schoͤnste der schoͤnen /
benimm mir diß sehnen.
Komm / eile / komm / komme /
du suͤße / du fromme.

Ach Schwester / ich sterbe /
Ich sterb' / ich verderbe.
Komm komme / komm / eile /
komm / tröste / komm / heile.
Benimm mir diß sehnen /
O schönste der schönen!

Wie Er wolle geküsset seyn.

NIrgends hin / als auff den Mund /
da sinckts in deß Hertzen grund.
Nicht zu frey / nicht zu gezwungen /
nicht mit gar zu fauler Zungen.

Nicht zu wenig nicht zu viel.
Beydes wird sonst Kinder-spiel.
Nicht zu laut / und nicht zu leise /
Bey der Maß' ist rechte weise.

Nicht zu nahe / nicht zu weit.
Diß macht Kummer / jenes Leid.
Nicht zu trucken / nicht zu feuchte /
wie Adonis Venus reichte.

Nicht zu harte / nicht zu weich.
Bald zugleich / bald nicht zugleich.
Nicht zu langsam / nicht zu schnelle.
Nicht ohn Unterscheid der Stelle.

Halb gebissen / halb gehaucht.
Halb die Lippen eingetaucht.
Nicht ohn Unterscheid der Zeiten.
Mehr alleine / denn bey Leuten.

Kuͤsse nun ein Iedermann
wie er weiß / will / soll und kan.
Ich nur / und die Liebste wissen /
wie wir uns recht sollen kuͤssen.

AUrora schlummre noch an deines Liebsten Brust /
es ist der tieffer Nacht kein Morgen noch bewust.
Diana fuͤhrt die Sternen
noch hoͤher in die Lufft /
will weiter von mir lernen /
was ich ihr vorgerufft.

Neun Stunden sind nun gleich von naͤchten durchgebracht /
Neun Stunden hab' ich nun an Korilen gedacht.
an Korilen / die schoͤne /
von der ich bin so weit /
druͤmm klinget mein Gethoͤne
nach nichts denn Traurigkeit.

Naͤhmt Korilen in acht / ihr Waͤchter aller Welt /
fuͤr ihren treuen Sinn / den sie mir vorbehaͤlt.
Ich will nicht muͤde werden /
in ihrer festen Pflicht /
biß daß der Feind der Erden
auch mir mein Urtheil spricht.

Aurora / lege nun uͤmm dich den purpur Flor /
Der junge Tag thut auff der Eas guͤldnes Thor
Wirst du mein Lieb ersehen /
so gieb ihr einen winck /
Als mir von ihr geschehen /
in dem ich von ihr gieng.

EIN getreues Hertze wissen /
hat deß hoͤchsten Schatzes Preiß.
Der ist seelig zu begruͤssen /
der ein treues Hertze weiß.
Mir ist wol bey hoͤchstem Schmertze /
denn ich weiß ein treues Hertze.

Laͤufft das Gluͤcke gleich zu zeiten
anders als man will und meynt /
ein getreues Hertz' hilfft streiten /
wieder alles / was ist feind.
Mir ist wol bey hoͤchstem Schmertze /
denn ich weiß ein treues Hertze.

Sein vergnuͤgen steht alleine
in deß andern Redligkeit.
Haͤlt deß andern Noth fuͤr seine.
Weicht nicht auch bey boͤser Zeit.
Mir ist wol bey hoͤchstem Schmertze /
denn ich weiß ein treues Hertze.

Gunst die kehrt sich nach dem Gluͤcke.
Geld und Reichthum das zersteubt.
Schoͤnheit laͤst uns bald zu ruͤcke.
Ein getreues Hertze bleibt.
Mir ist wol bey hoͤchstem Schmertze /
denn ich weiß ein treues Hertze.

Eins ist da seyn / und geschieden.
Ein getreues Hertze haͤlt.
Giebt sich allezeit zu frieden.
Steht auff / wenn es nieder faͤllt.
Ich bin froh bey hoͤchstem Schmertze /
denn ich weiß ein treues Hertze.

Nichts ist süßers / als zwey Treue /
wenn sie eines worden seyn.
Diß ists / das ich mich erfreue.
Und Sie giebt ihr Ja auch drein.
Mir ist wol bey höchstem Schmertze /
denn ich weiß ein treues Hertze.

ES ist ümmsonst / das klagen /
das du ümm mich /
und ich ümm dich /
wir ümeinander tragen.
Sie ist ümmsonst / die harte Pein /
mit der wir itzt ümmfangen seyn.

Laß das Verhängnüß walten.
Was dich dort ziehrt /
und mich hier führt /
das wird uns doch erhalten.
Diß / was uns itzt so sehr betrübt /
ists dennoch das uns Freude giebt.

Sey unterdessen meine /
mein mehr als ich /
und schau' auff mich /
daß ich bin ewig deine.
Vertraute Liebe weichet nicht.
Hält allzeit / was sie einmahl spricht.

Auff alle meine Treue
sag' ich dirs zu /
du bist es / du /
der ich mich einig freue.
Mein Hertze / das sich itzt so quählt /
hat dich / und keine sonst erwählt.

Bleib / wie ich dich verlassen /
daß ich dich einst /
die du itzt weinst /
mit lachen mag ůmmfassen.
Diß soll fůr diese kurtze Pein
uns ewig unsre Freude seyn.

Eilt / laufft / ihr trůben Tage /
Eilt / laufft / vorbey.
Eilt macht mich frey
von aller meiner Plage.
Eilt / kommt ihr hellen Stunden ihr /
die mich gewehren aller Zier.

Auff Ihr Abwesen.

ICH irrte hin und her / und suchte mich in mir /
und wuste dieses nicht / daß ich gantz war in dir.
Ach! thu dich mir doch auff / du Wohnhauß meiner Seelen!
Komm / Schǒne / gieb mich mir. Benim mir dieses quålen.
Schau / wie er sich betrůbt / mein Geist / der in dir lebt?
Tǒdtst du den / der dich liebt? itzt hat er außgelebt.
Doch / gieb mich nicht aus dir. Ich mag nicht in mich kehren.
Kein Todt hat macht an mir. Du kanst mich leben lehren.
Ich sey auch / wo ich sey / bin ich / Schatz / nicht bey dir /
So bin ich nimmermehr selbest in / und bey mir.

An seine Thrånen / Als Er von Ihr verstossen war.

FLiest / fliest so / wie Ihr thut / Ihr zweyer Brůnnen Båche.
Fliest ferner / wie bißher mit zweymahl stårckrer Fluht.
Fliest / wie ihr habt gethan / und wie ihr itzt noch thut /
daß ich mich recht an der / die euch erpresset / reche.
Fliest immer Nacht und Tag / ob sich ihr Sinn / der freche /
der Feind-gesinnte Freund / das hochgehertzte Blut /
das mich ůmm dieses hasst / dieweil ich ihm bin gut /
durch eine stetigkeit. Und große Stårcke breche:
Die Tropfen waschen aus den fåsten Marmelstein.
Das weiche Wasser zwingt das harte Helffenbein.
Auch Eisen und Demant muß feuchten Sachen weichen.
Fliest ewig / wie ihr fliest. Es ist ja můglich nicht /
daß einst der harten nicht ihr fleischerns Hertze bricht /
das lange keinem Stahl' und Steine sich mag gleichen.

Ůber Gedåchtnůß seiner ersten Freundinn.

NOCH dennoch bleib' ich Ihr / muß ich Sie gleich verlassen /
und meyne Sie / muß ich gleich ihr entzogen seyn /
bezwungen durch das Thun / das unsern Trost und Pein
verwechselt / wie es will. Ich will mein Trůbnůß massen /
Thun wie ein Weiser thut. Ein großes Hertze fassen.
Seyn meine / wie ich soll. Sie aller Tugend schein /
mein alles und auch nichts / ist nicht / und ist doch mein'.
Hass' ich das schône Kind / so muß ich selbst mich hassen.
Verhångnůß / schone nicht. Reiß sie nur immer hinn.
Du raubst mir ihren Leib nicht aber ihren Sinn /
der nun und nimmermehr von mir spricht sich zu lencken.
Mir bleibt dein bester Theil / O meiner Seelen Licht /
und darff ich kůnfftig schon / Lust / dich besitzen nicht /
So darff ich deiner doch mit Freuden stets gedencken.

IHr Schatten / die ihr nur alleine bey uns seyd /
und du auch stille Lufft / die unsern Ahtem reget /
Seyd Zeugen zwischen uns. Der Eyd ist abgeleget /
der Eyd / der mir und ihr soll nimmermehr seyn leid.
Diß ist mein und ihr Schluß. Es berste List und Neid.
So lang' ein Pusch sein Laub / die Erde Kråuter tråget /
und ein belebter Geist sich in der Flut beweget;
Diß soll sein Ende seyn / wenn mehr ist keine Zeit.
So treue Fulvia / so liebt sichs ohne schmertzen /
wenn solche Freundschafft macht ein Hertze mit dem Hertzen.
Es mögen andre nun von ihrer Liebe Pein /
Von Angst / von Grausamkeit / von dem und jenem Klagen;
Zwey Hertzen / das sind wir / die können redlich sagen /
daß von der Liebe sie noch nie betrůbet seyn.

Er redet die Stadt Moskaw an /
Als er ihre vergůldeten Thůrme von fernen sahe.

DU Edle Kåyserinn der Stådte der Ruthenen /
Groß / herrlich / schöne / reich; seh' ich auff dich dorthinn /
auff dein vergůldtes Håupt / so kömmt mir in den Sinn
was gůldners noch als Gold / nach dem ich mich muß sehnen.
Es ist das hohe Haar der schönen Basilenen /
durch welcher Trefligkeit ich eingenommen binn.
Sie / Gantz ich / Sie mein All / Sie / meine Herrscherinn /
hat bey mir allen Preiß der schönsten unter schönen.
Ich růhme billich dich / du Håupt-Stadt deiner Welt /
weil deiner Göttligkeit hier nichts die Wage hålt /
und du der Außzug bist von tausenden der Reussen.
Mehr aber růhm' ich dich / weil / was dich himmlisch preist /
mich an ein göttlichs Mensch bey dir gedencken heisst /
in welcher alles ist / was treflich wird geheissen.

Auff den lustigen Flecken Rubar in Gilan / hinter den Caßbinischen Gebůrgen / in welchem die Holst. Gesandschafft den xxiij. Jenner m. dc. xxxviij. im Růckzuge aus Persien ůbernachtete.

DU Lustthal der Natur / aus welchem wir von weiten
deß Taurus langen Gast / den Winter / lachen aus;
Hier tieff spatziren gehn in einer Nais Hauß
die gůlden heist und ist; Da alle Fruchtbarkeiten
auf Chloris grůner Brust / und Thetis Schoß sehn streiten
dort so viel Dryaden die Hůgel machen krauß /
darvon Silenus bricht / so manchen dicken Strauß /
und jauchtzet durch den Pusch mit allen seinen Leuten.
Osyris der ůmmarmt die Oreaden hier;
Pomona hegt das Gold der hohen Pomerantzen /
Låst die Narzissen stets mit den Violen tantzen.
Fůrst aller Liebligkeit / was sing' Ich deine Zier?
Das Lufft-Volck fůhrt ůmm dich ein ewiges Gethȏne /
Daß ja nichts ůmm und an gebreche deiner Schȏne.

Über Herrn Martin Opitzen auff Boberfeld sein Ableben.

SO zeuch auch du denn hin in dein Elyserfeld /
Du Pindar / du Homer / du Maro unsrer Zeiten /
und untermenge dich mit diesen grossen Leuten /
Die gantz in deinen Geist sich hatten hier verstellt.
Zeuch jenen Helden zu / du jenen gleicher Held /
Der itzt nichts gleiches hat. Du Hertzog deutscher Seiten;
O Erbe durch dich selbst der steten Ewigkeiten;
O ewiglicher Schatz und auch Verlust der Welt.
Germanie ist tod / die Herrliche / die Freye /
Ein Grab verdecket sie und ihre gantze Treue.
Die Mutter die ist hin; Hier liegt nun auch ihr Sohn /

Ihr Recher / und sein Arm. Last / last nur alles bleiben
Ihr / die ihr uͤbrig seyd / und macht euch nur darvon.
Die Welt hat warlich mehr nichts wuͤrdigs zu beschreiben.

AUGUSTUS AUGSPURGER

In Opitium.

DEs Orpheus Harffe zwang Hell' / Erde / Lufft / und Meer:
Du zwaͤngest noch wohl mehr / wann mehr beseelet waͤr!

JOHANN RIST

Als die wunderbahre / oder vielmehr ohnverhoffte Zeitung erschallete / daß der Hertzog von Friedland zu Eger wehre ermordet worden.

WAs ist dieß Leben doch? Ein *Trawrspiel* ists zu nennen /
Da ist der Anfang gut / auch wie wirs wuͤnschen koͤnnen /
Das Mittel voller Angst / das End' ist Hertzeleid
Ja wol der bittre Todt / O kurtze Froͤligkeit!
Dieß thut uns *Wallenstein* in seinem Spiel erweisen /
Der Kaͤyser pflag ihn selbst anfenglich hoch zu preisen
Als' eine Seul deß Reichs (so nand' ihn FERDINAND)
Der Teutschen Furcht unnd Zwang / deß Kaͤysers rechter Hand.
Bald aber / wie sein Glaub' unnd Trew fieng an zu wancken
Verkehrte sich das Spiel / man wandte die Gedancken
Auff seinen Untergang / der Tag gebahr die Nacht /
Das Trawrspiel hatt' ein End' unnd er ward umbgebracht.
So tumlet sich das Gluͤck / so leufft es hin unnd wieder
Den einen macht es groß / den andren druͤckt es nieder
Sein End' ist offt der Todt. *O selig ist der Mann*
Der sich der Eitelkeit deß Gluͤcks entschlagen kan.

Die prächtige Schönheit seiner Galatheen kan auch allem was lebet eine Furcht und Schrecken einjagen.

GLeich wie / wenn ein Comet' in hohen Lüfften schwebet
Mit Straalen voller Feur / das gantze Land erbebet /
Es stehet Jung und Alt den Glantz zu schauen auff /
Sind voller Furcht und Angst / weil solcher Facklen Lauff
und ungewöhnlichs Liecht pflegt offtmals Land' und Leuten
Pest / Hunger / Flammen / Krieg und Mißgewachs bedeuten;
So wenn da geht herfür die schönste Galathe
In ihrer grossen Pracht / die Wålder / Berg' und See
Erleuchtet / daß so gar die Sterne selbst verbleichen /
Ja woll das grosse Liecht der Sonnen muß abweichen /
So zittert alle Welt und fürchtet grössre Noth /
Sie weiß daß diese bringt Fewr / Waffen und den Todt.

Sie rühmet ihre Bestendigkeit.

MEin Hertz ist nicht von Wachs / mein Hertz ist nicht zugleichen
Den Winden / die bald Ost bald West herümmer schleichen /
Es ist nicht wie ein Schiff / das nach der Wellen Lust
Bald hie / bald dort einlåufft; Ach! mier ist nichts bewust
Als nur bestendig seyn. Mein lieben sol bezeugen
Daß es zu seinem Schatz' als ein Magnet sich neigen
und tapffer halten will. Kein ander wird gedrückt
In meine keusche Seel' als den ich erst erblickt.
Die Sonne zwar steht auff und geht des Abends nieder /
Der bleiche Mond nimt ab und kommt gefüllet wieder /
Auff Hitze folget Kålt' / auff Regen Sonnen-schein /
Auff Traurigkeit die Freud' / auff schertzen Schmertz und Pein.
Mein Hertz' ist nicht also / das lest sich nicht erregen /
Das soll kein falscher Sturm in Lieb' und Leid bewegen /

Ich halte wie ein Felß der an den uͤfern steht
Bey welchem Wind' und Fluth zu Spott fuͤr uͤber geht.
So lang' ein Thier sich wird mit seines gleichen paaren /
So lang' ein Schiffer wird die Wellen uͤberfahren /
So lange Sonn' und Mond noch haben ihren Schein
So lang' O Daphnis solst du mein Hertzliebster seyn.

Ernstliche Betrachtung / Der unendlichen Ewigkeit.

1.

O Ewigkeit du DonnerWort /
O Schwerdt das durch die Seele bohrt /
O Anfang sonder Ende /
O Ewigkeit Zeit ohne Zeit /
Ich weis fuͤr grosser Traurigkeit /
Nicht wo ich hin mich wende /
Mein gantz erschrocknes Hertz erbebt /
Daß mir die Zung am Gaumen klebt.

2.

Kein Ungluͤck ist in aller Welt
Daß endlich mit der Zeit nicht faͤlt
Und gantz wird auffgehoben;
Die Ewigkeit hat nur kein Ziel
Sie treibet fort und fort ihr Spiel
Laͤst nimmer ab zu toben /
Ja / wie mein Heyland selber spricht /
Aus ihr ist kein Erloͤsung nicht.

3.

O Ewigkeit du machst mir bang' /
O Ewig / Ewig ist zu lang' /
Hie gilt fuͤrwar kein Schertzen:
Drumb / wenn ich diese lange Nacht

Zusampt der grossen Pein betracht' /
   Erschreck ich recht von Hertzen /
Nichts ist zu finden weit und breit
So schrecklich als die Ewigkeit.

4.

Was acht' ich Wasser / Feur und Schwerdt /
Diß alles ist kaum nennens werth
   Es kan nicht lange dauren:
Was waͤr' es / wenn gleich ein Tyrann /
Der funfftzig Jahr kaum leben kan
   Mich endlich ließ vermauren?
Gefaͤngniß / Marter Angst und Pein
Die koͤnnen ja nicht ewig seyn.

5.

Wenn der Verdampten grosse Quaal
So manches Jahr alß an der Zahl
   Hie Menschen sich ernehren /
Als manchen Stern der Himmel hegt /
Als manches Laub die Erde traͤgt
   Noch endlich solte waͤren /
So waͤre doch der Pein zu letzt.
Ihr recht bestimptes Ziel gesetzt.

6.

Nun aber / wenn du die Gefahr
Viel hundert tausend tausend Jahr
   Hast klaͤglich außgestanden /
Und von den Teuffeln solcher frist
Gantz grausamlich gemartert bist /
   Ist doch kein Schluß vorhanden /
Die Zeit / so niemand zehlen kan /
Die faͤnget stets von neuen an.

7.

Ligt einer kranck und ruhet gleich
Im Bette / das von Golde reich
Ist Kõniglich gezieret /
So hasset er doch solchen Pracht
Auch so / daß er die gantze Nacht
Ein klåglichs Leben fůhret /
Er zehlet aller Glocken Schlag
Und seufftzet nach dem lieben Tag'.

8.

Ach was ist das? Der Hõllen Pein
Wird nicht wie Leibes Kranckheit seyn
Und mit der Zeit sich enden /
Es wird sich der Verdampten Schaar
Im Feur und Schwefel immerdar
Mit Zorn und Grimm' umbwenden /
Und diß ihr unbegreifflichs Leid
Sol wåren biß in Ewigkeit.

9.

Ach Gott wie bistu so gerecht /
Wie straffstu einen bõsen Knecht /
So hart im Pful der Schmertzen?
Auff kurtze Sůnden dieser Welt
Hastu so lange Pein bestellt /
Ach nimb diß wol zu Hertzen /
Betracht es offt O Menschen-Kind /
Kurtz ist die Zeit / der Todt geschwind.

10.

Ach fliehe doch des Teuffels Strick /
Die Wollust kan ein Augenblick
Und laͤnger nicht ergetzen /
Dafuͤr wilt du dein' arme Seel'
Hernachmahls in des Teuffels Hoͤll'
O Mensch zu Pfande setzen!
Ja schoͤner Tausch / ja wol gewagt
Daß bey den Teuffeln wird beklagt?

11.

So lang' ein Gott im Himmel lebt
Und uͤber alle Wolcken schwebt
Wird solche Marter waͤhren /
Es wird sie plagen Kaͤlt' und Hitz'
Angst / Hunger / Schrecken / Feur und Blitz
Und sie doch nie verzehren /
Denn wird sich enden diese Pein /
Wenn Gott nicht mehr wird Ewig seyn.

12.

Die Marter bleibet immerdar
Gleich wie sie erst beschaffen war
Sie kan sich nicht vermindern /
Es ist ein' Arbeit sonder Ruh'
Und nimpt an tausend Seufftzen zu
Bey allen Satans Kindern /
O Suͤnder deine Missethat
Empfindet weder Trost noch Raht!

13.

Wach auff O Mensch vom Sůnden-schlaff'
Ermuntre dich verlohrnes Schaf
Und bessre bald dein Leben /
Wach auff es ist doch hohe Zeit /
Es kompt heran die Ewigkeit
Dir deinen Lohn zu geben /
Vielleicht ist heut der letzter Tag.
Wer weis noch wie man sterben mag!

14.

Ach laß die Wollust dieser Welt /
Pracht / Hoffart / Reichthumb / Ehr' und Geld
Dir långer nicht gebieten /
Schau' an die grosse Sicherheit /
Die falsche Welt und bŏse Zeit
Zusampt des Teuffels wůhten /
Vor allen Dingen hab in acht
Die vorerwehnte lange Nacht.

15.

O du verfluchtes Menschen-Kind
Von Sinnen toll / von Hertzen blind
Laß ab die Welt zu lieben /
Ach / ach / sol denn der Hellen Pein /
Da mehr denn tausend Hencker seyn
Ohn' Ende dich betrůben.
Wo ist ein so beredter Mann
Der dieses Werck außsprechen kan?

16.

O Ewigkeit du Donner-Wort /
O Schwert das durch die Seele bohrt
O Anfang sonder Ende!
O Ewigkeit Zeit ohne Zeit!
Ich weis fůr grosser Traurigkeit
Nicht / wo ich mich hinwende /
Nimb du mich wenn es dir gefålt
HErr Jesu in dein Freuden-Zelt.

JESAIAS ROMPLER VON LÖWENHALT

An Johann Risten als er (nebeń anderen verehrten Kaiserlichen freiheiten) auch mit dem lórbårkrantz zu einem Tichter gekro̊nt worden / imm 1646.ten jar Chr. zahl.

Só-so! diß ho̊r ich gern. dan es geschicht gar selten /
In wehrung langes kriegs / daß Kunst mag etwaß gelten /
Und daß / wan iemand sich der Låhr und Witz befleisst /
Man ihm dergleichen ehr / als dir ietzund / erweisst;
Als dir / geliebter Rist! der du zwahr selbs inn schriften
Dir einen namen auch und ruhm hast koͤnnen stiften /
Doch giltt der nam vil mehr / der ruhm ist noch-so-gros /
Wan ihn ein Fůrst erho̊bt / als wan er iergend blos /
Auff wán des volcks besteht. gestalt dan gleich beneben /
Die Fůrstliche genad den Fůrsten selbs erhoͤben
Und ruhmreich machen kan; nachdem er nåmlich zaigt /
Daß Tugend ihm / und er der Tugend wol genaigt;
Versteht / wem feyr und schein von oben-her verliehen;
Trachtt / ådle gaister stehts unådlen vorzuziehen:
Auß welchem underscheyd die Wålt erfreůlich spůhrt /
Wie reich der Himel ihm auch sein gemůth geziehrt.

Die wissenschaft und kunst / die du bißher geuͤbet /
Macht / daß dich nunmehr auch der grose Kaiser liebet /
Und thailt dir wuͤrden mit: indem er solches thut /
So mehrt sich uͤberal der Gegen-liebe gluth /
Stost lobes-flammen auß bei seinen underthanen.
Die Ehr hat grose kraft die Kuͤnstler aufzumahnen;
Dan Kunst ohn Ehren-lohn waͤchst selten in die hoͤh /
Die grob Undanckbarkeit und Schmách thut ihr zuwé.
Bei dir ist zeit und muͤh nun gar wol angeleget /
Dieweil dein straͤnger fleiß des Kaisers huld beweget /
Daß er mit wapen-ziehr und freiheit dich bedenckt /
Auch mit dem lorbaͤrkrantz dein sinnreichs haupt beschenckt.
Só soll es seyn! Diß kan die schoͤnen gaister lokken /
Die sonst unnutzlich schier nur ob sich selber hokken /
Wan niemand ihrer achtt; sie stekken da und dort
Durch armut undertruckt / und koͤnnen niergend fort /
Allweil des Hoͤhsten hand den ungluͤckhaften wafen
Ohn ablaß noch verhaͤngt / das arme land zustrafen /
Das arme blinde land / daß ihm in seiner wuht /
Fast unerhoͤrter weiß / selbsselbs den tod anthut.
Ach / elend-Teuͤtsches land / wan hat man doch zuhoffen /
Daß die gemeyne straf / die iederman betroffen /
Ein end gewinnen werd? Ei komm / gold-waͤhrter Frid!
Es seuͤftzt das gantze Reich / es seuͤftzt ein iedes glid
Nach dir / dem hoͤhsten gut. Du / du kanst Laͤnder mehren
Und alles gut darinn: der Krieg geht mit verhéren
Und grimmem morden um. O / wuͤrd' es frid imm land /
Und bluͤhet' auf ein naͤus bei einem ieden stánd
Die alte Teuͤtsche Traͤu / der aufrecht-redlich handel /
Gott saͤgnet' iederman in seinem thun und wandel /
Und gaͤb' (ich weys es wol) bald widerum genad /
Daß sich das land verjuͤngt'; und daß der alte schad
Wuͤrd' unvermaͤrckt gehailt. O / du Allmaͤchtigs waͤsen /
Daß uͤber alles herscht / hilf / daß wir doch genaͤsen!

Wer / daß kein giftigs maul die obrigkeit an-håtz:
Und daß sich keinsen schwert in deinem blut mehr nåtz /
In deinem blut / HERR Christ! und deiner Christen-glider!
Schlag Aigennutzen / Stoltz / und böse Råth' darnider!
Erleuͤcht die Christenheit in diser deiner sach /
Aufdaß man Friden such und jag ihm åmmsich nach!
Vornehmlich wollest du der hochgesalbten kronen /
Des hailgen Oberhaupts / des Adlars / alzeit schonen /
Daß ihm von niemand nichts unbillichs widerfahr:
Hingegen / daß er auch der allgemeynen schár
Vilmehr mit lindigkeit / als strånge / fuͤrzustehen
Sich immerdar befleiß! So kan es leicht geschehen /
Daß Frid wird; und verbleibt. Wie hått' er gröser' ehr /
Als wan er (nebenst Gott) der Friden-stifter wår?

JOHANN MATTHIAS SCHNEUBER

Letterwexel
Auf deß Ehrwuͤrdigen und wolgelehrten
Herrn M. Kaspar Seemanns Pfarrers zu Durlach und
Jungfrauen Regina Mewin Hochzeit.

Seemann
versåtzt
Nem es an.

LIebste Regina / waß soll ich dir gåben?
ådele steyne? vil silber und gold?
schöne behausung? und guͤter darneben?
sintemal ich dir so inniglich hold.
Mit solcherley sachen
dich seelig zu machen /

vermag ich zwar nicht;
sind eiteles wåsen /
und die es erlåsen
die wården offt ůbel zu grunde gerichtt.
Aber eyn' ander' und ådlere Gabe
nehm' ich / dir Liebste zu schånken / mir fůr:
Tråůliches lieben / und / welches ich habe /
redlichs gemůhte; waß sonsten an mir
fůr gaben sich zeygen /
sind alle dein eygen.
Das ůberig kan
Gott reichlich bescheren /
uns mehren und nehren:
Beliebet dir solches / so *nem' es* jetz *an*.

ANDREAS TSCHERNING

Auff Hn. Johann Mochingers geliebten Sőhnleins Ehrenfriedes Begråbnůß.
Pindarischer Gesang.

Der erste Satz.

WEr Ihm Hoffnung macht auff Erden
Daß er lange leben wil /
Und bestimpt ihm selbst ein Ziehl /
Auff ein Ding / daß noch sol werden /
Sieht die Welt durch falschen Wahn
Blind an Seel' und Augen an.
Wann wir dencken recht zu leben /
Můssen wir den Geist begeben /
Wie der bleiche Todt es heist /
Der mit unsren schnőden Sachen
Plőtzlich kan ein ende machen /
Und die Hoffnung niederreißt.

Der erste Gegensatz.

Wie deß Frůlings erste Kinder
Der masirten Felder Schein
Unsrer Augen Weide sein:
Wie der Rosen glantz nicht minder
Fůr den Blumen sich erhȯht:
Wie der Lilgen Atlaß steht /
Und die Myrten Freude geben:
Auff die weise hat im Leben /
Mochinger / dein Sohn geblůht /
Der im Schrancken freyer Tugend /
Schon im morgen seiner Jugend /
Dir / dem Vater / nachgerieth.

Der erste Nach-Satz.

Jedoch der Blumen Ziehr geht unter mit der Sonnen /
Schawt sich abgemeyt
Vielmal vor der Zeit.
Wann Myrten offt die Wurtzeln kaum gewonnen
Reißt sie der Aeol auß. Die Nymfen steht betrůbt /
Ihre Frewde
Wird zum Leide.
So stirbt auch dir / was du zuvor geliebt.

Der ander Satz.

Eltern fůhlen Lust im Hertzen /
Wann der Sohn ihr Bildnůß ist.
Aber wann ihn GOtt erkiest
Daß er muß von hinnen stertzen /
Was fůr Jammer dieses sey /
Wohnet dir am besten bey.
Dein Betrůbnůß darff nicht zeugen /
Wann gleich Mund und Augen schweigen /

Alß dafůr dein armes Kind /
Wann es wolte dich bewegen /
Offt mit kůssen hat gelegen /
Die der Eltern Nåhrer sind.

Der ander Gegen-Satz.

Anlaß giebet dir zu weinen
Seine kurtze Lebens-Zeit.
Aber Trost die Frömmigkeit
Die im Himmel auch die Kleinen
Allen grossen gleiche setzt.
Der wird alt genung geschåtzt
Welcher dieses todte Leben
Jung / und seelig kan begeben.
Wann wir auff die stete mhů
Oder Flucht der Zeitten schauen /
Sein wir Kinder / wann wir grauen.
Frůhe Frucht vergehet frů.

Der ander Nach-Satz

Ein Weinstock hat nicht noth die Reben zubeklagen /
Noch ein Baum die Frucht
Die man von ihm sucht /
Die Ursach ist / er kan sie wieder tragen.
Ein Gårtner ist zu fried' / ob schon das Blumen-Feld
Theiles stirbet
Und vertirbet /
Imfall er nur / wie du / die Art erhelt.

Der Wein begeistert mich ein gutes Lied zu machen.
Wer kaltes Wasser trinckt / der schreibt auch kalte sachen.

Orpheus.

Der Orpheus hat sein Weib hieher vom tode widerbracht.
Kein Weib hat jemals ihren Mann von dannen loßgemacht.

ANONYM

Klage der Gőtter uber die falsche Wahre der in den Parnassus eingeschlichenen deutschen Vers-Crắmer.

NEwlich seind auff unsre Hůgel
Durch deß Icarus Geflůgel
Falsche Crắmer in der Nacht
Eingedrungen durch die wacht.
Diese gehn ohn alle Schewe
Zu verkắuffen leere Sprewe /
Fůr das Ambrosinen Brod /
Fůr den Pfeffer Mắusekoth.
Auff / mein Buchner! Auff ihr zweene
Weitberůmbte Bober-Sőhne!
Du gedrittes Lorber-Blat!
Schaffe diesem Ubel Rath.
Da nimm hin der Gőtter Wage /
Alle Wahren uberschlage /
Průfe diesen Crắmer Tandt /
Weil er sehr nimmt uberhandt.
Was nicht wil die Probe halten
Das verschaffe jenem Alten /

Der dort in der Schmidt' erhitzt /
Unter Glut und Eisen sitzt.
Diesen Crämern aber sage /
Daß sich fürter keiner trage /
Wie bißher / ohn alle Scham /
Mit dergleichen falschem Cram.
Oder wer sich wird vergreiffen /
Den sol Marsyas mit Pfeiffen:
Zwar nicht ohne Spot und Hohn /
Jagen auß der Götter Thron.

SIMON DACH

Horto recreamur amoeno.

1. DEr habe Lust zu Würffeln und zu Karten /
Der zu dem Tantz / und der zum kühlen Wein /
Ich liebe nichts / als was in diesem Garten
Mein Drangsals-trost und Kranckheit Artzt kan seyn /
Ihr grünen Bäume /
Du Blumen Zier /
Ihr Hauß der Reyme
Ihr zwinget mir
Dieß Lied herfür.

2. Mir mangelt nur mein Spiel / die süsse Geige /
Die würdig ist / daß sie mit Macht erschall' /
Hie / wo das Laub und die begrünten Zweige
Am Graben mich umbschatten überal /
Hie wo von weiten
Die Gegend lacht /
Wo an der Seiten
Der Wiesen Pracht
Mich frölich macht.

3. Was mir gebricht an Geld und grossen Schaͤtzen
Muß mein Gemuͤht und dessen guͤldne Ruh
Durch freyes Thun und Froͤlichkeit ersetzen /
Die schleuͤsst vor mir das Hauß der Sorgen zu;
Ich wil es geben
Umb keine Welt
Daß sich mein Leben
Oft ohne Geld
So frewdig haͤlt.

4. Gesetzt / daß ich den Erdenkreiß besesse /
Und haͤtte nichts mit guter Lust gemein /
Wann ich der Zeit in Angst und Furcht genoͤsse /
Was wuͤrd' es mir doch für ein Vortheil seyn?
Weg mit dem allen /
Was Unmuht bringt!
Mir sol gefallen
Was lacht und singt
Und Frewd' erzwingt.

5. Ihr alten Baͤum' / und ihr noch junge Pflantzen /
Rings umb verwahrt vor aller Winde Stoß /
Wo umb und umb sich Frewd' und Ruh verschantzen /
Senckt alle Lust herab in meinen Schoß /
Ihr solt imgleichen
Durch dieß mein Lied /
Auch nicht verbleichen
So lang man Bluͤht
Auf Erden sieht.

Mey-Liedchen.
Festinetur Hymen dum vernas flore juventae.

1. KOmm / Dorinde / lass uns eilen /
Nimm der Zeiten Guͤt in acht!
Angesehen / das verweilen
Selten grossen Nutz gebracht /
Aber weißlich fortgesetzt /
Hat so manches Paar ergetzt.

2. Wir sind in den Fruͤlings Jahren /
Lass uns die Gelegenheit
Forn ergreiffen bey den Haaren /
Sehn auff diese Meyen-Zeit /
Da sich Himmel / See und Land
Knuͤpffen in ein Heyraht-Band.

3. Wenn sich die Natur verjuͤnget /
Liegt in Liebe kranck und wund /
Alles sich zu nehmen zwinget /
Thut sie frey dem Menschen kundt:
Daß sich Er / die kleine Welt
Billich nach der grossen Helt.

4. Still zu seyn von Feld und Puͤschen /
Von dem leichten Heer der Lufft /
Da sich jedes will vermischen /
Jedes seines Gleichen rufft /
Hoͤrt man in den Waͤldern nicht
Wie sich Baum und Baum bespricht?

5. An den Bircken / an den Linden /
Und den Eichen nimbt man wahr
Wie sich Aest' in Aeste binden /
Alles machet offenbahr

Durch das Rauschen / so es uͤbt /
Daß es sey / wie wir / verliebt.

6. Lust betruͤbt / die man verscheuͤbet.
Dieser Eyfer / dieser Brand /
Diese Jugend / so uns treibet /
Hat nicht ewig den Bestand /
Zeigt sich Wind- und Vogel-leicht /
Ist gefluͤgelt / koͤmpt und weicht.

Perstet amicitiae semper venerabile Faedus!

1. DEr Mensch hat nichts so eigen
So wol steht ihm nichts an /
Als daß Er Trew erzeigen
Und Freundschafft halten kan;
Wann er mit seines gleichen
Soll treten in ein Band /
Verspricht sich nicht zu weichen
Mit Hertzen / Mund und Hand.

2. Die Red' ist uns gegeben
Damit wir nicht allein
Vor uns nur sollen leben
Und fern von Leuten seyn;
Wir sollen uns befragen
Und sehn auff guten Raht /
Das Leid einander klagen
So uns betretten hat.

3. Was kan die Frewde machen
Die Einsamkeit verheelt?
Das gibt ein duppelt Lachen
Was Freunden wird erzehlt;

Der kan sein Leid vergessen
Der es von Hertzen sagt;
Der muß sich selbst aufffressen
Der in geheim sich nagt.

4. GOtt stehet mir vor allen /
Die meine Seele liebt;
Dann soll mir auch gefallen
Der mir sich hertzlich giebt /
Mit diesem Bunds-Gesellen
Verlach' ich Pein und Noht /
Geh' auff dem Grund der Hellen
Und breche durch den Tod.

5. Ich hab' / ich habe Hertzen
So trewe / wie gebuͤhrt /
Die Heucheley und Schertzen
Nie wissendlich beruͤhrt;
Ich bin auch ihnen wieder
Von grund der Seelen hold /
Ich lieb' euch mehr / ihr Bruͤder /
Als aller Erden Gold.

Trewe Lieb' ist jederzeit
Zu gehorsamen bereit.

1. ANke van Tharaw oͤß / de my gefoͤllt /
Se oͤß mihn Lewen / mihn Goet on mihn Goͤlt.
2. Anke van Tharaw hest wedder eer Hart
Op my geroͤchtet oͤn Loͤw' on oͤn Schmart.
3. Anke van Tharaw mihn Rihkdom / mihn Goet /
Du mihne Seele / mihn Fleesch on mihn Bloet.
4. Quoͤm' allet Wedder glihk oͤn ons tho schlahn /
Wy syn gesoͤnnt by een anger tho stahn.

5. Kranckheit / Verfaͤlgung / Bedroͤfnoͤs on Pihn /
Sal unsrer Loͤve Vernoͤttinge syn.
6. Recht as een Palmen-Bohm aͤver soͤck stoͤcht /
Je mehr en Hagel on Regen anfoͤcht.
7. So wardt de Loͤw' oͤn onß maͤchtich on groht /
Doͤrch Kryhtz / doͤrch Lyden / doͤrch allerley Noht.
8. Woͤrdest du glihk een mahl van my getrennt /
Leewdest dar / wor oͤm dee Soͤnne kuhm kennt;
9. Eck woͤll dy faͤlgen doͤrch Woͤler / doͤrch Maͤr /
Doͤrch Yhß / doͤrch Ihsen / doͤrch fihndloͤcket Haͤhr.
10. Anke van Tharaw / mihn Licht / mihne Soͤnn /
Mihn Leven schluht oͤck oͤn dihnet henoͤnn.
11. Wat oͤck geboͤde / wart van dy gedahn /
Wat oͤck verboͤde / dat laͤtstu my stahn.
12. Wat heft de Loͤve daͤch ver een Bestand /
Wor nich een Hart oͤß / een Mund / eene Hand?
13. Wor oͤm soͤck hartaget / kabbelt on schleyht /
On glihk den Hungen on Katten begeyht.
14. Anke van Tharaw dat war wy nich dohn /
Du boͤst mihn Duͤhfken myn Schahpken mihn Hohn.
15. Wat oͤck begehre / begehrest du ohck /
Eck laht den Rack dy / du laͤtst my de Brohk.
16. Dit oͤß dat / Anke / du soͤteste Ruh'
Een Lihf on Seele wart uht oͤck on Du.
17. Dit mahckt dat Lewen tom Haͤmmlischen Rihk /
Doͤrch Zancken wart et der Hellen gelihk.

Unterthänigste letzte Fleh-Schrifft
an Seine Churfürstl. Durchl. meinen gnädigsten
Churfürsten und Herrn.

HEld, zu welches Herrschafft Füssen
Länder liegen, Ströme fliessen,
Die ich auch nicht zehle schier,
Welchen ehren und anbehten
Sampt den Dörffern und den Städten
Auch die wild- und zahmen Thier:

Von dem grossen Theil der Erden
Laß ein kleines Feld mir werden,
Welches mir ertheile Brod,
Nun die Krafft mir wird genommen
Und auff mich gedrungen kommen
Beydes Alter und der Tod.

Hat ein Pferd sich wol gehalten
Und zuletzt beginnt zu alten,
Und nicht mehr taug in die Schlacht,
Es muß fressen, biß es stirbet,
Ja kein alter Hund verdirbet,
Der uns trewlich hat bewacht.

Laß auch mich nur Futter kriegen,
Biß der Tod mich heisst erliegen,
Bin ich dessen anders wehrt,
Hab' ich mit berühmter Zungen
Deinem Haus' und Dir gesungen,
Was kein Rost der Zeit verzehrt.

Phöbus ist bey mir daheime,
Diese Kunst der Deutschen Reime
Lernet Preussen erst von mir,
Meine sind die ersten Seiten,

Zwar man sang vor meinen Zeiten,
Aber ohn Geschick und Zier.

Doch was ist hievon zu sagen?
Fuͤrsten schencken nach Behagen,
Gnade treibet sie allein,
Nicht Verdienst, das Sie thun sollen,
Nein, Sie herrschen frey und wollen
Hie auch ungebunden seyn.

Thu, O Churfuͤrst, nach Belieben.
Such' ich Huben zehnmal sieben?
Nein, auch zwantzig nicht einmal,
Andre moͤgen nach Begnuͤgen
Auch mit tausend Ochsen pfluͤgen,
Mir ist gnug ein gruͤnes Thal,

Da ich GOtt und Dich kan geigen,
Und von fern sehn auffwarts steigen
Meines armen Daches Rauch,
Wenn der Abend koͤmpt gegangen.
Sollt' ich aber nichts empfangen,
Wol, Herr, dieses gnuͤgt mir auch.

ROBERT ROBERTHIN

Vivam dum mihi vita datur.

1. MEin liebstes Seelchen lasst uns leben
So lang wir noch im Leben seyn!
Bald bricht der schlimme Tod herein /
So muͤssen wir das ubergeben
Was uns so sanfft und linde that /
Was uns so offt ergetzet hat!

2. Der Augen umbgewechselt Schertzen /
Die Seufftzer / die so mancherhand
Durch abgeredeten Verstand
Die Botschafft brachten von den Hertzen /
Vergehn / und werden gleich zu nicht
So bald der Athem uns gebricht.

3. Drumb / weil die Brust sich noch kan heben /
Eh' uns der warme Geist entweicht /
Eh' ewer purpur-Mund verbleicht /
Mein liebstes Seelchen / lasst uns leben!
Geniesset was die Zeit beschert /
Wer sichert uns wie lang es wehrt?

CHRISTOPH KALDENBACH

Hn. Valentin Baumgarten / als er zu Kǒnigsberg Magister ward. Magister Valentin Baumgarten: Die Buchstaben versetzet / Grǔnett als ein Baum im Garten.

Stroph.

DEr grǔne Frǔling wird uns bald
Nun wieder in die Gǎrte fǔhren /
Und sehen lassen / wie sich zieren
Die Bǎum' in mancherley gestalt.
Da sie mit newem Laub und Zweigen
In voller Blǔte sich erzeigen;
Weil itzt / die Seele dieser Welt /
Die Sonne mit den warmen Stralen /
Die Erd' auffs schǒnest' außzumahlen /
Sich immer nǎher zu uns helt.

Antist.

Euch wil Apollo / liebster Freund /
Bey dieser grünen Frülings-Zeiten
Ein' Erndte nunmehr zubereiten /
Die zwar der Neid zu hindern meint:
Doch bleibt sie wol hinauß geführet.
Wir sehn das würdig' Haupt gezieret /
So wie ihr habt vorlängst verdient /
Mit stets begrünter Lorbeer Krohne;
Als schöner Kunst und Tugend Lohne /
Die bey euch völlig blüht und grünt.

Epod.

Grünett dann in voller Blüt /
Als ein grüner Baum im Garten /
Da der Gärtner für das Warten
Seine Lust und Frewd' an siht.
Weil ihr habt viel Müh' und Pein
Außgestanden in der Jugend /
Muß die Erndte solcher Tugend
Fort ein steter Frühling seyn.

Preussisches Valet / oder Abschied
von Königsberg nach Tübingen.

SO sey dann / werthes Land / sey GOttes Schutz empfolen /
Weil doch ich scheiden mus. Das Unglück / so dir dreut /
Müß' andere bestehn. Die Wonne seiner Zeit /
Dein Churfürst wachs' und grün'. Auch euch / ihr tapffern Polen /
Werd' ewr Verhengniß mild. Seyd glückhafft einzuholen
Den Nachtheil / der euch traff. Der Himmel weis bescheid
Für solcher Trübeln Grimm / und ewre Sicherheit /
Der allem Witz bisher noch bleibet je verholen.

Du dann vorab / ô Stadt / die mich so lang ernehrt;
O edler Pregel-Strom / samt deinen grossen Leuten /
Die hier so manche Gunst und Ehre mir gewehrt /
Gehab dich forthin wol zu lang' erwůndschten Zeiten.
Und / weil je mehr und mehr ich denck' im besten dein /
Las mein Gedåchtnůß auch bey dir im Segen seyn.

SIBYLLA SCHWARZ

ISt Lieb ein Feur / und kan das Eisen schmiegen /
bin ich voll Feur / und voller Liebes Pein /
wohrvohn mag doch der Liebsten Hertze seyn?
wans eisern wår / so wůrd eß mir erliegen /
wans gůlden wår / so wůrd ichs kônnen biegen
durch meine Gluht; solls aber fleischern seyn /
so schließ ich fort: Eß ist ein fleischern Stein:
doch kan mich nicht ein Stein / wie sie / betriegen.
Ists dan wie Frost / wie kalter Schnee und Eiß /
wie presst sie dann auß mir den Liebesschweiß?
Mich deucht: Ihr Herz ist wie die Loorberblåtter /
die nicht berůhrt ein starcker Donnerkeil /
sie / sie verlacht / Cupido / deine Pfeil;
und ist befreyt fůr deinem Donnerwetter.

LIebe schont der Gôtter nicht /
sie kan alles ůberwinden /
sie kan alle Herzen binden /
durch der Augen klahres Licht.
Selbst des Phebus Hertze bricht /
seine Klahrheit muß verschwinden /
er kan keine Ruhe finden /
weil der Pfeil noch in ihm sticht.

Jupiter ist selbst gebunden /
Hercules ist überwunden
durch die bittersüsse Pein;
wie dan können doch die Herzen
bloßer Menschen dieser Schmerzen
gantz und gahr entübrigt seyn?

MEin Alles ist dahin / mein Trost in Lust und Leiden /
mein ander Ich ist fort / mein Leben / meine Zier /
mein liebstes auff der Welt ist wegk / ist schon vohn hier.
(die Lieb' ist bitter zwahr / viel bittrer ist das Scheiden)
Ich kan nicht vohn dir seyn / ich kan dich gantz nicht meiden /
O liebste Dorile! Ich bin nicht mehr bey mir /
Ich bin nicht der ich bin / nuhn ich nicht bin bey dir.
Ihr Stunden lauft doch fort / wolt ihr mich auch noch neiden?
Ey Phoebus halte doch die schnelle Hengste nicht!
fort / fort / ihr Tage fort / komb bald du Monden Licht!
Ein Tag ist mir ein Jahr / in dem ich nicht kan sehen
mein ander Sonnenlicht! fort / fort / du faule Zeit /
spann doch die Segel auff / und bring mein Lieb noch heut /
und wan sie hier dan ist / so magstu langsam gehen.

Epigramma.

DU meinst ich soll dein noch gedencken und dich lieben /
ob du mich schon verläst / ey sey doch nicht so toll /
Ich habe dir ja offt vor disem schon geschrieben:
daß niemand Eysen / Stein und Klöze lieben soll.

JUSTUS SIEBER

Die beruͤhmte Poetinn Sappho.

NYmphe / deren ich mich zum Diener gebe.
Nymphe / deren ich stets zu Lobe lebe /
Laß doch auch mein Rohr deine goͤldne Seiten
weiter ausbreiten.

Du / O Wunder-Bild / hast dein lieblichs Singen
Durchs Lesboer-Land trefflich lassen klingen /
Das Aegeesche Meer wustest du nach Willen
Schnelle zu stillen.

Weiblichs hast du nichts. Denn der Weiber Orden
Ist / O Nymph' / an dier umgekehret worden /
Uber die Natur hast du dich erhoben /
Welches zu loben.

Nicht das Angesicht noch die blassen Wangen
Sahe man an dier mit Zinnober prangen /
Deine werthe Zier / deiner Schoͤnheit Bluͤhte
War im Gemuͤthe.

Zwar wier haben auch hochberuͤhmte Nymphen /
Die den Durst geloͤscht an den Musen-Suͤmpfen /
Dennoch muͤssen sie dier den Vorzug geben /
Und dich erheben.

Weich Andromede / weich vons Nord-Pols Spitzen /
Sappho soll hinfort an demselben sitzen /
Denn sie wird allda mit den Lorbeer-Kraͤntzen
Herrlicher glaͤntzen.

Also klang mein Rohr an den Boͤhmschen Wåldern /
Die / O Lausenitz / nahen deinen Feldern /
Sappho wards gewahr / und zoch mit Getůmmel
Drauff an den Himmel!

Uber Die treffliche Poetinn /
Johannam Elisabetham Westonien aus Engelland.

SO weit der Pindus reicht / so weit reicht auch dein Preiß /
O Nymphe / deren Kunst fuͤr uns zu siegen weiß.
Du bist ein Schau der Welt; Ein Wunder deiner Zeiten;
Kein Frauenzimmer mag dier stehen an der Seiten.
Du bist wie Laelia / die Rom so sehr erhebt.
Du bist wie Arete / die bey den Griechen lebt.
Du machst / O Himmels-Dirn / du machst / daß wier bekennen /
Daß in den Weibern auch der Weißheit Kertzen brennen.

GOTTFRIED FINCKELTHAUS
Uber die Hand der Astree.

DU schoͤne Hand: Was / Hand! ja Ketten / denn sie bindt.
Was Ketten? Wollen mehr / weil sie so weich zu druͤcken.
Was / Wollen? Fewer mehr / denn sie das Hertz entzůndt.
Was / Fewer? Mehr als Schnee / die Weisse muß sie schmuͤcken.
Doch keines: Ketten nicht: ich bin ja frey zu nennen.
Nicht Wollen / die sonst bald verwehen kan der Wind.
Nicht Fewer: siehstu denn die Gluth so helle brennen?
Nicht Schnee / weil sich in der die rechte Wårme findt.
Jedennoch siehet dich des Volckes blinder Wahn
Aus Liebe vor den Schnee / Fewr / Wollen / Ketten an.

Dorilis.

ICh wil etwas heimlichs sagen /
Von der schönen Dorilis /
Was sich newlich zugetragen.
Gläubet mir / es ist gewiß.
Gläubet ihr es oder nicht?
Dorilis es selber spricht.

Laß uns / sagte sie / doch schertzen.
Alles ist geheim und still.
Alles / was du hast im Hertzen
Ich mit dir begehren wil.
Gläubet ihr es / oder nicht?
Dorilis es selber spricht.

Drauff so legten wir geschwinde
Mund auff Mund / und Brust an Brust.
Warlich / warlich ich empfinde
Noch bey mir die süsse Lust:
Gläubet ihr es / oder nicht?
Dorilis es selber spricht.

Als wir lange diß getrieben /
Sprach die Dorilis zu mir:
Dieses wol vergnügte Lieben
Ja verschwiegen sey bey dir.
Gläubet ihr es / oder nicht?
Dorilis es selber spricht.

Unser beyder süsses Küssen /
Meine schöne Dorilis /
Sagt ich / sol nicht einer wissen /
Sey versichert und gewiß.
Gläubet ihr es oder nicht?
Dorilis es selber spricht.

Also wil ich stille schweigen /
Weil es keinem wissent ist.
Niemand sol mich uberzeugen /
Daß sie sey von mir geküsst.
Und daß sie drumb wisse nicht /
Dorilis es selber spricht.

[*Rätsel*]

DEr Frawen bin ich lieb / die trägt mich stetz bey sich:
Bin steiff / bin rundt und lang / und wenn sie brauchet mich /
So fast sie meinen Kopff / und steckt mich so hienein:
Komm ich denn gar zu tieff / so mach ich Weh und Pein.

Eine Nadel.

Der Soldate.

O Grosser Gott der grossen Krüge /
Den guten Schluckern wolbekant!
Durch dich und durch die schweren Züge
Wird man ein frischer Held genannt.
Den Krieg ich warlich fürchte sehr /
Die Küch und Keller lob ich mehr.

Die lincke Schulter pflegt zu beben /
Im fall sie Eisen tragen sol.
Viel leichter ists / ein Glaß zu heben /
Ob solches gleich biß oben voll.
Den Krieg ich warlich fürchte sehr /
Die Küch und Keller lob ich mehr.

Mein scharffer Kneiff ist anzuschneiden
Die feisten Braten abgericht.
Das Schwerd mag rosten in der Scheiden /
In der es keine Scharten kriegt.
Den Krieg ich warlich fůrchte sehr /
Die Kůch und Keller lob ich mehr.

Ein Rauch von Hůnern und Capaunen /
Mir wol (doch mehr das Fleisch) behagt.
Das helle Blitzen der Carthaunen
Macht mich hingegen bald verzagt.
Den Krieg ich warlich fůrchte sehr /
Die Kůch und Keller lob ich mehr.

Mit dir ists aus / bistu getroffen:
Frůh steh ich auff den andern Tag /
Wenn ich mich heute vollgesoffen /
Und eins so viel noch sauffen mag.
Den Krieg ich warlich fůrchte sehr /
Die Kůch und Keller lob ich mehr.

Ein Landsknecht selbst nach Schaden ringet /
Und suchet ihm den bittern Todt:
Wo man die Glåser hurtig schwinget /
Da weiß man nicht von Sterbens-Noth.
Den Krieg ich warlich fůrchte sehr /
Die Kůch und Keller lob ich mehr.

Zum Pancketiren und zum Sauffen
Da stell ich mich zum ersten ein.
Doch wenn man sol zum Sturm anlauffen /
Wil ich der letzte lieber seyn.
Den Krieg ich warlich fůrchte sehr /
Die Kůch und Keller lob ich mehr.

Ich eben auch in meinen Zuͤgen
   Muß fuͤhren einen schweren Krieg:
Wenn andre nun zu Boden liegen /
   So bleibet mir zuletzt der Sieg.
   Den Krieg ich warlich fuͤrchte sehr /
   Die Kuͤch und Keller lob ich mehr.

ERNST CHRISTOPH HOMBURG

Epigramma.

ISt Liebe Zuckersuͤs / wie daß sie bitter schmecket?
Ist Liebe bitter Gall / wie daß sie Lust erwecket?
   Ist Liebe lauter Fewr / wie daß sie Thraͤnen bringt?
   Ist Liebe lauter Flut / daß ihre Glut dann dringt
Zu innerst in das Hertz? Ist Liebe was zu nennen?
Wer ist dann der / und die / so Liebe recht mag kennen?
   Ist Liebe lauter nichts / wie kan und mag es seyn /
   Daß sie bringt dir und mir wol tausend Hoͤllen-Pein?
Ist Liebe Menschen-Werck / wie daß sie Goͤtter drenget?
Ist Liebe GoͤtterThun / wie daß sie sich vermenget
   Mit dem / was menschlich ist? Ist Liebe heilsam-gut /
   Wie daß sie dann so gar verformet Hertz und Mut?
Drumb wer wil witzig seyn / und Fillis ihm erjagen /
Der wird / was Lieben sey / mir kuͤrtzlich Antwort sagen.

Auff die besagte Sylvia.

ODE JAMBICA.

1.

KOm Schoͤnste! las uns eilen /
   Was säumen wir zumahl /
Entferne das Verweilen /
   Daß wir der Tulpen Zahl

Vermindern / weil sich wendet
Bereit die liebe Sonn' /
Und alle Kurtzweil endet /
Kom! kom! las uns darvon!

2.

Wilt du nicht in den Garten /
Und hegen deine Lust?
Sol man biß Morgen warten?
Es ist ja dir bewust /
Wie wir so steiff anhangen
Der strengen Sterbligkeit /
Wie Mund / und rohte Wangen
Verbleichen vor der Zeit.

3.

Las uns der Blumen brauchen /
Die uns die Flora gab /
Des Westen suͤsses Hauchen /
Weil alles hat sein Grab /
Weil nichts allhier bestehet /
Ja mit der Zeiten Lauff /
Das / was nur ist / vergehet /
Es stirbet allzuhauff.

4.

Drumb wollen wir uns setzen
Wol mitten in den Klee /
Nicht saͤumen uns zu letzen /
Der Nord auff truͤber See
Sein Brausen schon her wendet /
Und aller Rosen Pracht
An ieden Orten schaͤndet /
Nim / Liebste / nims in acht!

5.

Kom / las uns zu der Heyden
   Spatzieren durch den Wald /
Zu sehen / wie da weiden
   Die Hirten mannigfalt /
Wie Amaryll da trȧncket
   Die zarten Schȧffelein /
Wann sich die Sonne sencket
   Ins trůbe Meer hinein.

Buchdruckerey.

WO ist der Alten Witz? Wo sind die klugen Sinnen?
Sie haben diese Kunst noch nie erfinden kȯnnen;
Ein Mensch / ein eintzig Mensch itzt vielmehr schreiben kan /
Als vor / und itzo noch in Osten hundert Mann.

GABRIEL VOIGTLÄNDER

Der Autor kans Niemand zu Danck machen.

1.

   WAs soll ich doch wol singen /
Was soll ich doch vor einen Text vorbringen /
Das meine Lieder allen /
Die mir zu hȯren mȯchten wollgefallen /
Doch werd ich so glůckselig nimmermehre /
Wenn ich auch selbst Orpheus der sȧnger wehre /
Denn Momus tadelt selbst der Gȯtter sachen /
Was soll ich schlechter den zu danck ihm machen.

2.

Wenn ich (wie wol sein solte)
Was Geistlichs offtmahls gerne singen wolte /
So sagt man / es gehöret
Den Priestern zu / im Tempel da man lehret /
Sing ich den Weltlich / wil mans böse deuten /
Als wenn ich sänge nur von Eitelkeiten /
Sing ich die Warheit muß ich undanck kriegen /
Auch lestert man mich wenn ich singe liegen.

3.

Sing ich von Lust und Schertzen /
Werd ich veracht von Melancholschen Hertzen /
Sing ich von Sorg und Klagen /
So wils den frölichen auch nicht behagen /
Sing ich von Liebe muß es Thorheit heissen /
Da doch die Klügsten selbst den Gecken weissen /
Sie lestern und verachten meine Sachen /
Die sie doch selbsten können nicht nach machen.

4.

Sing ich von Recht zu leben /
So sagt man / Ich soll nicht Gesetze geben /
Sing ich von Schand und Laster /
Bin ich bey Gott und Frommen noch verhaster /
Treff ich mit einem Wort wem das Gewissen /
So hab ich stracks das Kalb ins Aug geschmissen /
Wenn ich was lob / hab ich den Fuchs gestrichen /
Schelt' ich / so bin der Warheit ich entwichen.

5.

Sing ich von Friedens Sachen /
So pflegen die Soldaten mein zu lachen /
Sing ich von Streit und Kriegen /
So schaff ich auch den Frommen kein genügen /

Ich henge doch der Katzen an die Schelle /
Ich sing von Gott / vom Teuffel / Himmel / Helle /
Der eine liebt mich wenn ich mich laß hoͤren /
Der ander will aus Haß mein Glůck zerstoͤren.

6.

Ich tichte / schreib und singe /
Und doch die Gnade nicht zu wegen bringe /
Als / der so nichts kan schaffen /
Als Essen / Trincken / můssig gehn und schlaffen /
Man ehret die mit sonderlichen Gaben /
Die nicht wie ich sich drumb bemůhet haben /
Wenn ich denn daß erfahr und seh mit schmertzen /
So sing ich zwar / bin trawrig doch im Hertzen.

7.

Weil ich an vielen Orden /
Nicht Danck verdient / bin ich so schew nun worden /
Daß ich nicht kan ersinnen /
Wie ich mich recht verhalten soll hierinnen /
Drumb bitt ich daß mir Momus erstlich sage /
Was ich soll singen daß ich Danck von trage /
Er lehre mich wie man wol singt und tichtet /
Wo nicht / so laß er mich unaußgerichtet.

Ihm vergnůget nichts denn seine Liebste.

1.

ES mag wer will die Goͤtter verehren /
ich will an Jupiter mich nicht kehren /
sein Blitzen acht ich nicht /
Die grossen Herrn hie nieden auff Erden /
die ihre Kinder genennet werden /
die thun ihm ihre pflicht /

Es moͤgen Mars die Soldaten preisen /
die Weisen Phoebo viel Ehr erweisen /
die Schiffer deßgeleichen /
Neptun erzeigen.
Die Kuͤnstler moͤgen Minerva dienen /
die Jaͤger moͤgen Dian versuͤhnen /
ich bin des nicht erboͤttig /
habs auch nit noͤtig.

2.

Die Ritter / Hoffleut / und die Turnirer /
Die Reuter / Fechter und Scharmutzirer /
Castors und Pollux Zunfft /
Die durch viel Thaten seyn hoch erhoben /
Die moͤgen ihre Patronen loben /
Mit Andacht und Vernunfft /
Die Kauffleut moͤgen Mercurium feyren /
Die Bawren moͤgen in Feldt und Scheuren
Der Ceres Opffer bringen /
Und froͤlich singen /
Die Trummel Bachus zu ehren schlagen /
Ich will durchauß nach allen nicht fragen /
Nur Zweyen (die ich meine)
Dien ich alleine.

3.

Es ist die Venus sampt ihrem Kinde /
Zu derer Willen ich mich verbinde /
Weill sie verschaffen mir /
Daß meine Liebste mir ist gewogen /
Und meine Hoffnung mich nicht betrogen /
Die ich gehabt zu ihr /
Daß ich der Liebe nun kan geniessen /
Der ich zuvor nur hab hoffen muͤssen /

Ich bin in Liebes Orden /
Glückselig worden /
Ich hab nehst GOtt nun alles auff Erden /
Was ich gewündscht / daß mir solte werden /
Die so mein Leid kan wenden /
Hab ich in Händen.

4.

Was helffen Jupiters Herligkeiten /
Des Martis glücklicher Sieg in Streiten /
Was nutzt mir Phoebus Kunst /
Wehr auch Neptunus Revier mein eigen /
Wehr klug wie Pallas, mir wolt erzeigen /
Diana ihre Gunst /
Wenn allen Helden ich weit vorginge /
Mercurius gegen mir wehr geringe /
Wenn ich der Ceres Gaben
Solt alle haben /
Doch ist mir meine Hertzliebste lieber /
Denn sie geht alle den andern über /
Darumb ich sie alleine /
Von Hertzen meine.

GEORG GREFLINGER
Der Mars ist nun im Ars.

1.

SA! Lex und Ars die steigen wider hoch /
Ihr Leyd ist umb / der Mars hat nun ein Loch /
Es hat genug gedauret / daß der Mars
Hat Ars getrillt / nun ist der Mars im Ars.

2.

Nun halten Lex und Ars den Mars im Zaum /
Nun wird und ist mir auß dem Mars ein Traum.
Im Ars ist Lust / im Lex ist Sůssigkeit /
Im Mars Gestanck / vom Pulver / Sturm und Streit.

3.

Wo Lex und Ars die Oberhand behålt /
Da scheust der Mars nicht mehr so grob ins Feld.
Der Mars ist roht und schwartz / Lex aber weiß /
Und Ars wie Gold / Lex Ars behålt den Preiß.

4.

So finster und so grewlich es im Mars,
So Sonnenklar und lieblich sind Lex, Ars,
Lex Ars, sind Freund / und halten nichts vom Mars,
Ey / sey dann Mars ein Freund vom Lex und Ars.

5.

Wolan / O Mars, scheuß nun nicht mehr so grob /
Es zőrnen sonst Lex und auch Ars darob.
Wann Ars regiert / und Lex die Zunge braucht /
So zittert Mars / scheust er gleich daß es raucht.

6.

Im Mars ist nichts / das unser Hertz erfreut /
Lex aber hat viel Lust und Lieblichkeit.
Deßgleichen Ars, Ars ist so wunder fein /
Daß jederman im Ars wil Bůrger seyn.

7.

Lex mich im Mars sehr wenig schůtzen kan /
Dann wo der Mars regiert / kommt Lex nicht an.
Nun aber Mars im Ars, Lex mich beschirmt /
Und hilfft nun nicht / daß Mars viel scheust und stůrmt.

8.

Kůßt mir nun Ars und Lex, und flucht dem Mars.
Verflucht sey Mars. Gekůßt sey Lex und Ars.
O sůsses Lex! O Lieblichkeit im Ars!
Wir kůssen euch / kommt an / verflucht sey Mars.

9.

Mars scheußt und stinckt / Ars aber ist sehr mild /
Lex angenehm / der Mars ein greulich Bild.
Ars machet Gunst / Lex hat das Lob / was Ars,
Was greulich ist / das ist fůrwahr im Mars.

10.

Weg mit dem Mars, heran mit Lex und Ars,
Ars liebt die Ruh / Lex auch / Krieg aber Mars.
Viel lieber Fried als Krieg / weil Mars verzehrt /
Was Ars erwirbt. Mars raubt / Lex Ars ernehrt.

Gut gemeint und bôß verstanden /
Machet manche Schrifft zuschanden.

Einer uber den andern.

DIe Bawern sind nu Bůrger worden /
Die Bůrger sind im Edlen Orden /
Die Edlen sind den Fůrsten gleich /
Ein Fůrst begehrt ein Koͦnigreich /
Was sol der Koͦnig auff der Erden?
Er muß ein Gott genennet werden.

Laß der Jugend brauchen / an seine FLORA.

Liebste laß uns eylen /
Was ist das verweilen?
Es giebt kaltes lieben
Wo die Krafft vertrieben /
Wo die Glieder beben
In dem heben.

Wann die Stirn in Falten /
Und die Wangen alten /
Wann die Lippen blawen /
Und die Augen tawen /
Wann der Brůste prangen
Pflegt zu hangen /

Da ist Lust und Lieben
In die Lufft vertrieben /
Drumb so laß uns eylen /
Was ist das verweilen?
Lasse dich nicht narren
Mit dem harren.

Komm O meine Frewde /
Meiner Augen Weyde /
Bin ich doch der Deine /
Kůsse mich O meine Meine /
Lasse nicht verziehen
Weil wir blůhen.

Hylas wil kein Weib nicht haben.

1.

SChweiget mir vom Frauen nehmen /
Es ist lauter Ungemach /
Geld außgeben / wiegen / gråhmen /
Einmal Juch und dreymal ach /
Ist sie jung / so wil sie fechten /
Ist sie alt / so ists der Todt /
Ist sie reich / so wil sie rechten /
Ist sie arm / wer schaffet Brodt.

2.

Ich wil drumb nicht / daß man sage /
Daß ich von den Mȍnchen sey /
Weil ich mich deß Weibs entschlage /
Buhlen / buhlen stehet frey /
Heute die / die andre Morgen /
Das ist eine Lust fůr mich /
So darff ich fůr keine sorgen /
Jede sorget selbst fůr sich.

3.

Denckt / was auff die Hochzeit lauffet /
Was die Braut zur Kleydung kiest /
Wann man uns ein Kindlein tauffet /
Das der nechste Haußrath ist /
Was die Amme / die es seuget /
Die man mit Covent nicht stillt /
Die zu keiner Gritze schweiget /
Die man nie genug erfůllt.

4.

Und was kosten Kasten / Kisten /
  Schlüssel / Schlösser / Schüssel / Rost /
Mägde / die uns koch- und misten /
  Dencket was der Haußzins kost /
Was die Bette / was die Kannen /
  Teller / Leffel / Leuchter / Liecht /
Spiesse / Brater / Holtz und Pfannen /
  Und was kost die Kleidung nicht?

5.

Wie viel Mäuler muß man speisen /
  Was verschleppen Hund und Katz?
Und wann sich die Freunde weisen /
  Was für Geld bleibt auff dem Platz /
Uber Fische / Fleisch und Gritze /
  Bier und Wein / und liebes Brod.
Wann nun erst die Fraw nicht nütze /
  Scheyde Gott die liebe Noth.

6.

Wann die Fraw die Brug wil tragen /
  Und dem Manne widerspricht /
Dann so geht es an das Jagen /
  Eine solche taugt mir nicht.
Dann so kommen ihre Freunde
  Schrey- und dräuen wider mich:
Dann so werden Freunde Feinde /
  Dann geht alles hinter sich.

7.

Dann so geht der Mann vom Hause /
  Suchet ihm / was ihm geliebt /
Lebet Tag und Nacht im Sause /
  Ob sich schon die Frau betrůbt /
Sitzt zu Hause mit den Kleinen
  Hat noch Bier / noch Brod / noch Geld /
Er ist lustig mit den Seinen /
  Und bey sich ein braver Held.

8.

Ich wil keine so betrůben /
  Ich wil bleiben / der ich bin /
Ich wil kein' alleine lieben /
  Buhlen / buhlen ist mein Sinn /
Buhlen ist mir Honig sůsse /
  Und verbuhl ich schon die Schue /
So behalt ich doch die Fůsse.
  Buhlen ist es / was ich thue.

Wider-Ruff.

1.

WEr beschimpfft das Frauen-nehmen?
  Wer benamt es Ungemach?
Die sich keiner Sůnde schåmen /
  Lassen dieses nehmen nach.
Ist sie jung / sind Liebe Blicke /
  Ist sie alt / dest' eher Todt.
Ist sie reich / ist das nicht Glůcke?
  Ist sie arm / Gott schaffet Brodt.

2.

Laß es / daß mir einer sage /
Daß ich nun sehr Ehrbar sey /
Weil ich mich deß Volcks entschlage /
Da noch Gott noch Gluͤck dabey /
Heute die / die andre Morgen /
Das ist eine Last fuͤr mich /
Man muß fuͤr die Seele sorgen /
Der nun fromm wird / der bin ich.

3.

Denckt was auff das Buhlen lauffet /
Was die leichte Dierne frißt /
Wann man ihr ein Kindlein tauffet /
Und du vierdthalb Vatter bist.
Was der Richter der dir zeiget /
Wie der Himmel sey gewillt /
Was der Diener / der nicht schweiget /
Den man nie genug erfuͤllt.

4.

Und was woltestu dann lassen /
Daß es nie geschehen waͤr'
Ey / schreyt man in allen Gassen /
Seht / da kompt er eben her /
Der sich hat so frisch gehalten
Bey den Maͤgden / seht ihn an /
Ach das muß das Hertze spalten /
Wann man es nicht laugnen kan.

5.

Und was kosten / Spiegel / Struͤmpffe /
Flor / Favore / Band und Schue /
Spiele / wann die besten Truͤmpffe
Sie ihr selber schantzet zu /

Gantze Kleider / gantze Posten /
   Die sie unbeschaͤmet wil /
Werden dich nicht wenig kosten /
   Vor das grosse Suͤnden-Spiel.

6.

Wie viel Schwaͤger mustu speisen /
   Buhlen ist die rechte Katz /
Die uns jagt durch Eiß und Eysen /
   Gut und Blut bleibt auff dem Platz
Uber einer leichten Vettel /
   Gott gibt hier sehr fleissig acht:
Mancher wird durch Sie zum Bettel /
   Und umb den Verstand gebracht.

7.

Weg mit diesen Suͤnden-Schulen /
   Da ich lang gewesen bin /
Her mit lieben / weg mit buhlen /
   Freyen / freyen ist mein Sinn /
Freyen ist mir Honig suͤsse /
   Kompt die Galle dann darzu /
Daß ich Leibes-Freuden misse /
   Ey so hat die Seele Ruh.

ANDREAS GRYPHIUS

Uber die Nacht meiner Geburt.
II. Octob. hora. XII. p. m.

Die Erden lag verhuͤlt mit Finsternuͤß und Nacht /
Als mich die Welt empfing / der Hellen Lichter Pracht /
Der Sternen goldne Zier umbgab des Himmels Awen
Warumb? Umb daß ich nur soll nach dem Himmel schawen.

Betrachtung der Zeit.

Mein sind die Jahre nicht die mir die Zeit genommen /
Mein sind die Jahre nicht / die etwa möchten kommen
Der Augenblick ist mein / und nehm' ich den in acht
So ist der mein / der Jahr und Ewigkeit gemacht.

Eitelkeit Menschlichen Lebens!

1. ACh / was ist doch unser armes Leben!
Als ein Traum mit Eitelkeit umbgeben!
Als ein Staub / den Lufft und Wind erreget /
Ein Regen leget!

2. Ein Schnee der eh' als es jemand innen /
Wann der Lentz herein tritt / mus zerrinnen
Es verschwindet gleich der Wasserblase /
Bricht gleich dem Glase.

3. Es verleurt sich wie ein Regenbogen;
Ist der Morgenröthe gleich verzogen /
Als ein Nebel / welchen / wenn es taget /
Die Sonn hinjaget.

4. Es ist ein Thau den die Hitz auffzehret /
Ein Blat / das der scharffe Nord umbkehret /
Eine Blum / die itzt das Aug erquicket /
Itzt hingerücket!

5. Wie Eiß / das der heissen Sonnen weichet /
Wie ein Blitz schnell durch die Wolcken streichet:
Wie ein Schatten / wenn das Liecht wil schwinden /
Nicht mehr zu finden;

6. Wie ein Widerschall / der kaum zu hören /
Wie ein Rauch / den Wind alsbald zustören;
Wie ein Lustspiel / wie ein strahl der Kertzen /
Und Abend-schertzen.

7. Ach so schwindet dieses kurtze Leben!
Darumb last uns Seel und Sinn erheben /
Und nach dem / was ewig / munter ringen
Vor allen Dingen!

Uber die Geburt JEsu.

NAcht / mehr denn lichte Nacht! Nacht / lichter als der Tag /
Nacht / heller als die Sonn' / in der das Licht geboren /
Das Gott / der Licht / in Licht wohnhafftig / ihm erkohren:
O Nacht / die alle Nächt' und Tage trotzen mag!
O freudenreiche Nacht / in welcher Ach und Klag /
Und Finsternüß / und was sich auff die Welt verschworen
Und Furcht und Höllen-Angst und Schrecken war verlohren.
Der Himmel bricht! doch fällt numehr kein Donnerschlag.
Der Zeit und Nächte schuff / ist dise Nacht ankommen!
Und hat das Recht der Zeit / und Fleisch an sich genommen!
Und unser Fleisch und Zeit der Ewikeit vermacht.
Der Jammer trübe Nacht / die schwartze Nacht der Sünden
Des Grabes Dunckelheit / muß durch die Nacht verschwinden.
Nacht lichter als der Tag! Nacht mehr denn lichte Nacht!

VANITAS, VANITATUM, ET OMNIA VANITAS.
Es ist alles gantz eytel. Eccl. 1. v. 2.

ICh seh' wohin ich seh / nur Eitelkeit auff Erden /
Was dieser heute bawt / reist jener morgen ein /
Wo itzt die Städte stehn so herrlich / hoch und fein /
Da wird in kurtzem gehn ein Hirt mit seinen Herden:
Was itzt so pråchtig blůht / wird bald zutretten werden:
Der itzt so pocht und trotzt / låst ubrig Asch und Bein /
Nichts ist / daß auff der Welt kőnt unvergånglich seyn /
Itzt scheint des Glůckes Sonn / bald donnerts mit beschwerden.
Der Thaten Herrligkeit muß wie ein Traum vergehn:
Solt denn die Wasserblaß / der leichte Mensch bestehn
Ach! was ist alles diß / was wir vor kőstlich achten!
Alß schlechte Nichtigkeit? als hew / staub / asch unnd wind?
Als eine Wiesenblum / die man nicht widerfind.
Noch wil / was ewig ist / kein einig Mensch betrachten!

Es ist alles Eitel.

DU sihst / wohin du sihst nur Eitelkeit auff Erden.
Was diser heute baut / reist jener morgen ein:
Wo itzund Stådte stehn / wird eine Wisen seyn /
Auff der ein Schåfers-Kind wird spilen mit den Herden:
Was itzund pråchtig blůht / sol bald zutretten werden.
Was itzt so pocht und trotzt ist Morgen Asch und Bein /
Nichts ist / das ewig sey / kein Ertz / kein Marmorstein.
Itzt lacht das Glůck uns an / bald donnern die Beschwerden.
Der hohen Thaten Ruhm muß wie ein Traum vergehn.
Soll denn das Spil der Zeit / der leichte Mensch bestehn?
Ach! was ist alles diß / was wir vor kőstlich achten /
Als schlechte Nichtikeit / als Schatten / Staub und Wind;
Als eine Wisen-Blum / die man nicht wider find't.
Noch wil was Ewig ist kein einig Mensch betrachten!

Thränen in schwerer Kranckheit.

ICh bin nicht der ich war / die Kräffte sind verschwunden /
Die Glider sind verdorr't / als ein durchbrandter Graus:
Mir schaut der schwartze Tod zu beyden Augen aus /
Ich werde von mir selbst nicht mehr in mir gefunden.
Der Athem wil nicht fort / die Zunge steht gebunden /
Wer siht nicht / wenn er siht die Adern sonder Mauß /
Die Armen sonder Fleisch / daß diß mein schwaches Hauß
Der Leib zerbrechen wird / noch inner wenig Stunden.
Gleich wie die Wisen Blum lebt wenn das Licht der Welt
Hervor bricht / und noch ehr der Mittag weggeht / fällt;
So bin ich auch benetzt mit Thränen-tau ankommen:
So sterb ich vor der Zeit. O Erden gute Nacht!
Mein Stündlein laufft zum End / itzt hab ich außgewacht
Und werde von dem Schlaff des Todes eingenommen.

Menschliches Elende.

WAs sind wir Menschen doch? ein Wohnhauß grimmer Schmertzen
Ein Ball des falschen Glücks / ein Irrlicht diser Zeit.
Ein Schauplatz herber Angst / besetzt mit scharffem Leid /
Ein bald verschmeltzter Schnee und abgebrante Kertzen.
Diß Leben fleucht davon wie ein Geschwätz und Schertzen.
Die vor uns abgelegt des schwachen Leibes Kleid
Und in das Todten-Buch der grossen Sterblikeit
Längst eingeschriben sind / sind uns aus Sinn und Hertzen.
Gleich wie ein eitel Traum leicht aus der Acht hinfällt /
Und wie ein Strom verscheust / den keine Macht auffhält:
So muß auch unser Nahm / Lob / Ehr und Ruhm verschwinden /
Was itzund Athem holt / muß mit der Lufft entflihn /
Was nach uns kommen wird / wird uns ins Grab nachzihn.
Was sag ich? wir vergehn wie Rauch von starcken Winden.

Trawrklage des verwůsteten Deutschlandes.

WIr sind doch numehr gantz / ja mehr alß gantz vertorben.
Der frechen Vo̊lcker schar / die rasende Posaun /
Daß vom Blutt feiste Schwerd / die donnernde Carthaun /
Hat alles diß hinweg / was mancher sawr erworben /
Die alte Redligkeit unnd Tugend ist gestorben;
Die Kirchen sind vorheert / die Starcken umbgehawn /
Die Jungfrawn sind geschånd; und wo wir hin nur schawn /
Ist Fewr / Pest / Mord und Todt / hier zwischen Schantz und Korben
Dort zwischen Mawr und Stad / rint allzeit frisches Blutt
Dreymal sind schon sechs Jahr als unser Stroͤme Flutt
Von so viel Leichen schwer / sich langsam fortgedrungen.
Ich schweige noch von dehm / was stårcker als der Todt /
(Du Straßburg weist es wol) der grimmen Hungersnoth /
Und daß der Seelen-Schatz gar vielen abgezwungen.

Thrånen des Vaterlandes / Anno 1636.

WIr sind doch nunmehr gantz / ja mehr denn gantz verheeret!
Der frechen Vo̊lcker Schaar / die rasende Posaun
Das vom Blutt fette Schwerdt / die donnernde Carthaun /
Hat aller Schweiß / und Fleiß / und Vorrath auffgezehret.
Die Tuͤrme stehn in Glutt / die Kirch ist umgekehret.
Das Rathauß ligt im Grauß / die Starcken sind zerhaun /
Die Jungfern sind geschånd't / und wo wir hin nur schaun
Ist Feuer / Pest / und Tod / der Hertz und Geist durchfaͤhret.
Hir durch die Schantz und Stadt / rinnt allzeit frisches Blutt.
Dreymal sind schon sechs Jahr / als unser Stroͤme Flutt /
Von Leichen fast verstopfft / sich langsam fort gedrungen.
Doch schweig ich noch von dem / was årger als der Tod /
Was grimmer denn die Pest / und Glutt und Hungersnoth
Das auch der Seelen Schatz / so vilen abgezwungen.

An die Sternen.

IHr Lichter / die ich nicht auff Erden satt kan schauen /
Ihr Fackeln / die ihr Nacht und schwartze Wolcken trennt
Als Diamante spilt / und ohn Auffhören brennt;
Ihr Blumen / die ihr schmückt des grossen Himmels Auen:
Ihr Wächter / die als Gott die Welt auff-wolte-bauen;
Sein Wort die Weißheit selbst mit rechten Namen nennt
Die Gott allein recht misst / die Gott allein recht kennt
(Wir blinden Sterblichen! was wollen wir uns trauen!)
Ihr Bürgen meiner Lust / wie manche schöne Nacht
Hab ich / in dem ich euch betrachtete / gewacht?
Herolden diser Zeit / wenn wird es doch geschehen /
Daß ich / der euer nicht allhir vergessen kan /
Euch / derer Libe mir steckt Hertz und Geister an
Von andern Sorgen frey werd unter mir besehen?

An sich selbst.

MIr grauet vor mir selbst / mir zittern alle Glider
Wenn ich die Lipp' und Nas' und beyder Augen Klufft /
Die blind vom wachen sind / des Athems schwere Lufft
Betracht' / und die nun schon erstorbnen Augen-Lieder.
Die Zunge / schwartz vom Brand fällt mit den Worten nider /
Und lalt ich weiß nicht was; die müde Seele rufft /
Dem grossen Tröster zu / das Fleisch reucht nach der Grufft /
Die Aertzte lassen mich / die Schmertzen kommen wider /
Mein Cörper ist nicht mehr als Adern / Fell' und Bein.
Das Sitzen ist mein Tod / das Ligen meine Pein.
Die Schenckel haben selbst nun Träger wol vonnöthen!
Was ist der hohe Ruhm / und Jugend / Ehr und Kunst?
Wenn dise Stunde kompt: wird alles Rauch und Dunst.
Und eine Noth muß uns mit allem Vorsatz tödten.

Morgen Sonnet.

DIe ewig helle Schaar wil nun ihr Licht verschlissen /
  Diane steht erblaßt; die Morgenrötte lacht
  Den grauen Himmel an / der sanfft e Wind erwacht /
Und reitzt das Federvolck / den neuen Tag zu grüssen.
Das Leben diser Welt / eilt schon die Welt zu küssen /
  Und steckt sein Haupt empor / man siht der Stralen Pracht
  Nun blinckern auff der See: O dreymal höchste Macht
Erleuchte den / der sich itzt beugt vor deinen Füssen!
  Vertreib die dicke Nacht / die meine Seel umbgibt /
  Die Schmertzen Finsternüß / die Hertz und Geist betrübt /
Erquicke mein Gemütt / und stärcke mein Vertrauen.
  Gib / daß ich disen Tag / in deinem Dinst allein
  Zubring: und wenn mein End' und jener Tag bricht ein
Daß ich dich / meine Sonn / mein Licht mög ewig schauen.

Mittag.

AUff Freunde! last uns zu der Taffel eylen /
  In dem die Sonn ins Himmels Mittel hält
  Und der von Hitz und Arbeit matten Welt
Sucht ihren Weg / und unsern Tag zu theilen.
Der Blumen Zir wird von den flammen Pfeylen
  Zu hart versehrt / das außgedörte Feld
  Wündscht nach dem Tau' / der Schnitter nach dem Zelt;
Kein Vogel klagt von seinen Libes Seilen.
  Itzt herrscht das Licht. Der schwartze Schatten fleucht
  In eine Höl / in welche sich verkreucht /
Den Schand und Furcht sich zu verbergen zwinget.
  Man kan dem Glantz des Tages ja entgehn!
  Doch nicht dem Licht / das / wo wir immer stehn /
Uns siht und richt / und Hell' und Grufft durchdringet.

Abend.

DEr schnelle Tag ist hin / die Nacht schwingt ihre Fahn /
Und fuͤhrt die Sternen auff. Der Menschen muͤde Scharen
Verlassen Feld und Werck / wo Thir und Voͤgel waren
Traurt itzt die Einsamkeit. Wie ist die Zeit verthan!
Der Port naht mehr und mehr sich zu der Glider Kahn.
Gleich wie diß Licht verfil / so wird in wenig Jahren
Ich / du / und was man hat / und was man siht / hinfahren.
Diß Leben koͤmmt mir vor als eine Renne-Bahn.
Laß hoͤchster Gott / mich doch nicht auff dem Lauffplatz gleiten /
Laß mich nicht Ach / nicht Pracht / nicht Lust nicht Angst verleiten
Dein ewig-heller Glantz sey vor und neben mir /
Laß / wenn der muͤde Leib entschlaͤfft / die Seele wachen
Und wenn der letzte Tag wird mit mir Abend machen /
So reiß mich aus dem Thal der Finsternuͤß zu dir.

Mitternacht.

SChrecken / und Stille / und dunckeles Grausen /
finstere Kaͤlte bedecket das Land
Itzt schlaͤfft was Arbeit und Schmertzen ermuͤdet / diß sind
der traurigen Einsamkeit Stunden.
Nunmehr ist / was durch die Luͤffte sich reget / nunmehr sind
Menschen und Thire verschwunden.
Ob zwar die immerdar schimmernde Lichter / der ewig
schitternden Sternen entbrant!
Suchet ein fleissiger Sinn noch zu wachen? der durch
Bemuͤhung der kuͤnstlichen Hand /
Ihm / die auch nach uns ankommende Seelen / Ihm /
die an itzt sich hir finden verbunden?
Wetzet ein bluttiger Moͤrder die Klinge? wil er unschuldiger
Hertzen verwunden?
Sorget ein Ehren-begehrend Gemuͤtte / wie zu erlangen
ein hoͤherer Stand?

Sterbliche! Sterbliche! lasset diß dichten! Morgen!
Ach Morgen! Ach muß man hinzihn!
Ach wir verschwinden gleich als die Gespenste / die umb
die Stund uns erscheinen und flihn.
Wenn uns die finstere Gruben bedecket / wird / was wir
wůndschen und suchen zu nichte.
Doch / wie der glåntzende Morgen erőffnet / was weder
Monde noch Fackel bescheint:
So / wenn der plőtzliche Tag wird anbrechen / wird was
geredet / gewůrcket / gemeynt.
Sonder vermånteln erőffnet sich finden vor des erschrecklichen
GOttes Gerichte.

Einsamkeit.

IN diser Einsamkeit / der mehr denn őden Wůsten /
Gestreckt auff wildes Kraut / an die bemoßte See:
Beschau' ich jenes Thal und diser Felsen Hőh'
Auff welchem Eulen nur und stille Vőgel nisten.
Hir / fern von dem Pallast; weit von des Pővels Lůsten /
Betracht ich: wie der Mensch in Eitelkeit vergeh'
Wie / auff nicht festem Grund' all unser Hoffen steh'
Wie die vor Abend schmåhn / die vor dem Tag uns grůßten.
Die Hől' / der rauhe Wald / der Todtenkopff / der Stein /
Den auch die Zeit auffrist / die abgezehrten Bein /
Entwerffen in dem Mutt unzehliche Gedancken.
Der Mauren alter Grauß / diß ungebau'te Land
Ist schőn und fruchtbar mir / der eigentlich erkant /
Daß alles / ohn ein Geist / den Gott selbst hålt / muß wancken.

Als Er aus Rom geschidn.

ADe! Begriff der Welt! Stadt der nichts gleich gewesen /
Und nichts zu gleichen ist / in der man alles siht
Was zwischen Ost und West / und Nord und Suden bluͤht.
Was die Natur erdacht / was je ein Mensch gelesen.
Du / derer Aschen man nur nicht vorhin mit Baͤsen
Auff einen Hauffen kaͤhrt / in der man sich bemuͤht
Zu suchen wo dein Grauß / (fliht truͤben Jahre! fliht /)
Bist nach dem Fall erhoͤht / nach langem Ach / genaͤsen.
Ihr Wunder der Gemaͤld' / ihr Kirchen und Pallaͤst /
Ob den die Kunst erstarr't / du starck bewehrte Fest /
Du herrlichs Vatican, dem man nichts gleich kan bauen:
Ihr Buͤcher / Gaͤrten / Gruͤfft'; Ihr Bilder / Nadeln / Stein /
Ihr / die diß und noch mehr schliß't in die Sinnen ein /
Fahrt wol! Man kan euch nicht satt mit zwey Augen schauen.

Der Tod.

WAs hilfft die gantze Welt / Mensch! deine Stunde schlaͤgt!
Zwar eh' als du vermeynt! doch wer muß nicht erbleichen?
Nun wird die Schoͤnheit rauch; nun muß die Tugend weichen /
Nun ist dein Adel Dunst / die Staͤrcke wird bewegt!
Hir faͤllt auff eine Baar der Hutt und Krone traͤgt
Hir feilt die grosse Kunst / kein Tagus schuͤtzt die Reichen.
Man siht kein Alter an / die gantz verstellte Leichen
(O Freunde! gutte Nacht!) wird in den Staub gelegt
Du scheidest! gantz allein! von hir! wohin! so schnelle!
Diß ist des Himmels Bahn! die oͤffnet dir die Helle!
Nach dem der strenge Printz sein ernstes Urtheil hegt.
Nichts bringst du auff die Welt / nichts kanst du mit bekommen:
Der einig' Augenblick hat / was man hat / genommen.
Doch zeucht dein Werck dir nach. Mensch! deine Stunde schlaͤgt.

AUff Todten! auff! die Welt verkracht in letztem Brande!
Der Sternen Heer vergeht! der Mond ist dunckel-rott /
Die Sonn' ohn allen Schein! Auff / ihr die Grab und Kott
Auff! ihr die Erd und See und Hellen hilt zu Pfande!
Ihr die ihr lebt komm't an: der HErr / der vor in Schande
Sich richten liß / erscheint / vor Ihm laufft Flamm' und Noth
Bey Ihm steht Majestått / nach ihm / folgt Blitz und Tod /
Umb ihn / mehr Cherubim als Sand an Pontus Strande.
Wie liblich spricht Er an / die seine Recht' erkohren.
Wie schrecklich donnert Er / auff dise / die verlohren.
Unwiderrufflich Wort / kommt Freunde / Feinde fliht!
Der Himmel schleust sich auff! O GOtt! welch frőlich scheiden;
Die Erden reist entzwey. Welch Weh / welch schrecklich Leiden.
Weh / Weh dem / der verdam't: wol dem / der JEsum siht!

Die Hőlle.

ACh! und Weh!
Mord! Zetter! Jammer / Angst / Creutz! Marter! Wůrme! Plagen.
Pech! Folter! Hencker! Flamm! Stanck! Geister! Kålte! Zagen!
Ach vergeh!
Tiff' und Hőh'!
Meer! Hůgel! Berge! Felß! wer kan die Pein ertragen?
Schluck Abgrund! ach schluck' ein! die nichts denn ewig klagen.
Je und Eh!
Schreckliche Geister der tunckelen Hőlen / ihr die ihr martret und Marter erduldet
Kan denn der ewigen Ewikeit Feuer / nimmermehr bůssen diß was ihr verschuldet?
O grausamm' Angst stets sterben / sonder sterben!

Diß ist Flamme der grimmigen Rache / die der erhitzete Zorn angeblasen:
Hir ist der Fluch der unendlichen Straffen / hir ist das immerdar wachsende Rasen:
O Mensch! Verdirb / umb hir nicht zu verderben.

Ewige Freude der Außerwehlten.

O! wo bin ich! O was seh' ich / wach ich? treumt mir? wie wird mir?
JEsu! welcher Wollust Meer / überschwemmt mein frölich Hertz /
Welt Ade! glück zu mein Trost! gutte Nacht Tod / Angst und Schmertz /
Ich find alles: alles lern ich! alles schau' ich HERR in dir /
Ich zuschmeltz in lauter Wonne! JEsu! JEsu. Meine Zir!
O wie herrlich ists hir seyn! Erde deine Freud ist Schertz!
JEsu! ewig-gläntzend Licht! (tunckel ist der Sonnen Kertz!)
Ach! wie funckeln deine Schaaren! Sternen fliht! hir schimmern wir.
Ihr / die ihr Glutt und Schwerdt verlacht! ob schon eur Leib würd Staub und Aschen /
Ihr / die ihr euer reines Kleid habt in dem Blutt des Lambs gewaschen /
Rufft Hallelujah! Hallelujah! Freud und Leben!
Dir dreymal einig Ewigkeit; die alles in allen beherschet und zihret:
Sey unaußsprechlich Lob und Ruhm / und Ehre die dir nur alleine gebühret.
Dir / die sich ewig / (Hallelujah!) uns wil geben.

Andreas Gryphius.

Uber seine Sontag- und FeyrtagsSonnette.

IN meiner ersten Blůt' / ach! unter grimmen Schmertzen
Bestůrtzt durchs scharffe Schwerdt' und ungeheuren Brand
Durch libster Freunde Tod und Elend / als das Land
In dem ich auffging fil' / als toller Feinde Schertzen /
Als LåsterZungen Spott mir rasend drang zu Hertzen /
Schrib ich diß was du sihst mit noch zu zarter Hand
Zwar Kindern / als ein Kind / doch reiner Andacht Pfand /
Tritt Leser nicht zu hart auff Blumen Erstes Mertzen.
Hir donnert / ich bekenn / mein rauer Abas nicht /
Nicht Leo / der die Seel' auff dem Altar außbricht /
Der Mårtrer Helden-Muth ist anderswo zu lesen:
Ihr die ihr nichts mit Lust als frembde Fehler zehlt
Bemůht euch ferner nicht: Ich sag' es was mir fehlt
Daß meine Kindheit nicht gelehrt doch fromm gewesen.

Ruhe des Gemůhtes.

I.

WIe seelig ist der hohe Geist zu schåtzen /
Der deß geschminckten Glůckes falsche Pracht
Und was bethőrte Sinnen mag ergetzen /
Mit Sorg- und Kummer-freyem Mutt verlacht!
Dem kein Verzagen /
Das Hertz zubricht:
Den kein Wehklagen /
Kein scheel Gesicht
Noch Neyd ansticht.

2.

Er tritt / was alles tritt mit steiffen Fuͤssen /
Herrscht uͤber sich und pocht der Menschen Noth.
Er trotzt was Fleisch und Jahre leiden muͤssen /
Er zwingt die Pest der grossen Welt / den Tod.
Er findet in sich /
Was jener sucht
Der stets / gleich als ich
In schneller Flucht
Irr't ohne Frucht.

3.

Er hoͤrt mit Lust / wenn mancher ruͤhm't und leuget
Und hoͤhnt den Rauch der stoltzen Eitelkeit /
Er schau't / wenn mich ein falscher Freund betreuget /
Sich umb / nach Treu / der hochbegreißten Zeit.
Er lib't nicht Libe
Die Wind und Dunst
Und Seelen Hibe
Gibt vor die Gunst
Der keuschen Brunst.

4.

Er schmuͤckt sein gantz mit Ehr gezirt Gemuͤtt
Mit nicht gemeinem Glantz der Weißheit aus;
Er lern't warumb die stoltze Welle wuͤtte;
Er kenn't die Sternen selbst in ihrem Hauß
Was in den Luͤfften
Was ob uns schweb;
Was aus den Kluͤfften
Der Grufft / erheb' /
Und ewig leb'.

5.

Ihm steht was Welt und Himmel zuschleust / offen:
Er denen nur / die sein Verstand erwehlt.
Von denen gleiche Seel und Gunst zu hoffen /
Und Treu / die Freund erkist und selten zehlt /
Mit disen theilet
Er Lust und Leid /
Er übereilet
Was nah' und weit.
Pocht Tod und zeit.

6.

Ach! könt ich / was ich itzund rühm erlangen!
Ach mein Verhängnüß! was hält mich zurück?
Wenn wird mich doch die süsse Ruh umbfangen?
Die schöne Lust / das allerhöchste Glück.
Mich würd ergetzen
Ein lustig Feld
Vor reichsten Schätzen
Der Fürsten Zelt /
Ja Ehr und Welt.

Psal. LXX. v. 20. Quantas ostendisti
mihi tribulationes multas & magnas,
& conversus vivificasti me!

Satz.

REiß Erde! reiß entzwey! Ihr Berge brecht und decket
Den gantz verzagten Geist!
Den Blitz und Ach und Noth / und Angst / und Weh' erschrecket!
Und herbe Wehmut beist!

Ihr immerlichten stätter Himmel Lichter!
Ach bescheinet meine Glider! ach bescheint die Glider nicht!
Die der Donnerkeil der Schmertzen / die die Krafft der Angst zubricht!
GOtt / gutter GOtt! nur mir zu strenger Richter
Was lässet mich dein Grimm nicht sehen!
Was hör ich nicht für Spott und Schmähen?
Sind die Augen mir verlihen
Daß ich nichts als herbe Plagen / nichts als Marter schauen soll?
Täglich rufft man mir die Ohren / ja die matte Seele voll!
Kan ich! kan ich nicht entflihen?
Kan die hell-besternte Nacht! kan mich nicht die Sonn erquicken?
Sol mich jde Morgenrött' jder Abendstunde drücken?

Gegensatz.

Der dicke Nebel bricht in welchen sich verhüllet
Der alles hebt und hält;
Der aller scharffe Pein und herbe Thränen stillet /
Der Schöpffer diser Welt.
Er wendet sich und hört nach meinem wimmern.
Und bläßt mein erstarrte Leichen mit erneutem Leben an:
Daß ich / der schon erstummet / ihm mit Jauchtzen dancken kan.
Ich spür' umb mich sein edle Wächter schimmern.
Versteckt mich in des Abgrunds Gründe;
Und wo ich kaum mich selber finde /
Ja in Mittelpunct der Erden.
Er wird mich aus diser Tiffen / aus der unerschöpfften Klufft /
Aus der Hellen Hell' erretten; mir sol aller Grüffte Grufft
Noch zum Ehren Schauplatz werden.
Jagt mich wo die Welt auffhört / wo die kalten Lüffte ringen:
Wo das heisse Land verbrennt; Gott der wird mich wider bringen.

Zusatz.

Der / der uns schützt' in Noth /
Erweist an mir die Allmacht seiner Ehren!
Mein Ach! mein Tod ist todt.
Es müsse diß was etwas anhört / hören.
Den / den was Athem holt / veracht /
Schmückt er mit seiner Güte Pracht!
Der / der mir vor den Rücken wandte:
Der mich in seinem Grimm verbannte:
Kehret mir den süssen Mund / und die liben Augen zu /
Er erquickt mein Hertz mit Trost und verspricht mir stille Ruh.
Keine Pein ist dem Ergetzen
Daß ich fühle gleich zu schätzen.

Uber Nicolai Copernici Bild.

Du dreymal weiser Geist / du mehr denn grosser Mann!
Dem nicht die Nacht der Zeit die alles pochen kan /
Dem nicht der herbe Neyd die Sinnen hat gebunden /
Die Sinnen / die den Lauff der Erden new gefunden.
Der du der alten Träum und Dünckell widerlegt:
Und Recht uns dargethan was lebt und was sich regt:
Schaw itzund blüht dein Ruhm / den als auff einem Wagen /
Der Kreiß auff dem wir sind muß umb die Sonnen tragen.
Wann diß was irrdisch ist / wird mit der Zeit vergehn /
Soll dein Lob unbewegt mit seiner Sonnen stehn.

MEin liebster Opitius rührte die Seiten /
Die jederman liebte / ja hörte von weiten;
  Die Berge die hüpfften und sprangen empor /
  Es freute sich alles gieng alles im flor:
Opitius schriebe Trochäische Lieder /
und Jambische Verse / wie zeiget ein jeder /
  Herr Caesius folget und lehret uns auch
  Der schönen Dactylischen rechten Gebrauch
Er weiset und lehret uns die Anapästen /
So werden sie loben Ost / Süden und Westen /
  Sie haben uns alle viel gutes gethan /
  Nun folget ihr andern der güldenen Bahn!

PHILIPP VON ZESEN

Dactylisch Sonnet an den Edlen und Weltberühmten Herrn August Buchnern / über die Erfindung der Dactylischen und Anapästischen Verse.

Höret die Lieder wie artlich sie klingen /
  Welche *Herr Buchner* erfindet und übt /
  Echo sich selbsten in ihnen verliebt /
Wolte sie gerne mit freuden nachsingen /
übet sich stetig die Stimme zu schwingen /
  Aber in dem sie noch hefftig betrübt /
  Nicht mehr als halbe gebrochne wort giebt;
Wälder und Felder dem toone nachspringen.
  Buchner / so längsten unsterblich gemacht /
  Itzo mann ähnlich den Göttern Ihn acht /
Weil er Dactylisch zu singen erfunden:
  Phöbus verwundert sich selbsten ob Ihn /
  Orpheus muß anders die Seiten aufzihn /
Cicero schweiget und lieget gebunden.

Salomons Des Hebråischen Kônigs Geistliche Wollust / oder Hohes Lied.
Die Siebende Abtheilung.

ER.

1.

WIe kanstu so zierlich / ô Fůrsten-kind / gehen?
Die Schuhe seyn Sammet mit golde gestickt /
Es pflegen die Lenden beysammen zu stehen
Wie Spangen vom Meister aufs schônste geschmůckt.
Dein Nabel / mein Leben /
Nach Bechers-art eben
Ist sauber und rund;
Da sůßer Wein fließet /
Sich reichlich ergießet /
und fůllet ihn wieder und feuchtet den grund.

2.

Dein runter Leib gleichet dem hauffen von Weitzen
Der Lieblich mit Rosen-gebůsche verwahrt /
Die Brůste / die manchen zur freudigkeit reitzen /
Wie junge Reh-zwillinge ligen gepaart.
Dein weisser Halß stehet
Wie Spitzen erhôhet:
Wie Helffenbein glåntzt;
Die Augen ich gleiche
Dem lieblichen Teiche /
Zu Heßbon am Thore Bathrabbim ergåntzt.

3.

Die Nase dem Thurne von Libanon gleichet /
Der gegen Damascon so herrlich erbaut:
Dem Lieblichen Heupte der Karmel auch weichet /
Das glåntzen der Haare wird eben geschaut /

Wie Purpur in falten
Der Koͤnig lest halten /
Nach Fuͤrstlicher zier;
Sie zieren den Ruͤcken
Sie schießen und blicken /
Wie flammen der Sonnen / wie strahlen erfuͤr.

4.

O Leben! ô Liebe! Du gleichest an laͤnge
Den Palmen / wie lieblich / wie schoͤne bistu?
Den Trauben ist aͤhnlich der Bruͤste gepraͤnge;
Was geb' ich dem Seumen noch laͤngere Ruh?
Nun halt ich die zweige
Weil froͤlich ich steige
Die Palmen hinan;
Die lieblichen Bruͤste
Des Liebsten Wohlluͤste /
Laß gleichen den Trauben / an farben dem Schwan.

5.

Laß gleichen den aͤpfeln das riechen der Nase /
Laß geben die Kehle den suͤßesten Wein /
Der freudig uns machet und glaͤntzet im Glase /
Geht lieblich zum Munde / zur Kehlen hinnein /
Macht schlaaffend die Sinnen /
Erreget sich drinnen;
Es redet dein Freund
Von kuͤnfftigen dingen /
Von Lieben und Springen /
und saget wie ernstlich sein Hertze dich meint.

SIE.

1.

Mich hab' ich dem Liebsten zu eigen gegeben /
Er bleibet mein Schönster / ich bleibe sein Leben.
Komm / Bruder / und laß uns aufs Acker-feld gehn /
Damit wir des morgens bey zeiten aufstehn /
und sehen ob unsere Reben auch blühen /
und augen gewonnen
Von hitzen der Sonnen;
Was wiltu verzihen?
Komm eylend mein Licht /
und seume dich nicht!

2.

Wir wollen den äpfelbaum heute beschauen /
Daselbsten auf wollust und fröligkeit bauen /
Da will ich dier geben und zeigen die Brust /
Da will ich dich küssen und hertzen mit lust;
Da will ich dier unsere Lilien geben /
Da soltu dich laben
Mit allerley gaben /
Mein einiges Leben /
Drümb eyle / mein Licht /
und seume dich nicht!

Lied / von helden-reimen.

1.

DEr abend bricht herein / die küle nacht entspringet /
da man der liebe lied mit vollen freuden singet:
die kinder kühler luft seind auch in stoltzer ruh;
der nach-hal wachet noch / und rufft mir immer zu

die letzten worte nach. Ich sehe wie den sternen
der fast-erblasste mand zu-winken kan von fernen;
nur ich bin ohne trost und wache gantz allein /
und seufze fort fuͤr fort / wan andre schlaffen ein.

2.

Du ruhest / Hedewich / und liegst in stoltzem frieden /
in deinem federzelt / ich mus mich noch ermuͤden /
und schlafloß bringen zu die gantze liebe nacht /
da ich allein auf dich / o Hedwich / bin bedacht.
Des hertzens vorhof ligt / dein rosen-mund / gestillet /
dein edles haͤubt ist auch in kuͤssen eingehuͤllet;
nur ich bin ohne trost und wache gantz allein /
und seufze fort fuͤr fort / wan andre schlafen ein.

3.

Es kan ein wandersman mit lust zu bette gehen /
wan auf der himmelsburg die guͤldnen sterne stehen;
wan er den muͤden tag mit reisen durchgebracht /
so ruht er sorgen-frei und schlaͤft die gantze nacht /
und wan der fruͤhe tag die sonne wiederbringet /
so steht er freudig auf und seinen Got ansinget;
nur ich bin ohne trost und wache gantz allein /
und seufze fort fuͤr fort / wan andre schlaffen ein.

4.

Ich bin in angst und furcht; die eul erbaͤrmlich schreiet;
Ich hoͤre / wie sie mier den bittern tod schon dreuet.
Ach schmertz! ach weh! ach leid! ich aͤchtze durch die nacht
und liege schlafloß da / bis unsre sonn' erwacht.
Es schlaͤft der arbeitsman / der drescher ruhet suͤße /
das stoltze pferd ruht aus / fuͤhlt nicht die muͤden fuͤße:
nur ich bin ohne trost und wache gantz allein /
und seufze fort und fort / wan andre schlafen ein.

5.

Ei nun gehab dich wohl / ich geh / du stoltze Dirne /
ich ruffe noch darzu zu zeugen das gestirne.
Euch ruff' ich zeugen an / ihr taͤhler! meine zier /
ihr wiesen / berg' und buͤsch' und das auch wohnet hier /
das lust-kind ruff ich an / und kan es nit mehr zeugen /
so wird es dennoch nit mein letztes wort verschweigen;
daß ich war ohne trost und wache gantz allein /
und seufze fort und fort / wan andre schlafen ein.

Auf di Augen seiner Liben.

IHr augen fol von gluht! was gluht? karfunkel-strahlen:
  auch nicht! si sein ein bliz / dehr durch di luͤfte spruͤht
  und sich aus ihrem aug bis in di meinen zuͤht.
nicht blizze; bolzen sein's / damit si pflaͤgt zu prahlen /
damit si pflaͤgt den zol der libe bahr zu zahlen.
  nicht bolzen; sonnen sein's / damit si sich bemuͤht
  zu blaͤnden andrer luͤcht; di keiner ih-mahls siht /
der nicht gestrahft mus sein. nicht sonnen; staͤrne tahlen
vom himmel ihrer stirn': auch nicht: was saͤh ich schimmern /
  dan gluht ist nicht so feucht / karfunkel strahlt nicht so /
  der bliz hat minder kraft / der pfeil macht jah nicht fro /
di sonn' ist nicht so stark / ein staͤrn kan nicht so glimmern /
  wahr-uͤm dan sihet si daͤs Folkes aber-wahn
  fohr gluht / karfunkel / bliz / pfeil- son- und staͤrnen ahn?

Ach kônt ich doch den busch *erreichen*! E[cho:] *eichen.*
  Da wo mein Liebster innen *sitzt*! Ech. *itzt.*
  Mein hertz vor lieb' ist aufge*ritzt*. Ech. *ritzt.*
und wil vor angst fast gar ver*bleichen*. E. *leichen.*
Ich ruff éuch an Ihr schônsten Eichen /
  Die Ihr die Wålder zieret itzt.
  Doch hôr' ich nichts als wie da *blitzt*. Ech. *itzt.*
Der Wider-ruff auff mich mit keichen.
  Ich komme zu den *klůften auch*. E. *lůften auch.*
  und schrey nach meinem alten brauch /
Da ist auch gåntzlich nichts *zu hoffen* / Ech. *zu hoffen* /
  Als nur der bloße wider*schall* / Ech. *hall* /
  der sich ereiget ůberall;
Mein mund steht mir ohn ab*laß offen*. Ech. *laß hoffen.*

Meien-lied
Der Rômischen Keiserlichen / wie auch zu Hungern und Bôhmen Kôniglichen Majeståt / Der Allerdurchleuchtigsten Eleonoren / seiner Allergnådigsten Keiserin und Frauen am ersten Måi-tage des 1653 jahres / aus alleruntertåhnigster schuldigkeit gewidmet durch F. von Zesen.

GLimmert ihr sterne /
schimmert von ferne /
blinkert nicht trůbe /
flinkert zu liebe
dieser erfreulichen lieblichen zeit.
Lachet ihr himmel /
machet getůmmel /
regnet uns seegen /
segnet den regen /
der uns in freude verwandelt das leid.

Schwitzet und tauet /
blitzet / und schauet
hȍhen und felder /
seen und wȁlder
alle mit gnaden an; Krȍhnet das jahr.
Erde / sei frȍhlich /
werde nun ehlich.
Singet im schatten /
springet zum gatten /
singet / ihr vogel / und machet ein paar.

Gehet ihr winde /
wehet gelinde;
springet ihr ȁnger;
singet ihr sȁnger /
singet der Keiserin einen gesang;
zieret die zeiten /
rȗhret die seiten /
zwinget sie eher /
bringet sie hȍher /
daß sich erhȍbe der lieblichste klang.

Schallet ihr thȁhler;
hallet ihr sȁler.
schwenket die lichter;
denket / ihr Dichter /
wie ihr der irdischen Gȍttin gefallt;
spitzet die kielen /
sitzet zu spielen /
treibet die geister /
schreibet / ihr meister /
daß es der Nach-welt zum wunder erschallt.

Unsere Sonne /
unsere wonne
unsere Goͤttin /
unsere Goͤttin /
unsere gnaͤdigst-gebietende Frau
sollen wir letzen /
wollen wier setzen
eben von ferne
neben die sterne /
wo sich befindet der himlische bau.

Da sol Sie schimmern /
da sol Sie glimmern /
ewiglich bluͤhen /
ewiglich spruͤhen
blitzlende strahlen / durch Tugend entzuͤndt;
welche Sie hoͤret
welche Sie ehret /
ja sie so liebet /
ja sie so uͤbet /
daß Sie das hertze des Keisers gewinnt.

Jugend vergehet /
Tugend bestehet;
nimmermehr stirbet /
nimmer verdirbet
unserer Keiserin goͤtlicher glantz.
Schwindet die hoͤhle /
bleibet die seele;
schwindet das kennen /
bleibet das nennen /
welches erlanget den ewigen krantz.

Siegeslied der himmelsflammenden
Deutschen Dichtmeister; daß sie oben /
ihre Neider aber unten / schweben.

1.

ZEit die schoͤne Kunst entsprossen /
dic aus Menschen Goͤtter macht /
und die sterbligkeit verlacht;
die sich vormahls hielt verschlossen
und verborgen in der zeit;
findt sich auch / und sticht der Neid;
schiessen gantz vergifte pfeiler
die vergaͤlten Laͤstermaͤuler.

2.

Doch je mehr und mehr beschweeret
eine Palme sich befindt /
des zu mehr sie kraft gewint /
ja sich mehr / als vor / entpoͤhret.
So wird auch / durch Neidesdunst /
nie erdruͤkt die Dichterkunst:
sondern pfleget sich zu raͤchen /
wan der Neid sie sucht zu schwaͤchen.

3.

Hoͤhrt ein Adler gleich in luͤften /
unter ihm der Hunde schaar /
acht er sie doch nicht ein haar;
weil kein bis ihn kan vergiften.
So auch achten wir es nicht /
wan gleich Neidhart auf uns sticht:
kan er uns doch nicht verletzen /
noch in noht und tod versetzen.

4.

Dan wie Adler selbst sich schwingen
nach der sonnenkugel hin:
so bemuͤht sich unser sinn
nach dem hoͤchsten ziel zu ringen;
und verlacht den schwachen Neid:
welcher schwindet mit der zeit;
weil er nicht begreift die sachen /
die ihn koͤnnen goͤttlich machen.

5.

Wie das klahre wasser steiget /
wie es broddelt hoch herfür /
als Kristal / in voller zier:
da hingegen unten schweiget
der morast / und liebt den grund.
Also steigt auch unser mund /
wil dem himmel aͤhnlich werden:
da der Neidhart bleibt auf erden.

6.

Wo die guͤldne saat der sterne
sich bewegt / und stille steht;
wo der sonnen licht aufgeht /
und der mohn uns scheint von ferne:
da sol unser Nahme stehn /
und den sternen gleich aufgehn;
wan die Neider kleben werden
am beschlamten koht der erden.

Ringel-gedichte /
von gemeiner ahrt reimen.

ES geht rund uͤm. Ein trunk schmaͤkt auf den schinken /
die rechte fasst das glaß / und mit der linken
fuͤhr' ich den schlag / und singe hoch-deutsch drein /
ob ich schon itzt mus mit Hollaͤndisch sein.
Nuhn setz ich an / wil nach der reihe trinken /
weil uns annoch die guͤldnen sternlein winken;
Nuhn schlagt die laut' und blaset mit dem zinken:
was ficht uns an die algemeine pein!
Es geht rund uͤm.
Das glaß ist aus: nuhn laß ichs wieder sinken;
hab' ichs folbracht / so laß' ichs mich beduͤnken /
Sie lebe noch von unsrem klaren Wein.
Wohl! Nachbar / laß dier wieder schenken ein;
Auf Rosemund gesundheit solstu trinken.
Es geht rund uͤm.

Palm-baum
der höchst-löblichen
Frucht-bringenden Geselschaft
zuehren auf-
gerichtet.

übliche/ liebliche
früchte mus allezeit bringen
des Palmen-baums ewige Zier/
darunter auch Fürsten selbst singen/
lehren und mehren mit heisser begier
die rechte der deutschen hoch-prächtigen zungen/
die sich mit ewigem preise geschwungen
hoch über die anderen sprachen empor:
wie fohr
dis land/
mit hand/
durch krieg/
durch sieg/
durch fleiß/
mit schweis/
den preis/
das pfand/
ent-wandt
der Welt;
wie aus der taht erhällt.

ANONYM

Newe Bauren-Klag /
Uber die Unbarmhertzige Bauren Reuͤtter dieser zeit

Lieber Leser tritt herbey
Beschaw die seltzam Reuͤtterey
Die dieser zeit in der Welt
Von den Soldaten angestelt.

ISt auch jetzt wol ein Mensch in diser welt zu finden /
Den jederman begehrt an haut und haar zu schinden?
So seinds wir Baͤuerlein! wir sein die aͤrmsten Leut;
Dann unser Vieh und Pferdt / seind der Soldaten Beut.
Was nur der Bauer hat / das wird gleich preyß gegeben /
Der Bruder Veit ist Herr gar uͤber unser Leben /
Die Haͤuser seind verbraͤnt / die Kirchen seind zerstoͤrt /
Die Doͤrffer seind verkehrt / der Vorrhat ist verzehrt /
Mann siht der Laͤnder trost die grossen Staͤtt verbrennen /
Die Herrligkeit deß Lands mag keiner mehr erkennen /
Durch Krieg / raub / mord und brand wird es zur wuͤsteney /
Das freye Roͤmisch Reich wird jetzt zur Barbarey /

Trågt schon der acker frucht / unnd meinen wir zuschneiden /
So do̊rffen wir nicht hin / und můssen solches leyden /
Das sie der Reuter nimt / und uns noch drůber schmiert /
Daß wir nit mehr gesåt / weil ihm noch mehr gebůrt;
Wir werden auff das blut und marck gantz außgesogen /
Ja gar biß auff die Haut / gantz nackend außgezogen /
Es geht Gut / Blut und Muth / mit sambt dem Leben auff /
Es herschet ůber uns der mehr als Ho̊llen hauff /
Das schwerd frist weib und kind; nach dem die pferd gestolen /
Und nichts mehr ůbrig ist / das die Soldaten holen /
So muß der arme Baur ô ůbergrosse pein!
Mit einem Maul-Gebiß das Roß und Esel sein /
Der Reuter dummelt ihn / gibt ihm die scharpffe sporen /
Meint wann er nicht so renn / er håt die sach verlohren /
Er treibt ihn hin und her / wohin er nur begehrt /
Hålt ihn viel hårter als ein verståndig pferd /
Dann wann die Pferde můd / so lasset mann sie rasten /
Sie haben Habern gnug / wir aber můssen fasten /
Biß uns die Seel außgeht / wir haben keine ruh /
Und ko̊nnen wir nit fort / so gehn die sto̊ß darzu.
Wir sagen aber daß / und wollen es bekennen /
Dir Mars und deiner Macht / daß die so jetzund rennen /
Darzu gantz grausamlich / mehr als ein ågel thut /
Aussaugen unser blut / und rauben unser Gut /
Daß wann die lange kling / muß einen Bratspieß geben
Und in dem finstern Helm / die spinnen kůnstlich weben
Wann auch der Såbel selbst / zur Sensen wird verwend /
Und wann die Bůchsenschåfft / zum kochen all verbrent /
So wird ja mancher Knecht / bevorab solch g'sellen /
Die kein Handwerck gelernt / auch nit nichts lernen wo̊llen /
Sich zu uns můssen thun / und umb ein stůcklein brod /
Sehr grosse arbeit thun / und wann sie dann in noth /
So werden wir auch gewiß der schmach unnd schlåg gedencken /
Und keiner unter uns / das lang-geborgte schencken /

Die Instrument seindt uns allen wohl bekandt /
Ohn was der jaͤhe zorn gibt selber an die hand /
Wir haben Breuͤel genug / auch kolben / hacken / schlaͤgel /
Die gablen seind gar gut / die harte Troͤscher pflegel /
Dadurch wird manche haut / gar muͤrb und fein geschlacht /
Und thut viel besser gut / als einer haͤt gedacht /
Ihr Reutter denckt daran / und lasset ewer schinden!
So lassen wir den zorn auch desto eher schwinden /
Wer sich nicht warnen laͤst / und kriegt daruͤber stoͤß /
Der seye uͤber sich / und keinen andern boͤß.

WENCEL SCHERFFER VON SCHERFFENSTEIN

Eines Schlesischen Bauers vermessene reden zur Zeit des 30 jaͤhrig wehrenden Krieges.

Die grossen Herren sich bekoͤsten itzt mit Austern /
die Land: und Buͤrgers-leut’ auf Krebs und Schnekken laustern;
Wir Pauren wollen schon Meykefer lernen essen /
wenn nur der Teufel auch die Krieger wollte fressen /
damit ie Leut und Land dießfalles der beschwerden
und ungeziefers moͤcht’ auf einmal ledig werden!

Teutschland.

Wer hett’ / ô Teutschland dich erlegt und uͤberwunden /
wenn Du zum meisten Dich nicht selbst dabey befunden
so lange man gewuͤrgt / so lange man gesiegt /
so hast Du stets durch Dich / Dich selber auch bekriegt.

Laus und Laus.

Was Lob heist im Latein / das hat im Deutschen Füsse /
Es kitzelt dort und jückt / hier gibt es scharffe Bisse.

Gereisete.

Die Deutschen zohen starck in Franckreich / acht zu geben
Auff dieser Sprache Laut / und auff der Leute Leben:
Frantzosen ziehn jetzt starck / in unser Deutschland auß
Zu rauben unser Gut / zu nemen unser Haus.

Wissenschafft.

BEsser ist es betteln gehen
Als nichts wissen / nichts verstehen:
Armen / kan man Geld wol reichen /
Weißheit aber nicht deßgleichen.

Heutige Welt-Kunst.

ANders seyn / und anders scheinen:
Anders reden / anders meinen:
Alles loben / alles tragen /
Allen heucheln / stets behagen /
Allem Winde Segel geben:
Bös- und Guten dienstbar leben:
Alles Thun und alles Tichten
Bloß auff eignen Nutzen richten;
Wer sich dessen wil befleissen
Kan Politisch heuer heissen.

Fuͤrsten wollen keinen Diener / der da wil / daß Tranck und Essen
Soll nach Ordnung und Vermoͤgen seyn getheilt und abgemessen:
Fuͤrsten / wollen keinen Diener / der da wil voran verkuͤnden
Was auff ihr verkehrtes Wesen / fuͤr Verterben sich wird finden:
Fuͤrsten / wollen keinen Diener / der da wil daß ihr Gewissen
Sich von allem arg Beginnen kehren soll zu ernstem Buͤssen.

Non mihi sit servus Medicus, Propheta, Sacerdos.

Glauben.

Luthrisch / Paͤbstisch und Calvinisch / diese Glauben alle drey
Sind verhanden; doch ist Zweiffel / wo das Christenthum dann sey.

Poetinnen.

Wann Weiber Reime schreiben / ist dupelt ihre Zier /
Dann ihres Mundes Rose bringt nichts als Rosen fuͤr.

Eines Fuͤrsten Amt.

EIn Fuͤrst ist zwar ein Herr; im Fall er herrschet recht
So ist er seinem Volck als wie ein treuer Knecht;
Er dient zu ihrem Heil / er muͤht sich daß er schwitzt
Daß sein vertrautes Volck gedieg- und ruͤhglich sitzt:
Er wacht / damit sein Volck fein sicher schlafen kan:
Er stellt sich für den Rieß / nimmt allen Anlauff an:

Ist Nagel an der Wand / daran ein jeder henckt
Was ihn beschwert und druͤckt / was peiniget / was draͤngt:
An Ehren ist er Herr / an Treuen ist er Knecht;
Ein Herr / ders anders meint / der meint es schwerlich recht.

Eines Fuͤrsten Bewust von den { Seinen. / Schweinen.

ISt deß Fuͤrstens groͤste Tugend / daß er die kennt / die sind Seine?
Ist deß Fuͤrstens groͤste Tugend / daß er kennt die wilden Schweine?
Jenes / wil ich feste glauben / sey deß Fuͤrstens eigne Pflicht:
Dieses / glaub ich / sey deß Foͤrsters / sey deß Fuͤrstens eigen nicht.

Der Morgen.

Vom Bette steh ich auff auß meines Leibes Ruh;
Gib Gott / daß ich vom Grab ersteh dem Himmel zu.

Der Mittag.

Dein Wort / HErr / scheint so klar / als wol kein Mittags-Licht;
Hilff / daß es mich erleucht und alle Blindheit bricht.

Der Abend.

Der Abend kummt heran / ich geh dem Tode zu;
Gib Gott / daß wann er kuͤmmt / ich nichts verbotnes thu.

Der Schlaf gibt neue Krafft; hilff daß deß Grabes Nacht /
O Gott / auff jenen Tag / mich ewig freudig macht!

Abgedanckte Solduten.

Wůrmer im Gewissen /
Kleider wol zerrissen /
Wolbenarbte Leiber /
Wolgebrauchte Weiber /
Ungewisse Kinder /
Weder Pferd noch Rinder /
Nimmer Brot im Sacke
Nimmer Geld im Packe /
Haben mit genummen
Die vom Kriege kummen:
Wer dann hat die Beute?
Eitel fremde Leute.

Von den entblősten Brůsten.

Frauen-Volck ist offenhertzig; so wie sie sich kleiden jetzt
Geben sie vom Berg ein Zeichen / daß es in dem Thale hitzt.

Vom Opitio.

Im Latein sind viel Poeten / immer aber ein Virgil:
Deutsche haben einen Opitz / Tichter sonsten eben viel.

Die jetzige Welt-Kunst.

DIe Welt-Kunst / ist ein Herr; das Christenthum / ihr Knecht;
Der Nutz / sitzt auff dem Thron; im Kercker steckt das Recht.

Jungfern-Mord.

GEstern war ein Freuden-Fest / drauff ward in der spaͤten Nacht /
Eh es jemand hat gesehn / eine Jungfer umgebracht:
Einer ist / der sie vermutlich (alle sagens) hat ertoͤdtet /
Dann so offt er sie beruͤhret / hat die Leiche sich erroͤthet.

Buͤcher-menge.

Deß Buͤcherschreibens ist so viel / man schreibet sie mit hauffen;
Niemand wird Buͤcher schreiben mehr / so niemand sie wird kauffen.

Vom Koͤnige in Engeland.

Daß Koͤnig Carl in Engeland ließ einen Kopff und drey der Kronen
War viel; ist mehr / daß dran man lernt die Majestaͤten nicht verschonen.

Krieg und Friede.

DIe Welt hat Krieg geführt weit über zwantzig Jahr
Numehr soll Friede seyn / soll werden wie es war;
Sie hat gekriegt um das / O lachens-werthe That!
Daß sie / eh sie gekriegt / zuvor besessen hat.

Der Deutsche Friede.

WAs kostet unser Fried? O wie viel Zeit und Jahre!
Was kostet unser Fried? O wie viel graue Haare!
Was kostet unser Fried? O wie viel Ströme Blut!
Was kostet unser Fried? O wie viel Tonnen Gut!
Ergetzt er auch dafür und lohnt so viel veröden?
Ja; wem? Frag Echo drumm; wem meint sie wol? [Echo.]
den Schweden.

DANIEL CZEPKO VON REIGERSFELD

Wende dich zum Beständigen.
An die Eitelkeit.

Der Waßer Blast der geht im Tropffen Falle fort,
Die Tropffen nimmt die Well und schlägt sie an den Port:
Den Wellen geht der Flug des Vogels weit vor hin,
Dem Vogel sucht ein Pfeil der Armbrust vor zu ziehn:
Der Wind gewinnet ab dem Pfeil an Schnelligkeit,
Dem Winde sieget ob die Flucht der raschen Zeit.
Den Zeiten laüfft zuvor der Sinn, den nichts beschleust,
O Mensch, wie flüchtig nun dis alles fleucht und fleust:
Doch kan der Eitelkeit am Fliehn nicht abgewinnen
Blast, Tropffen, Welle, Flug, Pfeil, Winde, Zeiten, Sinnen.

[Aus:]

Sexcenta Monodisticha Sapientum.
[*Das Erste Hundert*]

1. α und ω

Anfang		Ende
	im	
Ende		Anfang.

Das Ende, das du suchst, das schleuß in Anfang ein,
Wilt du auf Erden weis', im Himmel seelig seyn.

2. Nichts ausser Gott.

Wer Gott im Hertzen hat und was dazu begehrt,
Der Mensch verlieret Gott, wird ihm sein Wunsch gewährt.

3. Rechter Freund.

Viel näher ist dir, als die Eltern, Gott verwand,
Sie sterben: Gott und du /: glaub es :/ sind ungetrannt.

4. Nicht in dir.

Schau alle Ding in Gott, und Gott in allen an,
Du siehst, daß alles sich in ihm vergleichen kan.

5. Auf ebener Bahn.

Gerad in einem Strich eilt die Natur zu Gott.
Folg ihr. Dein Weg ist Gnad, ihr Weg hingegen Noth.

6. Er ist zu gut.

O Mensch, du bist ja gar zu nahe Gott verwandt.
Er zürnt und strafft dich nicht. Dis thut dein Unverstand.

7. Immerwährendes Werck.

Den Anfang in den Schluß, den Schluß in Anfang binden,
Ists oberst im erwehln, ist unterst' im empfinden.

8. Ie weniger, ie besser.

So viel du nihmst, so viel must du zugleich verlieren,
Wol dem, der nichts bedarff, denn ihn kan nichts berühren.

9. Schau dich nicht umb

Nur fort. Wo du wilt was in dieser Welt erlangen,
Aufhören heist allhie noch niemals angefangen.

10. Ie gemeiner, ie edler.

Gemeinte sich nicht Gott mit allem, was du siehst,
Spräch ich, Er wäre nicht, was er vor allen ist.

[*Das Sechste Hundert*]

90. Überall Hölle.
Überall Himmel.

O Ewigkeit! Voll Angst, voll Schmertzen, voll Entsetzen!
O Ewigkeit! Voll Ruh, voll Wonne, voll Ergötzen!

91. Bewegung des Geblüts.

Kein Blutstropff ist, er geht in vier und zwantzig Stunden
Einmal durchs Hertz. O hätt ein ieder Gott gefunden.

92. Seelige Gedancken.

Hast du das Blut des Herrn im Hertzen, das ist gut.
Es weicht, wann es durch geht, dir iedes Tröpflein Blut.

93. Im Blute das Leben.

Mensch opffre Gott dein Blut, er opffert seines dir,
Nihmt er deins an, alsbald quillt ewges Leben für.

94. Überall.

Das Göttlich inner uns ist geistlicher Verstand.
Der geht durch alls, und macht ihm, was er wil, bekant.

95. ICH.

I. Gott. C. Christus. H. Das ist der Heilge Geist:
Mensch, wann du sprichest: ICH: Schau, wo es dich hin weist.

96. Zum Gerichte.

Was da? Der Löwe brüllt. Der ausgelaßne Geist
Wacht in den Seelen auf. Kommt? Erd und Himmel reist.

97. Kreistende Natur.

Es ängstet alles sich, die Erde krümt den Rücken,
Macht Platz. Sie übergiebt die Todten, die sie drücken.

98. Letztes Gerichte.

Seht: wie die gantze Welt im Feuer Urtheil steht.
Zur Rechten heist es: Kommt: Zur Lincken heist es: Geht.

99. Alleluja.

Itzt bricht der ewge Reim das Alleluja für:
Hertz auff! Der Himmel wird so zugereimet dir.

100. Ende: Anfang:
Im
Anfang: Ende.

Das End ist hier: doch wer zurücke kehren kan,
Der trifft den Anbegin im Ende wieder an.

Ehrsucht nechster Todtengräber.
Wallsteinischer Tod.

Der alles wust allein, was er durch andre that,
Und zwar von Friedland kam, doch Krieg und Streit erhaben:
Liegt ohne Titul dar. Fragstu, wer ihn begraben?
Deutsch weiß ich's nicht, sonst heist es la raison d'Estat.

Lobgesang Dem Hoch-Wolgebornen HERRN HERRN CARL GUSTAV WRANGEL *[...] Zu unterthaͤniger Ehrbezeugung gesetzet.*

1.

NUn Nuͤrenberg / lobe den loͤblichen Helden /
der Kaͤiser und Koͤnig' in Waffen gebracht /
geschwaͤchet der Maͤchtigen praͤchtige Macht /
wie solches ohn eitele Falschheit zu melden.
Heerpaucken / Trompeten /
Carthaunen / Mußqueten /
bluttriffende Degen /
hellblinckende Waffen / das puffen das paffen
der rollenden Waͤgen /
rauchdaͤmpffende Blitz /
ruͤllt / bruͤllet mit donrendem Wrangels Geschuͤtz.

2.

FRag Femern / Kiel / an den Lalandischen Stranden /
befrage die Segelgefluͤgelten Mast'
auf sandigen Baͤnken entnommen der Last /
die Wrangel bestritten in Daͤnischen Landen /
mit schuͤssen erschittert /
mit Kuglen zersplittert /
verjaget / vernichtet /
zerdruͤmmert / vertrieben / daß meinste geblieben
zu Grunde gerichtet.
der blutige Krieg
sich endet durch Wrangels Weltkuͤndigen Sieg.

3.

Brix / Döplitz und Höxter / Stadtbergen / Westphalen /
Amöneburg / Hessen / Rhein / Weser und Mayn /
samt Bregnitz / erkennen besieget zu seyn /
Von Wrangelischer Stücke behagleten Stralen.
Es weichen die Feinde /
sie werden als Freunde:
sie hermen / erstaunen /
erdichten vertrauen / und wollen nicht schauen
der Schweden Cartaunen.
Die Donau macht Fried /
und endet mit Schanden das Ulmische Lied.

4.

In zwischen fällt Schweinfurt / und Eger muß springen /
der Käiser komt selbsten mit mächtigem Heer /
dem Wranglischen gönnet Bellona die Ehr /
Daß selbige sämtlich in Böhmerland dringen:
Sie weichen zu rücke
dem falschen Gelücke /
und stellen sich wieder
mit grösserem Hauffen / die Feinde verlauffen;
es wartet ein jeder
das Ende vom Dantz.
Holtzapffel verschertzet den Bairischen Krantz.

5.

Lech / Iser / Marktflecken und Dörffer der Ammer /
betrauren die Ursach der Straffe zugleich:
es wendet den ferners verderblichen Streich /
der Hunger und Kummer / Noht / Elend und Jammer.
Sich selbsten vergnügen
durch Frieden obsiegen /

Mit Hőflichkeits Waffen /
die Milde beginnen / die Hertzen gewinnen /
und Ruhe verschaffen /
bringt Wrangel den Preiß /
verewigt den Namen auf seltene Weiß!

6.

Christina / Regentin der Gohten und Schweden /
verlanget nicht mehrere Leute noch Land:
Gebietet nun schiedlichen friedlichen Stand /
und rettet die Teutschen von blutigen Feden.
GOtt gebe Gedeyen /
daß wachse von neuen
bald Ehelicher Saamen.
An hiesigen Orten / mit guldenen Worten
verbleibet ihr Namen /
weil Erden und Meer
schwebt unter der Sternen besilbertem Heer.

7.

GOTT / welcher uns Frieden und Ruhe gegeben /
Der leite deß Kaisers und Kőnige Sinn /
(wie wisplendes lisplendes Wasser gerinn /)
und lasse sie ferners in Einigkeit leben /
daß alle die Frommen /
den Waffen entkommen /
Ihm jauchtzen und singen /
mit Lauten und Geigen / die Dankbarkeit zeigen /
und såmtlichen bringen
Lobopfer und Ehr /
dem HERREN der Himmlisch- und Irdischen Heer!

Die Welt.

URania gabe den IIX. Musen einen halben Vers / wie vor Zeiten Virgilius (sic vos non vobis) mit ansinnen/ denselben zu endigen/ fragend:

Was ist die arge Welt?

Hierauf hat jede noch zwo halbe Zeilen darzu gesetzet nachgehenden Begriffs.

Was ist die arge Welt?

I. Ein ungestümmes Meer.
Ein Haus voll böser Kinder.

II. Ein Richter sonder Ehr'.
Ein Stall voll dummer Rinder.

III. Ein Feld voll böser Frucht.
Ein Reich vom Wahn regieret.

IV. Ein Kriegsheer ohne Zucht.
Die Blindheit stoltz gezieret.

V. Der Thron der Eitelkeit.
Die Feindin aller Tugend.

VI. Ein Weg fast Höllen weit.
Die Freundin aller Jugend.

VII. Der Sünden Aufenthalt.
Ein Hospital der Krancken.

VIII. Ein Raub- und Mörder-wald.
Deß Glück- und Vnglücks Schrancken.

An die Stadt Nürnberg.

Du schöne Käiserin / du Ausbund Teutscher Erden /
Prinzessin dieses Lands / des Kriegesgottes Zelt /
Der Pallas Ehrenthron / du Sonne dieser Welt /
Du / derer noch kein Feind hat können Meister werden:
Ob er dich gleich ümringt mit Wagen und mit Pferden /
Wie hat doch dich geliebt der grosse Nordenheld /
Eh als er abgereist hin in das Sternenfeld /
Dich ehrt das ganze Reich und aller Völker Heerden.
Deß süssen Himmels Gunst erfreue deine Mauren:
Es sey vor deinem Thor entfernet Leyd und Trauren:
Das Fasten sey dein Fest / das Feuer sey dein Feyr /
Es werde dein Gefild mit Weitzen angefüllet /
Und deines Hertzens Wunsch in Fried und Ruh gestillet /
Diß wünschet mein Gemüt / diß singet meine Leyer.

Hellgläntzendes Silber / mit welchem sich gatten
Der astigen Linden weitstreiffende Schatten /
Deine sanfftkühlend-beruhige Lust
Ist jedem bewust.
Wie solten Kunstahmende Pinsel bemahlen
Die Blätter? die schirmen vor brennenden Strahlen /
Keiner der Stämme / so grünlich beziert /
Die Ordnung verführt.
Es lisplen und wisplen die schlupfrigen Brunnen /
Von ihnen ist diese Begrünung gerunnen /
Sie schauren / betrauren und fürchten bereit
Die schneyichte Zeit.

Vorzug deß Frůlings.

Im Lentzen da glaͤntzen die bluͤmigen Auen /
die Auen / die bauen die perlenen Tauen /
die Nympfen in Suͤmpfen ihr Antlitz beschauen /
es schmiltzet der Schnee /
man segelt zur See /
bricht guͤldenen Klee.

Die Erlen den Schmerlen den Schatten versuͤssen /
sie streichen / sie leichen in blaulichten Fluͤssen /
die Angel auß Mangel und Reissen bekuͤssen /
die Lerche die singt /
das Haberrohr klingt /
die Schaͤferin springt.

Die Hirten in Huͤrden begehen den Majen /
man zieret und fuͤhret den singenden Reien /
die Reien die schreien uͤm neues Gedeien /
die Herde die schellt /
der Ruͤde der bellt /
das Eiter das schwellt.

Vorzug deß Sommers.

Der Sommer kein Kummer- noch Trauerniß leidet /
der Schlaͤffer / der Schaͤfer / der pfeiffet und weidet /
der Bauer / der Lauer / der erndet und schneidet /
es gruͤnet das Feld /
es lachet die Welt /
der Gaͤrtner loͤst Geld.

Die Dörfer viel schärfer für Freuden aufschreien /
sie klopfen / sie hupfen den Schnittertantzreyen /
die Leiren nicht feiren / Schalmeier schalmeien /
 es jauchtzet der Plan /
 der Sternen Altan
 beleuchtet die Bahn.

Wann grauet / wann blauet der Tagende Himmel /
wann lencken / sich sencken die schwitzenden Schimmel /
dann hallet / dann schallet das Freudengetümmel /
 da führet man ein
 was Speise muß seyn
 für Groß und für Klein.

Vorzug deß Herbstes.

Die Sonne mit Wonne den Tagewachs mindert /
der Renner / der Brenner / sein Stralenheiß lindert /
die Felder die Wälderlust nimmer verhindert /
 die Traube die reifft /
 der Wintzer der pfeifft /
 zum Jagen man greifft.

Man fället / man stellet den Vögeln der Lüffte /
man jaget und plaget die Bürger der Klüffte /
das helle Gebelle durchschrecket die Grüffte /
 der Wäldner der eilt /
 sich nimmer verweilt /
 rohtschwartzes Wild pfeilt.

Da leben und schweben in Freuden die Gỏtter
in Sausen und Brausen die falbigen Blåtter /
sie spielen / sich kůhlen in laulichem Wetter /
der Monde der wacht /
die Freude belacht
bis mitten zur Nacht.

Vorzug deß Winters.

Ich stehe / kaum gehe / verfroren vom Eise /
nur schleiche / nicht weiche nach Alterthumsweise /
ich lebe und gebe gesůndeste Speise /
am Ofen ohn Frost /
da schmecket der Most
zu Federwildskost.

Lasst blasen / lasst rasen der Jågerfrau Hỏrner /
den wacker im Acker zerstochen die Dỏrner
sich nehret / verzehret jetzt kỏrnichte Kỏrner /
man schlachtet das Schwein
und saltzet es ein /
daß lange muß seyn.

Der Lentzen zu Kråntzen die Sommerblůh pflocke /
zum Leben der Reben der Freudenherbst locke /
du drehe / du wehe mein Winter und flocke /
da ruhet das Feld /
da schlåffet die Welt
im fedrigen Zelt.

Pegnitzlob.

WIr gönnen dir die Ruh / du Mosbewachsner Greis /
Wir gönnen dir die Lust in Schilfbewonten Sümpfen:
Gieß ferner / wie du thust / den Felsgeschmoltznen Schweiß /
Laß deinen Kruge nicht erschöpftes Naß beschimpfen.
Laß die schnellen Fluhtkrystallen
Nicht von Krieger Mordthat lallen /
Nicht den Blutgetränkten Koht
unsrer Hürden
Sie bebürden /
Nicht das Metzeln machen roht.
Hier streichet und schleichet in lehmichten Gründen /
Hier krümmelt und wimmelt in schlüpfrigen Schlünden /
Der Fische Gespör /
Das schuppichte Heer.
Segeln schon belaste Fichten
Nicht durch deinen Kiesel-sand /
Lässt doch den beleichten Strand
Nicht der *nasse Nutz* vernichten.
Dort strampfet und stampfet der Mülen Gehämmer /
Was Aeren und Erde geschenkt /
Dort weiden mit Freuden die lustigen Lämmer /
Wann daß du die Auen getränkt.
Nun wir eilen nach den Triften /
Lassen dich hier bey den Klüften /
Wollen auch dein Lob besingen /
Weil die Schäferpfeiffen klingen.

Jezt / da die Morgenröt' entdecket ihre wangen /
die blasse silber-fuhr läst Demant-tropfen fallen /
die Kinder kühler Nacht / die hellen Gras-krystallen /
der Kräuter Augen-glas; jezt da die Perlen prangen

auf Tellus haare-schmuck: hat mich begier uͤmfangen /
zu hoͤren / wie das Chor der Voͤgel laͤst erschallen
ihr Dank- und Morgenlied / darein die Baͤche lallen.
Hier streck ich mich ins Gras / geniese mein verlangen.
Das Laub / mir Schatten gibt; das Gras / gewuͤnschte Ruh;
die Blumen / Augenweid; die Kraͤuter / suͤssen Ruch;
das bunte Vogel-lied ist mir ein Liederbuch;
und niemand sihet mir / als nur der Himmel zu.
Ihr Baͤche / Laub / und Gras / ihr Kraͤuter / Feld und Wald!
wol mir / wann ich bey euch mag einmal werden alt.

JOHANN GABRIEL MAIER

Sonnet.
Der Norische Parnaß.

Trag / Grieche / wie du thust / trag dich mit deinen Luͤgen:
gib Goͤtter dem Parnaß; hol Kunst / wo keine ist;
trink Feuer aus der Flut / die jezt den Barbarn fliest.
Laß dort / den Musen-Haͤin / dein Weißheit-forschen wiegen.
Hier ist / wann einer war / im Nordgau aufgestiegen
ein neuer Musen-Berg. Kein Heide diesen gruͤst /
kein Tuͤrke: Himmel-auf lernt sehen hier ein Christ.
Hier Sion! hier Parnaß! die Seele zu bekluͤgen.
Du / Berg / der hoͤchste bist im Norischen Gefild:
du solst dem Hoͤchsten auch forthin gewidmet heißen.
Moͤcht uns dein Blumen-Gras die Granadill auch weisen!
Dem Himmel gleich so viel das Angedenken gilt.
Gehn wir um deinen Fuß / stehn wir auf deinem Ruͤcken:
wir wollen allemal das Herz zu JEsu schicken.

Eine Sanduhr.

O Menſchenkind beacht doch dieſe Warnung hier/
ſo dir bezeugt den Lauf deins Lebens für und für!
Bund/* Unſer Lebē ſchau/ ringet ſtets im Kampf/ *Tod/
bunt/   wañ es lāg gewärt/ iſts ein bloſſer Dampf.   Glück/
Geld   Hoffen uns erhält/ Harrē uns ernehrt;   Noht/
ſchallt/   Kum̃er/ krankheit/ ſorg verzehrt.   tükk/
Weld/   wie im Glaß geſchwind   ſchnell
wallt: klarer Sand durchrūt/   Fäll.
hellt   ſo alhier vergehet/   wie
Freud/   nicht beſtehet   Wind/
bellt   um und um   hie
Neid.   ūſers Lebens Ruhm.   ſind
Blut/   Ach! der blaſſe Tod/   pracht/
Muth/   iſt ein Both   Macht.
friſch   wol bezüglet/   Zeit
ſteht/   und gar ſchnell geflüglet/   alt/
riſch   gibet uns gar ſchlechte Friſt;   ſchaid
geht;   uns zu fellen ſich ſtets rüſt.   bald
hier   heut vor Abends trohet er nur/   leid/
Hohn/ Morgen kom̃et er/ und klopft deine Thür. Freud;
Zwier es hilft kein gewalt/ es hilft nicht d' pracht. Feind/
Lohn.*Schön klug reich uñ ſtark jener nur verlacht.*Freund.
Drum/ Menſch/ bedenk es wol/ bleib wachſam und gerüſt:
klug ſeyn/ und nicht viel Jahr die Ehr des Alters iſt.

Der Welt Irrgarten.

Diese Welt ein Irrgart ist /
Voll deß Satans Trug und List.
Viel gibts böse Irrthums-Strassen.
Bethe! GOTT dich nicht wird lassen.

Erklärung deß Sinnbildes.

C. Strauch del. M. Küsell fe.

Der menschlichen Händel erkundigung im Himmel.

DEr Himmel einem Spiegel gleicht:
Was du verübst / wird dort gezeigt.
Und wie Du gegen andre lebst:
Dergleichen Lohn Du auch erhebst.

Job. 37/18. Erklärung deß Sinnbildes.

JUSTUS GEORG SCHOTTELIUS

Tugendmacht.

1.

LIebe Jugend /
Solst die Tugend
Stets hoch ehren;
Sie ist mechtig /
Sie ist prächtig
Sie kan mehren:

2.

Alles gute /
Das Gemühte
Gantz vergötten:
Sie kan geben /
Sie kan heben /
Sie kan retten.

3.

Tugend lebet /
Tugend strebet /
Tugend krieget;
Sie erwirbet /
Sie nicht stirbet /
Sie stets sieget.

Donnerlied.

1.

SWefel / Wasser / Feur und Dampf
Wollen halten einen Kampf;
Dikker Nebel dringt gedikkt /
Licht und Luft ist fast erstikkt.

2.

Drauf die starken Winde bald
Sausen / brausen / mit Gewalt /
Reissen / werfen / Wirbelduft /
Mengen Wasser / Erde / Luft.

3.

Plötzlich blikt der Blitz herein /
Macht das finstre feurig seyn /
Swefelklumpen / Strahlenlicht /
Rauch und Dampf herein mit bricht.

4.

Drauf der Donner brummt und kracht /
Rasselt / rollet hin mit Macht /
Prallet / knallet grausamlich /
Puffet / sumsend endigt sich.

5.

Bald das Blitzen wieder kommt /
und der Donner rollend brummt:
Bald hereilt ein Windesbraus /
und dem Wetter macht garaus.

Ode.
Von vier Glyconischen / zweyen Ityphallischen / und zweyen Phaleucischen Versen zusammen gesetzt.

AUff mein Psalter und Harffen-Klang!
Auff mein Reygen und Lob-Gesang!
Auff ihr Vögelein in der Höh!
Auff ihr Fische der tieffen See!
Auff ihr Thiere der Weyden!
Auff ihr Bäume der Heyden!
Auff / was oben in Lüfften wird beweget!
Auff / was unten auff Erden sich nur reget!

Singet / singet den HERREN an /
Jauchzet Ihme / was jauchzen kan /
Mit der Sonnen erwachet früh /
Fallet nieder auff eure Knie /
Für sein Angesicht tretet /
Dancket / seuffzet und betet.
Singt und spielet Ihm auff den Zehen Seyten /
Rühmt und lobet Ihn hoch für allen Leuten.

Lobt den HErren im Heiligthum / Ps. 150
Und verkündiget seinen Ruhm /
In der Feste der grossen Macht.
Lobt mit herrlicher Ehr' und Pracht.
Seine Thaten und Wercke /
Seine Wunder und Stärcke.
Lobet / lobet / und suchet schöne Weisen
Seine Göttliche Majestät zu preisen.

Nehmt zu handen auch offt und viel
Der Posaunen und Harffen Spiel /
Last die Psalter und Reyhen gehn /
Machts auff Seyten und Pfeiffen schön /
Last die Paucken erschallen /
Und die Cymbalen hallen.
Alles / alles was Othem hat und lebet /
GOTT dem Mächtigen Lob und Ehre gebet.

Sapphische Ode.
Umb geistlichen und leiblichen Friede.

CHriste / Du Beystand deiner Creutz-Gemeine /
Eile mit Hülff' und Rettung uns erscheine /
Steure den Feinden; ihre Blut-Getichte
Mache zu nichte. :/:

Streite doch selber für uns arme Kinder /
Wehre dem Teuffel / seine Macht verhinder /
Alles was kämpffet wider deine Glieder /
Stürtze darnieder. :/:

Friede bey Kirch- und Schulen uns beschere /
Friede zu gleich der Policey gewehre /
Friede dem Hertzn / Friede dem Gewissen
Gib zu geniessen. :/:

Also wird zeitlich deine Güt' erhoben /
Also wird ewig und ohn Ende loben
Dich / O du Wächter deiner armen Heerde /
Himmel und Erde. :/:

Der CXXX. Psalm.

Mein ruffen hőr O GOtt / laß meine Sűnden-Last /
Nicht deinen Trost vergehn / und gib der Seelen Rast.

1. AUß der Tieffe meiner Sűnden /
Ruff ich hin zu dir mein GOtt.
Ach laß mich Erhőrung finden
Wann ich schrey in meiner Noht!
Ach laß meiner Stimme flehen
Hin zu deinen Ohren gehen!

2. So du mit uns woltest rechten /
Und was bőses ist geschehn /
Straffen hie an deinen Knechten /
Wer wird dann vor dir bestehn?
Jedoch pflegstu zu vergeben /
Auff daß man dich fűrcht im Leben.

3. Das macht / daß ich Gottes harre /
Meine Seele harret seyn /
Und mein Glaube siehet starre
Nur auf dessen Gnaden-Schein /
Alles was mein hoffen tichtet /
Ist auff Gottes Wort gerichtet.

4. Meine Seel ist so geartet /
Daß auff meinen HERREN sie
Sehnlich mit Verlangen wartet
Als der Wăchter / welcher frűh
Morgens auff den Tag muß sehen
Ob er schier auff werde gehen.

5. Israel hoff auff den HERREN
Der so gar barmhertzig ist /
Seine Gnad ist dir nicht ferren /
Wann du deren nöhtig bist /
Er wird Israel erlösen
Von den Sünden und vom Bösen.

PAUL GERHARDT

An das Angesicht des HErrn JEsu.

1.

O Haupt vol Blut und Wunden /
Vol Schmertz und voller Hohn!
O Haupt zum Spott gebunden
Mit einer Dornen Krohn!
O Haupt! sonst schön geziehret
Mit höchster Ehr und Ziehr /
Itzt aber höchst schimpfiret /
Gegrüsset seyst du mir.

2.

Du edles Angesichte /
Dafür sonst schrickt und scheut
Das grosse Welt-Gewichte /
Wie bist du so bespeyt?
Wie bist du so erbleichet?
Wer hat dein Augenlicht /
Dem sonst kein Licht nicht gleichet /
So schändlich zugericht?

3.

Die Farbe deiner Wangen /
Der rothen Lippen Pracht
Ist hin / und gantz vergangen:
Des blassen Todes Macht
Hat alles hingenommen /
Hat alles hingerafft /
Und daher bist du kommen
Von deines Leibes Krafft.

4.

Nun was du / HErr erduldet /
Ist alles meine Last:
Ich hab es selbst verschuldet
Was du getragen hast.
Schau her / hier steh ich Armer /
Der Zorn verdienet hat /
Gib mir / o mein Erbarmer /
Den Anblick deiner Gnad.

5.

Erkenne mich / mein Hůter /
Mein Hirte nim mich an:
Von dir / Quell aller Gůter /
Ist mir viel guts gethan:
Dein Mund hat mich gelabet
Mit Milch und sůsser Kost /
Dein Geist hat mich begabet
Mit mancher Himmels-Lust.

6.

Ich wil hier bey dir stehen /
Verachte mich doch nicht:
Von dir wil ich nicht gehen /
Wann dir dein Hertze bricht /

Wann dein Haupt wird erblassen
Im letzten Todesstoß /
Alsdann wil ich dich fassen
In meinen Arm und Schooß.

7.

Es dient zu meinen Freuden /
Und kömmt mir hertzlich wol /
Wann ich in deinem Leyden /
Mein Heyl / mich finden sol!
Ach möcht ich / O mein Leben /
An deinem Creutze hier /
Mein Leben von mir geben!
Wie wol geschehe mir!

8.

Ich dancke dir von Hertzen /
O Jesu / liebster Freund
Für deines Todes Schmertzen /
Da dus so gut gemeint:
Ach gib / daß ich mich halte
Zu dir und deiner Treu /
Und wann ich nun erkalte /
In dir mein Ende sey.

9.

Wann ich einmal sol scheiden /
So scheide nicht von mir!
Wann ich den Tod sol leyden /
So tritt du dann herfür:
Wann mir am allerbängsten
Wird umb das Hertze seyn:
So reiß mich aus den Aengsten /
Krafft deiner Angst und Pein.

10.

Erscheine mir zum Schilde /
  Zum Trost in meinem Tod /
Und laß mich sehn dein Bilde
  In deiner Creutzes-Noht /
Da wil ich nach dir blicken /
  Da wil ich Glaubens vol
Dich fest an mein Hertz drücken.
  Wer so stirbt / der stirbt wol.

Sommer-Gesang.

1.

GEh aus mein Hertz und suche Freud /
In dieser lieben Sommerzeit
  An deines Gottes Gaben:
Schau an der schönen Garten-Zier /
Und siehe wie sie mir und dir
  Sich außgeschmücket haben.

2.

Die Bäume stehen voller Laub /
Das Erdreich decket seinen Staub /
  Mit einem grünen Kleide:
Narcissus und die Tulipan
Die ziehen sich viel schöner an
  Als Salomonis Seyde.

3.

Die Lerche schwingt sich in die Lufft /
Das Täublein fleucht aus seiner kluft

Und macht sich in die Waͤlder:
Die hochbegabte Nachtigall
Ergoͤtzt und fuͤllt mit ihrem Schall
Berg / Huͤgel / Thal und Felder.

4.

Die Glukke fuͤhrt ihr Voͤlcklein aus /
Der Storch baut und bewohnt sein Haus /
Das Schwaͤlblein speißt ihr Jungen:
Der schnelle Hirsch / das leichte Reh'
Ist froh und kommt aus seiner Hoͤh
Ins tieffe Graß gesprungen.

5.

Die Baͤchlein rauschen in dem Sand
Und mahlen sich und ihren Rand
Mit schatten reichen Myrten:
Die Wiesen ligen hart dabey
Und klingen gantz von Lust-Geschrey
Der Schaff und ihrer Hirten.

6.

Die unverdroßne Bienenschaar
Zeucht hin und her / sucht hier und dar
Ihr edle Honigspeise:
Des suͤssen Weinstocks starcker safft
Kriegt taͤglich neue staͤrck und krafft
In seinem schwachen Reise.

7.

Der Weitzen waͤchset mit Gewalt
Daruͤber jauchtzet Jung und Alt /
Und ruͤhmt die grosse Guͤte
Deß / der so uͤberfluͤßig labt'
Und mit so manchem Gut begabt
Das Menschliche Gemuͤthe.

8.

Ich selbsten kan und mag nicht ruhn:
Des grossen Gottes grosses Thun
Erweckt mir alle Sinnen:
Ich singe mit / wenn alles singt /
Und lasse was dem höchsten klingt
Aus meinem Hertzen rinnen.

9.

Ach denck ich / bist du hier so schön /
Und läßst dus uns so lieblich gehn
Auf dieser armen Erden:
Was wil doch wol nach dieser Welt
Dort in dem reichen Himmelszelt
Und güldnem Schlosse werden?

10.

Welch hohe Lust / welch heller Schein
Wird wol in Christi Garten seyn?
Wie muß es da wol klingen /
Da so viel tausent Seraphim /
Mit eingestimmtem Mund und Stirn
Ihr Alleluja singen.

11.

O wär ich da! o stünd ich schon /
Ach süsser Gott / für deinem Thron
Und trüge meine Palmen;
So wolt' ich nach der Engel Weis
Erhöhen deines Namens Preis
Mit tausent schönen Psalmen.

12.

Doch wil ich gleichwol / weil ich noch
Hier trage dieses Leibes-Joch /
Auch nicht gar stille schweigen:
Mein Hertze sol sich fort und fort /
An diesem und an allem Ort /
Zu deinem Lobe neigen.

13.

Hilf nur / und segne meinen Geist
Mit Segen / der von Himmel fleußt /
Daß ich dir stetig blůhe:
Gib / daß der Sommer deiner Gnad'
In meiner Seelen frůh und spat
Viel Glaubensfrůcht erziehe.

14.

Mach in mir deinem Geiste Raum /
Daß ich dir werd' ein guter Baum /
Und laß mich wol bekleiben:
Verleihe / daß zu deinem Ruhm
Ich deines Gartens schőne Blum
Und Pflantze mőge bleiben.

15.

Erwehle mich zum Paradeis /
Und laß mich bis zur letzten Reis
An Leib und Seele grůnen:
So wil ich dir und deiner Ehr
Allein / und sonsten keinem mehr /
Hier und dort Ewig dienen.

1.

NUn ruhen alle Wålder /
Vieh / Menschen / Stådt und Felder /
Es schlåfft die gantze Welt:
Ihr aber meine Sinnen /
Auf / auf ihr solt beginnen
Was eurem Schöpffer wol gefållt.

2.

Wo bist du Sonne blieben?
Die Nacht hat dich vertrieben /
Die Nacht des Tages Feind:
Fahr hin / ein andre Sonne
Mein Jesus / meine Wonne /
Gar hell in meinem Hertzen scheint.

3.

Der Tag ist nun vergangen:
Die gůldnen Sternlein prangen
Am blauen Himmels-Saal:
So / so werd ich auch stehen /
Wann mich wird heissen gehen
Mein GOtt aus diesem Jammerthal.

4.

Der Leib der eilt zur Ruhe
Legt ab das Kleid und Schuhe
Das Bild der Sterbligkeit:
Die zieh ich aus / dargegen
Wird Christus mir an legen
Den Rock der Ehr und Herrligkeit.

5.

Das Haͤupt die Fuͤß und Haͤnde /
Sind froh daß nun zum Ende
    Die Arbeit kommen sey:
Hertz freu dich: du solst werden
Vom Elend dieser Erden
    Und von der Suͤnden Arbeit frey.

6.

Nun geht ihr matten Glieder /
Geht / geht und legt euch nieder /
    Der Betten ihr begehrt:
Es kommen Stund und Zeiten /
Da man euch wird bereiten
    Zur Ruh ein Bettlein in der Erd.

7.

Mein Augen stehn verdrossen
Im huy sind sie verschlossen /
    Wo bleibt denn Leib und Seel?
Nim sie zu deinen Gnaden /
Sey gut vor allen Schaden /
    du Aug und Waͤchter Israel.

8.

Breit aus die Fluͤgel beide
O JEsu meine Freude /
    Und nim dein Kuͤchlein ein:
Will Satan mich verschlingen /
So laß die Englein singen
    Diß Kind sol unverletzet seyn.

9.

Auch euch ihr meine Lieben
Sol heute nicht betrůben
Kein Unfall noch Gefahr:
Gott laß euch ruhig schlaffen
Stell euch die gůldnen Waffen
Umbs Bett / und seiner Helden Schaar.

JOHANN WILHELM SIMLER
Wintergesang.

1. DEr kůrtzest tag und långste nacht
den grawen winter bringen:
die Nordenwinde sich mit macht
auß ihren kammern dringen:
die ströhm und see
vor frost und schnee
sich schliessen allerdingen.

2. Der grůne wald ist worden kal /
das bundte feld entkleidet:
kein zam- noch wildes thier zůmal
an seinem ort sich weidet:
das federheer
singt auch nicht mehr /
ein theil von uns wegscheidet.

3. Das einsam turturtåubelein
nur seufftzend wird gehöret:
die rabenstimm ist jetz gemein /
und uns das ghör versehret:

melancholey
wohnt allem bey /
und alle freud zerstoͤret.

4. Was lebt und schwebt den winter scheucht /
und sůchet sich zů waͤrmen:
der kriegsmann selber sich verkreucht /
und machet keine laͤrmen:
das alter jetz
liebt ofenshitz /
von wegen kalter daͤrmen.

5. Der weidmann doch / fuͤr seinen spaß /
das hochgewilde hetzet:
das eiß; wann es wie spiegelglaß;
die jugend auch ergetzet:
man metzget eyn
vil feißte schwein /
und sich zum wurstmahl setzet.

6. Der winter; alß des jahres bauch;
verzehrt was wir erworben
mit saurer arbeit / zum gebrauch
wann jetz die saat erstorben:
wann uͤberal
zů berg und thal
ist alles wie verdorben.

7. Also; dem winter gleich; die zeit
im alter uns verschlinget:
doch ist vom tode nicht befreyt
der jung / wie hoch er springet:
drum haltet wacht
bey tag und nacht /
und so zum leben dringet!

Das Horn der Glükkseligkeit.

Schöne Früchte:
Blumen / Korn /
Kirschen / äpfel /
Birn' / und Wein /
Und was
sonst mehr
kan seyn /
sind hier
in diesem
HORN /
das Glükk /
auf daß
es uns
erquikk' /
hat selbst
es so
mit hüll
und füll
erfüllt.
wol dem /
dem es
ist
mild.

Ode.

IHr Tapfren Vaͤter Ihr / und du gelehrte Schaar
Der Edlen Julien / die laͤngst mein Hertze war /
Auf die ich stets wil richten
Wie Sie es wuͤrdig ist /
Mein Schreiben thun und Tichten /
Sey Tausendmahl gegruͤst.

Mit recht / sag ich also / ruff auch zu Zeugen an
Dich / Febus / und dein Cohr / das ich gewiß hieran
Gantz keine Falschheit uͤbe /
Ja lebe Freuden-voll /
Wo ich nur ihrer Liebe
Noch laͤnger brauchen soll.

Ihr Himmel / die Ihr uns das rechte Gluͤkke spinnet /
Gebt ihr was euer Herr ihr neben mir selbst guͤnnet.
Verleiht ihr euren Willen
Das Sie auf festem Fuß
Ihr' Hauß mit Lust mag fuͤllen
Und ich stets sagen muß:

Ihr tapfren Vaͤter Ihr / und du gelehrte Schaar
Der Edlen Julien / die laͤngst mein Hertze war /
Auf die ich stets wil richten
Wie Sie es wuͤrdig ist
Mein Schreiben / thun und Tichten
Sey Tausendmahl gegruͤst.

GEORG NEUMARK

Loblied / Des Feld- und Waldlebens.

Aus meiner Schåferey Filamon.

1.

WOhl dem / der in den Wåldern lebet /
In unsrer ådlen Schåferlust /
Derselbe stets in Freuden schwebet /
Kein Jammer ist Ihm ie bewust.
Unsterblich ist und bleibet frey
Die Schåfer- und Poeterey.

2.

Was sind doch anders Fůrstensachen /
Als lauter Ungemach und Streit /
Allhier ist nichts das uns kan machen
Betrůbet: Trotz sey allem Neid'.
Unsterblich ist und bleibet frey
Die Schåfer- und Poeterey.

3.

Die Stadt ist reich von hohen Dingen /
Doch voll von Falschheit und von List /
Wir aber mögen frölich singen /
Biß *Zynthia* aufgangen ist.
Unsterblich ist und bleibet frey
Die Schåfer- und Poeterey.

4.

In unsern Wåldern *Fǒbus* glåntzet /
In unsern Wåldern *Pallas* lacht /
Manch ådler Schåfer wird bekråntzet
Durch der *Poeten* starke Macht.
Unsterblich ist und bleibet frey
Die Schåfer- und Poeterey.

5.

Bey uns die hohen Båume prangen /
    Bey uns ist *Floren* Blumenkraft /
Bey uns die schŏnen åpfel hangen /
    Bey uns ist sůßer Bienensaft.
    Unsterblich ist und bleibet frey
    Die Schåfer- und Poeterey.

6.

Drům wohl dem / der in Wåldern lebet /
    In unser ådlen Schåferlust /
Derselbe stets in Freuden schwebet /
    Kein Jammer ist ihm ie bewust.
    Unsterblich ist und bleibet frey
    Die Schåfer- und Poeterey.

DAVID SCHIRMER

Uber seine Verse.

Madrigal.

ICh halt es nicht dafůr.
Wer wolte so die Musen auch verletzen /
Als solten sie im Truncke sich ergetzen.
Wer Ihrer Zunft sich menget ein /
Muß allzeit klug und nůchtern seyn.
Der tolle Schwarm der sauffenden Månaden
Pflegt den Altar mit Trauben-Blut zu baden.
Wo Othrys blůht / da fleust das Wasser klar.
Laß diesen nur viel nasse Verse schreiben.
Ich wil bey trucknen bleiben.
Denn wo ein Blat Papyr ist voller Wein /
Wie kan ein guter Zug auf selben seyn?

FUnckelt ihr goͤldnen Himmels-Sternen!
blitzet ihr hellen Nacht-Laternen!
Jauchtzet ihr Stralen an der Sonnen!
rauschet ihr kuͤhlen Wasser-Bronnen;
Asterie will sich zur liebe verdammen /
die keusche Brust fuͤhlet die blinckenden Flammen;
Tugend und Gunst
mehret die Brunst /
welche die rauchenden Geister anbrennet.
Hertzgen und Mund
stehen verwund /
daß sich Asterie selber nicht kennet.

Brummende Donner / Hagel-Spitzen /
Feuer-bestraltes Wetter-Blitzen /
Krachende Wolcken / harte Schlaͤge /
fliehet Asterien aus dem Wege /
beraͤumet die weißliche Strasse dort oben /
Asterie bleibet unsterblich erhoben.
bleiche nun gantz /
Luna / dein Glantz
wird die verduͤsterten Augen verlassen.
Hinde / spann an /
zeichne die Bahn /
ihre Hand koͤmmet den Zuͤgel zufassen.

Fahre nun wol aus deinen Taͤchern
Zu dem vergoͤldten Liebs-Gemaͤchern /
Sage du wollest aller Enden
Venus gebutzten Leib beschaͤnden.
Erzehle / wie Paris mit Freuden-Gethoͤne
dir geben den Apffel / das Zeichen der Schoͤne.

Melde darbey /
Sylvius sey /
Welcher ihn kȯnne durch Tugend erwerben.
Kȯmstu / mein Glůck /
Wieder zurůck /
Will ich dein willigster Diener ersterben.

Marnia und ein Buch.

NUn empfind ich keinen Grauen /
daß ich / Phȯbus / fůr und fůr
bin gesessen neben dir.
Andre mȯgen ůmb sich schauen /
und bey jenen Springe-Quellen
in den Wiesen sich ergehn /
ich wil bey den Bůchern stehn /
und auf sie mein Tichten stellen.

Artlich låst es sich studiren /
Wenn man weit vom Ungemach
leitet seinen Lebens-Bach /
er / weil wir ihn weißlich fůhren /
wird kein Theil dem Tode werden /
denn der kluge Geist und Sinn
Schwingt sich durch die Wolcken hin /
und kȯmmt gar nicht in die Erden.

Holla / Junger / geh und frage /
Wo das beste Buch mag seyn /
laß den Opitz binden ein /
diese Friest der kurtzen Tage /
die wir Menschen auf uns haben /
wil ich in den Bienen-Safft /
den die Musen abgerafft /
tieffer / als in Sand / vergraben.

Kauffe gleichfals andre Sachen /
und vergiß den Tscherning nicht!
schau das keiner dir gebricht.
Jener mag recht thörlich lachen /
der bey seinen Gold und Schätzen
tolle sich zu kräncken pflegt /
und ohn Lust sich schlaffen legt /
ich wil mich mit Büchern letzen.

Bitte die gelehrten Brüder
auf die Music / und auf das /
wobey stets der Plato saß.
Bringe mit die schönen Lieder.
Marnia / dich laß ich erben /
bey den Büchern und bey dir
wil ich bleiben für und für /
Bücher lassen keinen sterben.

Seine Schwartze.

IHr schwartzen Augen ihr / und du auch / schwartzes Haar /
nehmt hin von meiner Hand / nehmt hin / was ich euch sende /
durch was ich meine Schuld ein wenig nur verpfände /
das dürstet ietzund noch nach eurer Blicke Schaar.
Schwartz lieb ich auf der Welt. Schwartz wil ich immerdar.
schwartz ist mein Ruhestab der fast zu müden Hände /
schwartz ist der beste Glantz. Schwartz macht / daß ich mich wende
zum schwartzen Angesicht / zum schwartzen Augen-Klar.
Laß roth / laß weiß / laß blau in seiner Schöne gehen /
und auf des Käysers Haupt ein Gold im Golde seyn /
laß Demant-Farbe blühn / laß ieden Edelstein
sein farbicht Angesicht bey allem Glantz aufblehen.
mein Schwartz vergnüget mich / drümb sprech ich immerdar:
Ihr schwartzen Augen ihr / und du auch / schwartzes Haar!

SInd Tråume lauter nichts / wie daß sie mich bewegen?
sind sie denn Freud und Lust / wie daß ich traurig bin?
sind sie vol Lieblichkeit / wie daß mein toder Sinn
sich muß / O Marnie / zu deinen Fuͤssen legen.
Ich sahe heint zu Nacht dich deiner Liebe pflegen.
Du warst es ja gewiß / O schoͤne Halb-Goͤttin.
Ein nacket Nymphen-Bild lief zu den Schwanen hin /
zun Schwanen / die im Thal stets ihre Lieder hegen /
Und kůsset eines Mund. Ich fuͤhlte Sůssigkeit.
Die Liebe stieß alsbald nach meinem krancken Hertzen.
Drauf ließ ich meinen Schlaff. Nichts blieb als tausend Schmertzen /
die ich noch klagen muß bey spaͤter Abends-Zeit.
Sie sind nun was sie sind / so glåub in vollen Sorgen /
im Traume-Nebel liegt die Warheit doch verborgen.

JACOB SCHWIEGER

1.

CYnthia du schoͤnstes Licht
gibstu deinen Schein mihr nicht
so werd Ich bald untergehn
und in stetem Dunkkel stehn.

2.

Schau diß Hertz / das dihr ist kund /
ist von deiner Liebe wund /
und du låst in diser Pein
mich so gar ohn Hoffnung sein.

3.

Denkke doch an meine Noht /
die mihr bringen wird den Tod /
wo du ô mein Leben mihr
nicht mit Hülffe kommest für.

4.

Ach du schläfst ohn Ungemach
weil Ich hie mit Schmertzen wach'
und vor deiner Hütten Tühr
meine Klage stoß herfür.

5.

Laß doch deinem Tauben Ohr
diß mein Leiden kommen vor /
und erkenne meinen Sinn
wie Ich so beständig bin.

6.

Ewig dise Schmertzen-Gluht
brenne meinen krankken Muht /
dise Pein ohn' Ende sey
bleib ich dihr nicht ewig treü.

7.

Doch was nützt mein kläglichs Flehn /
wen ich nicht mag Rettung sehn:
Wen ich täglich komm ümsunst
zuerbitten deine Gunst.

8.

Sol dein Sinn und meine Pein
den stets unverändert sein?
Wol / so scheid' ich hiemit ab /
lebe wol / Ich eil ins Grab.

An seine Verse.

DEr Bauer liebt sein Feld / der Schåffer seine Triften /
Der Schnitter seinen Halm / der Wintzer seinen Berg /
Der Fechter sein Rapier / der Schůtze sein Gemerck /
Der Vogler seinen Kautz / die Kloben in den Lůfften /
Der Knappe sein Metall in den verborgnen Klůfften /
Der Fôrster seinen Pusch / der Ringer seine Stårck /
Und ich / sol lieben nicht mein Buch / mein eigen Werck?
Und sol gehåßig seyn auch meinen eignen Schrifften?
Diß muß ich zwar gestehn / daß mancher Fehler mir
Mit durch die Feder rinnt / und mangle weit der Zier.
Doch / wo ist dieser Mann / der ohne Fehl geschrieben?
Drumb seyd ihr Verse seyd nur nicht zu sehr betrůbt /
Ihr můsst / wie schlecht ihr seyd / doch werden noch geliebt /
Und wil es niemand thun / so wil ich euch doch lieben.

An sein Vaterland / als Er bey Candien.

ICh sitze / Candia / bey dir in Ruhe hier /
Und laß' inzwischen dort das hôchstbetrengte Meissen /
Mein liebes Vaterland / sich mit sich selbsten schmeissen /
Indem sich Teutschland můht mit emsieger Begier
Sein Hencker selbst zu seyn. Ich bleibe hier bey dir /
Ein andrer steh fůr mich in eingeschlossnen Eysen /
Es mag sich auch der Feind umb meine Gůter reissen /
Du bist mein Losament / du bist mein Hůlff-Quartier /
Hier such ich meinen Feind / den kan ich recht bekriegen /
Ich kan in deiner Schoß / O schône Candia!
So wol / und besser noch / als sie zu Felde liegen /
Ein Kuß ist die Patrol / die Losung eitel Ja /
Die Festung darff bey dir nicht erst beschossen seyn /
Du låst mich durch Acord mit Sack und Back hinein.

An die Stadt Wittenberg / als Er auff der Reise nach seiner Rosimenen.

Neůn Sommer seynd vorbey / seithero ich dich / Schȯne /
Nicht einmal nur gesehn; Itzt wůrfft die Lufft umb sich /
Den Schnee das zehnte mal / und rufft mit Freuden mich /
Nach solcher langen Zeit / zu meiner Rosimene.
Du glȁubst nicht / wie ich mich nach deinen Augen sehne /
Ich seh die Spitzen an vom weiten sehniglich /
Und weist mir ieder Thurn fast / Rosimene / dich /
Mich meldt der Elbstrom an durch sein erfreut Gethȯne.
Gott grůß dich Wittenberg! Gott grůß dich edler Strandt!
Ach seyt von mir gegrůßt ihr schȯnen Najadinnen!
Gott grůß dich / Rosilis / in deinen Mauren drinnen!
Ich habe mich zu dir nun wieder hergewandt.
Ach laufft ihr Wellen fort; *Ich trage groß Verlangen /*
Nach solcher langen Zeit sie wieder zu umbfangen.

KASPAR STIELER

Ein jeder / was ihm gefȁllet.

1.

WEr will / kan ein gekrȯntes Buch
von schwarzen Krieges zeilen schreiben:
Ich will auff Venus Angesuch
ihr sůsses Liebes-handwerk treiben:
Ich brenne. Wer nicht brennen kan /
fang' ein berůhmter Wesen an.

2.

Ich sehe vor mir Blut und Staub /
und tausent Mann gewaffnet liegen /
ich sehe / wie auff Sieg und Raub
so viel vergȯldte Fahnen fliegen:

doch brenn' ich. Wer nicht brennen kan /
fang' ein berühmter Wesen an.

3.

Ich höre der Trommpeten Schall /
der Paukken Lerm / den klang der Waffen /
der schrekkenden Kartaunen knall /
der Büchsen und Musketen paffen
und brenne. Wer nicht brennen kan /
fang' ein berühmter Wesen an.

4.

Ich hätte die Gelegenheit
ein neues Ilium zumelden:
Es gibt mir Anlaß mancher Streit
so vieler ritterlichen Helden:
Doch brenn' ich. Wer nicht brennen kan /
fang' ein berühmter Wesen an.

5.

Ich spür' auch hier Ulyssens Wizz /
mich reizen Hektors tapfre Tahten:
Was hilffts? mich läst die Liebes-hizz'
auff andre Künste nicht gerahten.
Ich brenne. Wer nicht brennen kan /
fang' ein berühmter Wesen an.

6.

Was mein beflammtes Herze hegt /
zieht meinen Geist von seiner Erden:
hätt' Amors Gluht mich nicht geregt /
wie würd' ich je beschrieen werden?
Nun brenn' ich. Wer nicht brennen kan /
fang' ein berühmter Wesen an.

7.

Was mir die Venus predigt ein
samt ihrem lieblichem Empusen /
mag meines Nahmens Lorber sein:
Sonst brauch' ich keiner andern Musen.
Ich brenne. Wer nicht brennen kan /
fang' ein berůhmter Wesen an.

8.

Was frag' ich nach der Alten Neid /
was nach dem stumpfen Tadler-besen!
Es ist genug / wenn nach der Zeit
mich liebe Jungfern werden lesen.
Ich brenne. Wer nicht brennen kan /
fang' ein berůhmter Wesen an.

9.

Ich weiß / wenn ich verweset bin /
wird mich das junge Volk betrauren /
und sagen: Ach / daß der ist hin
den Venus ewig hiesse dauren!
Wer aber nimmer brennen kan /
wird keine Venus fangen an.

Der Haß kůsset ja nicht.

1.

DIe ernstliche Strenge steht endlich versůsset /
die qweelende Seele wird einsten gesund.
Ich habe gewonnen / ich werde gekůsset /
es schallet und knallet ihr zårtlicher Mund.

die Dornen entweichen /
die Lippen verbleichen /
indehm sie die ihre den meinen auffdruͤkkt.
Ich werd' auß der Erde zun Goͤttern verschikkt.

2.

Ihr klagende Plagen steht jetzo von fernen /
es fliehe der aͤchzende kraͤchzende Neid!
Mein Gang ist gegruͤndet auch uͤber die Sternen
ich fuͤhle der Seeligen spielende Freud'.
Es flammen die Lippen.
Die roͤßlichte Klippen
die bluͤhen und ziehen mich lieblich an sich.
Was acht' ich dich Honig! was Nektar-wein dich!

3.

Durch dieses erwieß es ihr suͤsses Gemuͤhte /
sie wolle / sie solle die Meinige sein.
Nu hoͤhn' ich der Koͤnige Zepter und Bluͤte /
mich nimmet der Vorraht Eufrates nicht ein.
Kan ich sie nur haben:
was acht' ich der Gaben
der siegenden Krieger im Kapitolin
die durch die bekraͤnzeten Pforten einziehn!

4.

Ich habe die Schoͤne mit nichten gewonnen
mit Solde von Golde / mit Perlenem Wehrt /
und scheinenden Steinen in Bergen geronnen /
den Tyrischen Purpur hat sie nie begehrt.
die Zeilen / die suͤssen
aus Pegasus Fluͤssen
die haben ihr haͤrtliches Hertze geruͤhrt:
Nu stehet mein Lorber mit Myrten geziert.

1.

Die Nacht
die sonst den Buhlern fuͤgt und suͤsse Hoffnung macht
Die Ruh /
die einem Liebendem sagt alle Wollust zu /
bringt mir nur lauter Schmerzen
und raubet mir das Licht /
das meinem truͤben Herzen
des Trostes Straal verspricht.

2.

Der Tag
dem sonst kein Pafos-kind recht guͤnstig werden mag
Die Gluht
der goͤldnen Strahlen / die der Venus schaden tuht
Erteilt mir lauter Freuden
und goͤnnet mir das Gluͤkk
die Augen satt zu weiden
in meiner Liebsten Blikk.

3.

Wenn ietzt
Apollens Feuer-gold der Berge Haubt erhizzt
Und nu
die auffgewekkte Welt entsaget ihrer Ruh:
ruͤhrt mich Rosillen Wange
mit einem feuchten Kuß'
und dieses waͤhrt so lange
biß auff den Hesperus.

4.

So bald
der Sonnen Kerze wird in Thetis Schosse kalt
Laton'
in duͤstrer Wolken-Lufft fuͤhrt auff den bleichen Mohn
so weicht mein Licht von hinnen
denn wird mir erst die Nacht
das Kind der Erebinnen
zur rechten Nacht gemacht.

5.

Drum geh
verhaßtes Sternen-Heer gleich nimmer auß der See.
Komm an /
geliebter Lucifer tritt auff Olympens Bahn.
Der Tag der mich so liebet /
soll meine Freude sein.
Die Nacht / die mich betruͤbet /
weich' in die Hoͤll' hinein.

Nacht-Gluͤkke.

1.

WIllkommen Fuͤrstinn aller Naͤchte!
Printz der Silber-Knechte /
willkommen / Mohn / aus duͤstrer Bahn
vom Ozean!
Diß ist die Nacht / die tausend Tagen
Trozz kan sagen:
weil mein Schazz
hier in Priapus Plazz'
erscheinen wird / zu stillen meine Pein.
Wer wird / wie ich / wol so begluͤkket sein?

2.

Beneidet himmlische Laternen /
weiß-geflammte Sternen /
mit einem schaͤlen Angesicht'
ach! mich nur nicht.
kein Mensch / als ihr nur moͤget wissen /
wie wir kuͤssen:
alle Welt
hat seine Ruh bestellt /
wir beyde nur / ich und mein Kind / sind wach /
und / Flammen / ihr an Bronteus Wolken-dach'.

3.

Es seuselt Zefyr auß dem Weste
durch Pomonen aͤste /
es seufzet sein verliebter Wind
nach meinem Kind'.
Ich seh es gerne daß er spielet
und sie kuͤhlet /
weil sie mir
folgt durch die Garten-Tuͤhr /
und doppelt den geschwinden Liebes-tritt.
Bring / West / sie bald und tausend Kuͤsse mit!

4.

Was werd' ich wenn sie koͤmmt gegangen /
an- doch erstlichst -fangen /
Kuͤß' ich die Hand / die Brust / den Mund
zur selben Stund'?
Ich werd' (ich weiß) kein Wort nicht machen /
so viel Sachen /
die an Zier
den Goͤttern gehen fuͤr
und auff diß Schoͤnchen sein gewendet an /
erstaunen mich / daß ich nicht reden kan.

5.

Komm / Flora / streue dein Vermuͤgen
darhin / wo wir liegen!
  Es soll ein bunter Rosen-hauf'
  uns nehmen auff /
und / Venus du sollst in den Myrten
uns bewirten /
  biß das Blut /
  der Roͤht' herfuͤr sich tuht.
Was Schein ist das? die Schatten werden klar.
Still! Lauten-klang / mein Liebchen ist schon dar.

ADAM KRIEGER

Der Reinsche Wein tantzt gar zu fein.

1. Seht doch! wie der Rein-Wein tantzt
in den schoͤnen Glase?
Wie er hin und wieder rantzt /
und kreucht in die Nase /
daß man vom Geruche bald /
dumm und daͤmsch muß werden /
mein / was hat er vor Gewalt
uͤber uns auff Erden?

2. Lieber Rein-Wein kuͤße mich /
mit verliebten Schertzen /
Ich hingegen werde dich
weidlich wieder hertzen /
druͤcke doch die beste Krafft /
von der Berge Klippen /
nehmlich deinen Reben-Safft /
dicht an meine Lippen.

3. Du bist doch das beste Gold /
das man kan recht brauchen /
darum bin ich dir so hold /
darum will ich tauchen
meine Zunge tieff in dich /
tieff in deine Wellen /
denn ich weiß schon daß Sie mich /
wohl zu Frieden stellen.

4. Du durchsuchst die finstre Grufft /
der subtilsten Glieder /
und des gantzen Leibes Klufft /
artig hin und wieder /
erstlich plumpst du tief hinein /
in des Magens Rantzen /
und wenn wir recht lustig seyn /
fångst du an zu tantzen.

5. Aus den Magen in den Kopf /
springst du so behende /
als in einen hohlen Topf /
kletterst an die Wånde /
und wilst immer oben nauß /
machst ein solches Lermen /
daß bey uns das gantze Hauß /
hebet an zu schwermen.

6. Nun / so tantz mein lieber Wein /
tantz in deinem Glase /
Tantze weil wir lustig seyn /
tantz auch in die Nase /
durch die Nase tantze fort /
wo du hin kanst kommen /
und so wird uns auff dein Wort /
alles Leid entnommen.

Ein Abriß der Schoͤnheit selber.

1. ICh weiß ein liebes Schaͤtzgen /
Ein artig Kammer-Kaͤtzgen /
Daruͤber muß ich mich bemuͤhn /
Und sie auf meinen Schauplatz ziehn.

2. Das Maͤdgen muß in allen /
Den Leuten wolgefallen /
Und hat auch nicht ein eintzig Glied /
Daß nicht der Schoͤhnheit aͤhnlich sieht.

3. Die Haare stehn ihr nette /
Gleichwie mein Stroh im Bette /
Und sind so naturell und krauß /
Wie einer krancken Wasser-Mauß.

4. Sie stutzet mit dem Zopfe /
Auf ihrem kleinen Kopfe /
Du lieber Kopf bist du nicht rund /
Wie meiner Grossemutter Hund.

5. Die auserlesne Stirne /
Sieht fast wie eine Birne /
Die draussen auff dem Miste liegt /
Und hier und da ein Fleckgen kriegt.

6. Die schoͤnen Ohres-Loͤcher /
Die sind wie zwey Gemaͤcher /
Da Floͤh und Laͤuse bleiben stehn /
Wann sie aufs Haͤußgen wollen gehn.

7. Die Ohren haben Laͤppgen /
Als wie die Kaͤse-Naͤppgen /
Die sind voll Ruß biß oben an /
Daß man ihn fast wegschaufeln kan.

8. Die Augen macht sie helle
Wie eine Pferde-Schelle /
Wann sie ein Blickgen scharff-verliebt /
Als eine tode Ratte gibt.

9. Die Nase steckt im Quarge /
Gleichwie in einem Sarge /
Sonst ist das Leder zart und keusch /
Wie angebranntes Schoͤpsenfleisch.

10. Das Maul lacht ihr von forne /
Gleichwie der Hund im Borne /
Und wie ein Bauer in der Stadt /
Wann er ein Eisen funden hat.

11. Die wolgestalten Backen /
Wie auch der schoͤne Nacken /
Die sind wo ichs vergleichen mag /
Wie eines Muͤllers Kohlen-Sack.

12. In ihrem zarten Kinne /
Hat neulich eine Spinne /
Vier Wochen lang ein Nest gebaut /
Und gleichwol hat ihr nicht gegraut.

13. Die grossen Leder-Flaschen /
Sind wie die Bettel-Taschen /
Und hencken albern vor sich weg /
Als ein gebeitzter Kirschner Fleck.

14. Die wolgeschickten Haͤnde /
Sind weich wie alte Waͤnde /
Die Finger sind so zart und frisch /
Wie ein verdorbner Flederwisch.

15. Die Armen sind wie Pruͤgel /
Und wie die Hoͤlle-Riegel /
Die gucken zu den Ermeln raus /
Und sehn wie eine Blutwurst aus.

16. Mehr hab ich nicht gesehen /
Es soll auch nicht geschehen /
Dann wo sie sich nackt sehen laͤst /
So sterb ich warlich an der Pest.

17. Drum wil ich nur beschliessen /
Weil ich nicht mehr kan wissen /
Doch dieses sey zu guter letzt /
Ihr als ein Wunsch hinzugesetzt.

18. Bestecket sie mit Raute /
Spickt sie mit Sauerkraute /
Und schicket sie mit Haut und Haar /
Dem Hencker zu dem neuen Jahr.

JOHANN THOMAS

Die Schwalbe.

1.

GEstern gieng ich spat zu Bette /
Schlief drauf biß an Morgen hin /
Daß ich wohl verschlaffen haͤtte /
Wann nicht eine Saͤngerin

Mir ein Ständgen hätt gemachet /
Daß ich drüber aufgewachet.
O daß ich so einsam bin!
Sang die zarte Sängerin.

2.

Vor ein Monat oder sieben
Ward ich armes Bürgerskind
Bloß von Haus und Hof vertrieben;
Was mir die Natur gegünnt /
(Dann was soll ich mich des schämen?)
Dorft ich / mehr nicht / mit mir nehmen.
In der Fremde bin ich so
Ausgewest / ich weiß nicht wo.

3.

Nun ich wieder heim bin kommen /
Haben sie mein Haus zerstört /
Lehm und Balken weggenommen /
Nur die Stell ist unversehrt.
Gerne wolt ich wieder bauen /
Wann ich einmal dörfte trauen.
Und wie wär ich dem so hold /
Der mir bauen helfen wolt?

4.

Ich muß einen Buhlen haben /
Der es mir zu Liebe thue /
Darf nicht tief zum Grunde graben /
Wann er nur den Lehm trägt zu /
Wird sichs mit dem Bettgen fügen /
Daß wir auch beysammen liegen /
Und aus eignem Angetrieb
Uns recht hertzlich haben lieb.

5.

Dann fůrwar die Tage steigen
  Und der Frůhling sommert sich.
Es ist Zeit zum Kinder zeugen.
  Komm mein Buhle / liebe mich!
Damit schweig das Weiblein stille.
Du schamhaftige Lisille /
  Denkest / wer doch das mag seyn?
  Kennst du wohl die Schwålbelein?

NICOLAUS PEUCKER

Der Drache / In gesundem Verstande genommen / hålt seine Ablage bey Hn. Joachim Bernhard Didden / J. U. Lic. und Churfl. Brand. Cammer-Gerichts-Advocaten / als er zur Ehe nimmt Jgf. Marien Dorotheen / Herrn Volrath Drachstets / Saltz-Junckers und Raths-Verwandtens in Halle Eheleibliche Tochter / Am 8. November 1664:

1.

DIdden / hast du denn allhier /
Wo Berlin sich pråchtig stellet
Keine funden / die sich dir
Hått im Bette zugesellet?
Sind schon alle Jungfern Braut?
Oder hast du nicht recht eben
Acht auf diesem Volck gegeben /
Und dich gnugsam umgeschaut?

2.

Daß von Halle dich der Drach'
Stets hinfůhro sol vergifften?
Ach! man kőnte siebenfach
Solche Heyrath hier wol stiften

Wann es Didden / dein Begehr:
Aber einen solchen Drachen
In Berlin und Cȏlln zu machen /
Fiele noch wol etwas schwer:

3.

Drachen haben die Natur /
Daß sie nicht vergebens kommen:
Wann sie kommen / kȏmmt auch Fuhr;
Didden hats in acht genommen:
Denn Maria Dorothe
Drachstets / kȏmmt ihm nicht mit Schaden /
Sondern sie hat Saltz geladen /
Das hoch noth thut in der Eh.

4.

Mit den Leuten / wo der Drach
Stets pflegt aus und einzuziehen /
Hat es gar ein ůble Sach:
Diesen Drachen muß man fliehen
Aerger / als die Gift und Pest:
Didden / ůber deinen Drachen
Magst du dich stets lustig machen
Und ihn halten steif und fest!

5.

Stopf ihm seinen Rachen zu /
Wil er ihn zu weit aufsperren /
So erhålst du Fried und Ruh:
Auch der Drach muß seinem Herren
Stets zu Dienst und Willen stehn.
Drachstets / deinen Didden liebe /
Auch dein Hertz ihm gantz ergiebe /
Wann du wirst zu Bette gehn.

6.

Drachstets / als ein Drach aus Hall /
Fuͤlle stets mit deinen Trachten
Diddens Hauß / auch Hof und Stall:
Laß heut einen Ochsen schlachten /
Morgen ein paar fette Schwein /
Laͤst uns Mahomet doch Friede;
Nimm verlieb mit diesem Liede /
Braut / und schlaf nicht mehr allein.

CAROL SEYFFART

Hochzeit-Schrifft.
An Hn. M. Christoph Belauen / Rectorem in Kalbe /
Und seine Hertzgeliebte Braut /
Jungfer Martha Sybillen Lemmerin.

HOchwerther Braͤutigam / was soll ich einverleiben
Dem frohen Hochzeit-Fest? Ich wil gar kuͤrtzlich schreiben:
Weil du an diesen Tag ein Laͤmgen dir gefreiht /
Wie daß das Laͤmmer-Vieh sey voller Liebligkeit.

Laͤmmer die huͤpffen / sie lecken sie springen:
  Lemmerin tantzet und springet anitzt.
Laͤmmer die nutzen vielfaͤltigen Dingen:
  Lemmerin ihrem Hertzliebesten nuͤtzt.
Laͤmmer mit Froͤmmigkeit gehen gezieret:
  Lemmerin schmuͤcket die Froͤmmigkeit auch.
Laͤmmer die folgen dem / welcher sie fuͤhret:
  Lemmerin heget auch diesen Gebrauch.
Laͤmmer die tragen schoͤn-weißliche Wolle:
  Lemmerin traͤget den schoͤnesten Preiß.

Laͤmmer sind muthig / nicht frevel / frech-tolle:
  Lemmerin lustig und muthig sich weiß.
Laͤmmer die haben den eigenen Schaͤffer:
  Lemmerin ihren auch eigenen sucht.
Laͤmmer sind ruhig / nicht einsame Schlaͤffer:
  Lemmerin dieses ist auch nun befugt.
Laͤmmer die speisen die hungrigen Seelen:
  Lemmerin speiset mit Kuͤssen und Kuß.
Laͤmmer den Stall sich zur Herberge wehlen:
  Lemmerin numehr in BettesStall muß.
Laͤmmer die grasen auf gruͤnenden Wiesen:
  Lemmerin lebet in gruͤnender Lust.
Laͤmmer die werden von allen gepriesen:
  Lemmerin ruͤhmlich ist allen bewußt.

Druͤm lebe / wehrter Freund / mit solchem LiebesSchaͤfgen
In voller Froͤligkeit / nim wol in acht das Schlaͤffgen /
  Den ersten LiebesSchlaf / und sonderlich den Traum /
  Was heinte traͤumen wird / du wirst aufwachen kaum
So wird es werden wahr. Mein traͤumen ist wahr worden /
Mich traͤumt als waͤrest du nunmehr in SchaͤfferOrden /
  Ich sah das Laͤmmervieh / kaum war die Rede laut /
  So warest Schaͤffer du / das Lamb war deine Braut.
Der Himmel sey dir hold / und laß dich so gepaaren /
Daß du als Schaͤffer kanst nach wenig wenig Jahren /
  Mehr Laͤmmer fuͤhren aus. Indessen wie ich sol /
  Wil dein verbleiben ich. Mein Schaͤffer lebe wol!

Auff das Begråbnůß eines vornehmen Cavalliers.

(1.)

HErbey ihr Eysen-fresser!
Schaut diesen Sarg und Leichen-Zierrath an /
Und dencket nach / es geht auch euch nicht besser /
Ihr můsset auch auff diesen Todten-Plan /
Wenn Kraut und Loth / wenn Degen und Pistolen /
Wenn heisses Blut und eine Lőwen-Brust
Vorm Tod pastant / so hätte Scipio
Und Hector auch vom Tode nichts gewust /
Ja Hannibal der wåre nicht gewichen /
Und dieser Chevalier auch nicht verblichen /
Drumb ists und bleibet so:
Kommt all' heran / heran auff diesen Plan /
Fůrst / Kőnig / Edelmann.

(2.)

UNd weil denn nun die strenge Sterbens-Macht
Auch Helden rennet umb /
Wie hoch sie sind geacht /
Und fållt dahin Soldat und Corporal /
Majeur und General /
So dencket drauff bey Zeit /
Wie ihr zugleich auch Christi Ritter seyd /
Kein Chevalier, ein Christe kőmt in Himmel /
Drumb flieht das Welt-getůmmel!

Detestantur AEgyptii omnes Pastores ouium. Genes. 46.
Die Innwohner deß Egyptischen Landts verhassen alle Schaafhirten. Genes. 46.

Joseph und Maria fliehen mit dem Jesu Kindlein in Egypten / werden beglaitet von der schaar der Englen.

1.

KOmb du schöner Fackelwagen /
Kommt ihr schnelle Schimmel vier
Unser Sonnen fortzutragen /
Hohen Himmels höchste zier /
Mars mit seinen Hof Trabanten
Steht im vollen Gegenschein /
Weil Saturnus auch vorhanden
Uns den Paß zunemmen ein.

2.

Feucht Aurora steht begossen /
Feucht / von Perlen wolgestalt /
Die verborgen in der Schossen /
Ihr geliebte Sonnen halt /
Dise vor dem Feind zu retten
Ist vor allen sie bedacht;
Hitzig / oder kalt Planeten /
Fort regiren bey der Nacht.

3.

Fahr O Phaebe, fahr von hinnen /
Daß man dich allhie nit seh /
Laß dein runde Fackel brinnen /
Die nur sicher in der höh:
Nain / sie will jetzt in der nider /
Durch bekandten trawren zwang /
Was auch ihr Natur zuwider /
Hie vollendten ihren gang.

4.

Sey mein Sonnen / du zuführen /
Jetzt Josephe / Phaëton
Kanst ja dise Pferdt regiren /
Dir bekandt vor disem schon:
Seynd sie doch gar leicht zu wendten
Alt bekandte Diener noch /
Die deß HErren Kriplein kennten /
Kennen auch sein ringes Joch.

5.

Von dem Himmel kombt entgegen /
Wol bestellt ein Comitat /
Der den Paß dem Feind verlegen
Soll / bereit im willen hat:
Gott willkomb / ihr Mitgeferten /
Habt ihr uns nit anverkündt /
Das je Frid soll seyn auff Erden /
Da sich doch schon Streit befindt?

6.

Frid auff Erden / Ehr hoch oben /
Wir verhofften zum bestand /
Warumb hat sich dann erhoben /
Schon ein Auffruhr hie zu Land?
Hört ihr etwann außzufragen
Hinter uns / den Feind nit weit?
Oder grimmig nacher jagen /
Den gewaffnet blinden Streit?

7.

Grosse Feindschafft wir verlassen /
Fliehen fort in frewd / in layd /
Finden auch die nur verhassen
Uns / hie gleichen unbeschayd:

Sollen wir allein beschirmen
  Uns / mit sanffter gegenwart;
Oder hie die Feind auch stuͤrmen
  Von der alten Schlangen art?

8.

Fraw der Englen / Cron der Kraͤfften /
  Wir in Wehr / und Waffen stehn /
Gantz ergeben den Geschaͤfften /
  Die nach deinem Wort ergehn /
Nichts der Schlangen wird erspriessen /
  Die der alten Macht beraubt /
Du mit unverletzten Fuͤssen
  Wirst erknirschen ihr das Haupt.

9.

Sichstu sie nit forchtsam schleichen
  In die Kruͤfft als wie die Maͤuß /
Auff / mit Koth / gefuͤllten Baͤuchen /
  Daß doch ihr verschworne Speiß /
Auch die Basilisken krachen /
  Werffen Schwebel auß dem schlund /
Dracken mit sehr weitem Rachen
  Eylen zu der Hoͤllen grund!

10.

Alle Baͤumlein / Plaͤtz und Felder /
  Braiten auff ihr AugenWaid /
Eylen herfuͤr desto baͤlder
  In eim gruͤnen Seydin Klaid /
Gehn mit aller Zier entgegen /
  Machen dir ein Blumen Pan /
Froͤlich / gruͤnend / hohe Boͤgen /
  Ein Triumph zustellen an.

11.

Hoͤr ich nit ein Broͤnnlein rauschen /
  Seyn wir nit im Paradeyß?
Last uns unser Land vertauschen /
  Umb so schoͤnes Blumgestreiß:
Riechen auch Engaddi Reben
  Hie bey gutem Sonnenschein /
Woͤllen uns zu ruhe begeben
  Joseph hie losier uns ein.

12.

Komb das Thierlein abzuladen
  Hilff / und zieh ihm auff den Gurd
Hie will ich mein Kindlein baden
  Meiner armen suͤsse Burd:
O mein außerwoͤhltes Kindel
  O mein allerliebster Schatz /
Da mein Hoͤnigsuͤsses Muͤndel
  Pfleg ich forthin deines raths.

JOHANNES SCHEFFLER

[Aus:] *Geistreiche Sinn- und Schlussreime.*

1. Was fein ist daß besteht.

Rein wie daß feinste Goldt / steiff wie ein Felsenstein /
Gantz lauter wie *Crystall* / sol dein Gemuͤthe seyn.

2. Die Ewige Ruhestaͤdt.

Es mag ein andrer sich umb sein Begraͤbniß kraͤnken /
Und seinen Madensak mit stoltzen Bau bedenken.
Ich Sorge nicht dafuͤr: Mein Grab / mein Felß und schrein
In dem ich ewig Ruh / sol's Hertze JEsu seyn.

3. GOtt kan allein vergnůgen.

Weg weg ihr *Seraphim* ihr kőnt mich nit erquikken:
Weg weg ihr *Heiligen* / und was an euch thut blikken:
Ich will nun eurer nicht: ich werffe mich allein
Ins ungeschaffne Meer der blossen GOttheit ein.

4. Man muß gantz Gőttlich seyn.

HErr es genůgt mir nicht / daß ich dir Englisch diene
Und in Vollkommenheit der Gőtter fůr dir Grůne:
Es ist mir vil zuschlecht / und meinem Geist zu klein:
Wer Dir recht dienen wil muß mehr als Gőttlich seyn.

5. Man weiß nicht was man ist.

Ich weiß nicht was ich bin / Ich bin nit was ich weiß:
Ein ding und nit ein ding: Ein stůpffchin und ein kreiß.

6. Du must was GOtt ist seyn.

Sol ich mein letztes End / und ersten Anfang finden /
So muß ich mich in GOtt / und GOtt in mir ergrůnden.
Und werden daß was Er: Ich muß ein Schein im Schein:
Ich muß ein Wort im Wort:[(a)] ein GOtt im GOtte seyn.

7. Man muß noch ůber GOtt.

Wo ist mein Auffenthalt? Wo ich und du nicht stehen:
Wo ist mein letztes End in welches ich sol gehen?
Da wo man keines findt. Wo sol ich dann nun hin?
Ich muß noch[(b)] ůber GOtt in eine wůste ziehn.

(a) Thaul. instit. spir. c. 39.
(b) i. e. ůber alles daß man an GOtt erkennt oder von ihm gedånken

8. GOtt lebt nicht ohne mich.

Ich weiß das ohne mich GOtt nicht ein Nu kan leben /
*Werd' ich zu nicht Er muß von Noth den Geist auffgeben.

9. Ich habs von GOtt / und GOtt von mir.

Daß GOtt so seelig ist und Lebet ohn Verlangen /
Hat Er so wol von mir / als ich von Ihm empfangen.

10. Ich bin wie GOtt / und GOtt wie ich.

Ich bin so groß als GOtt: Er ist als ich so klein:
Er kan nicht ů̈ber mich / ich unter Ihm nicht seyn.

11. GOtt ist in mir / und ich in Ihm.

GOtt ist in mir daß Feur / und ich in Ihm der schein:
Sind wir einander nicht gantz inniglich gemein?

12. Man muß sich ů̈berschwenken.

Mensch wo du deinen Geist schwingst ů̈ber Ort und Zeit /
So kanstu jeden blik seyn in der Ewigkeit.

13. Der Mensch ist Ewigkeit.

Ich selbst bin Ewigkeit / wann ich die Zeit verlasse /
Und mich in GOtt / und GOtt in mich zusamen fasse.

kan / nach der verneinenden Beschawung / von welcher suche Bey den Mijsticis.

* Schawe in der Vorrede.

14. Ein Christ so Reich als GOtt.

Ich bin so Reich als GOtt / es kan kein ståublein sein /
Daß ich (Mensch glaube mir) mit Ihm nicht hab gemein.

15. Die ůber GOttheit.

Was man von GOtt gesagt / das gnůget mir noch nicht:
Die ůber GOttheit ist mein Leben und mein Liecht.

16. Die Liebe zwinget GOtt.

(a) Wo GOtt mich ůber GOtt nicht solte wollen bringen /
So will ich Ihn dazu mit blosser Liebe zwingen.

17. Ein Christ ist GOttes Sohn.

Ich auch bin GOttes Sohn / ich sitz an seiner Handt:
Sein Geist / sein Fleisch und Blut / ist Ihm an mir bekandt.

18. Ich thue es GOtt gleich.

GOtt liebt mich ůber sich: Lieb ich Ihn ůber mich:
So geb ich Ihm so vil / als Er mir gibt auß sich.

19. Das seelige Stilleschweigen.

Wie seelig ist der Mensch / der weder wil noch weiß!
*Der GOtt (versteh mich recht) nicht gibet Lob noch Preiß.

(a) Vid. no. 7.

* Denotatur hic Oratio silentij, de qua vide Maximil. Sandae Theol. mystic. lib. 2. comment. 3.

20. Die Seeligkeit steht bey dir.

Mensch deine Seeligkeit kanstu dir selber nemen:
So du dich nur dazu wilt schiken und bequemen.

Sie fraget bey den Creaturen
nach ihrem Allerliebsten.

1.

WO ist der schönste den ich liebe?
Wo ist mein SeelenBräutigam?
Wo ist mein Hirt' und auch mein Lamm?
Umb den ich mich so sehr betrübe?
Sagt an ihr Wiesen und ihr Matten
Ob ich bey euch ihn finden sol?
Daß ich mich unter seinem schatten
Kan laben und erfrischen wol.

2.

Sagt an ihr Lilgen und Narcissen
Wo ist das zarte LilgenKind?
Ihr Rosen saget mir geschwind
Ob ich ihn kan bey euch geniessen?
Ihr Hyacinthen und Violen /
Ihr Blumen alle mannichfalt /
Sagt ob ich ihn bey euch sol holen /
Damit er mich erquikke bald?

3.

Wo ist mein Brunn ihr kühlen brünne?
Ihr Bäche wo ist meine Bach?
Mein Ursprung dem ich gehe nach?
Mein Quall auff den ich immer sinne?

Wo ist mein Lust-Wald O ihr Wälder?
Ihr ebene wo ist mein Plan?
Wo ist mein grünes Feld ihr Felder?
Ach zeigt mir doch zu ihm die Bahn!

4.

Wo ist mein Täublein ihr Gefieder?
Wo ist mein treuer Pelican
Der mich lebendig machen kan?
Ach daß ich ihn doch finde wieder!
Ihr Berge wo ist meine Höhe?
Ihr Thäler sagt wo ist mein Thal?
Schaut wie ich hin und wieder gehe /
Und ihn gesucht hab überall!

5.

Wo ist mein Leitstern / meine Sonne /
Mein Mond und gantzes Firmament?
Wo ist mein Anfang und mein End?
Wo ist mein Jubel / meine Wonne?
Wo ist mein Tod und auch mein Leben?
Mein Himmel und mein Paradeiß!
Mein Hertz dem ich mich so ergeben /
Daß ich von keinem andren weiß.

6.

Ach Gott wo sol ich weiter fragen!
Er ist bey keiner Creatur.
Wer führt mich über die Natur?
Wer schafft ein Ende meinem Klagen?
Ich muß mich über alles schwingen /
Muß mich erheben über mich;
Dann hoff' ich wird mirs wol gelingen /
Daß ich O JEsu finde dich.

Sie begehret verwundet zu seyn
von ihrem Geliebten.

1.

JEsu du måchtiger Liebes-Gott
Nah dich zu mir:
Denn ich verschmachte fast biß in Tod
Fůr Liebs-Begiehr:
Ergreiff die Waffen / und in Eil
Durchstich mein Hertz mit deinem Pfeil /
Verwunde mich :/:

2.

Komm meine Sonne / mein Lebens-Licht /
Mein Auffenthalt;
Komm und erwårme mich daß ich nicht
Bleib ewig kalt:
Wirff deine Flammen in den Schrein
Meins halbgefrohrnen Hertzens ein /
Entzůnde mich :/:

3.

O allersůsseste Seelen Brunst
Durch glůh mich gantz:
Und ůberform mich auß Gnad und Gunst
In deinen Glantz:
Blaß an das Feuer ohn Verdruß /
Daß dir mein Hertz mit schnellem Fluß
Vereinigt sey :/:

4.

Dann wil ich sagen daß du mich hast
Erlôst vom Tod
Und als ein lieblicher Seelen-Gast
Besucht in Noth:

Dann wil ich rů̈hmen daß du bist
Mein Bråutgam / der mich liebt und kůst /
Und nicht verlåst :/:

PROKOP VON TEMPLIN

Gott lobende Welt-Music.

Frisch und frölich ich heut sing /
Helfft mir all erschaffne Ding /
Jhr darzu mich zwinget /
Leyren / Pfeiffen / Instrument /
Was für tauglich wird erkennt /
Håuffig allher bringet /
Draussen / drinnen / überall
Macht daß Gottes Lob erschall
Nur umb seinetwillen /
Echo süsser Widerhall
Du durchdring die Berg und Thal /
Und laß dich nit stillen.

Ja fürwar die gantze Welt
Ist ein Music wolbestellt /
Die gar nie mag schweigen /
Himmels-Kreyß und Firmament /
Wie auch die vier Element
Seyn all voller Geigen /
Dises grosse Welt-Gebåw
Musiciret ohne Schew /
Last sich nicht zerstören /
Wer nur gute Ohren hatt /
Und sich nicht beraubt der Gnad /
Mag es gar wol hören.

Weisse liechte Noten seyn
Alle heilig Engelein /
Und die fromme Seelen /
Die nachkommen dem Gebott /
Welches jhnen fůrschreibt Gott /
Und das nicht verfehlen;
Finstre Noten / dunckel / schwartz
Von der Höllen Pech und Hartz
Seyn die böse Geister /
Die dort in der tieffen Krufft /
Und heroben in dem Lufft
Spilen fast den Meister.

Fugen macht die flůchtig Zeit /
Pausen gibt die Ewigkeit /
Die Wind suspiriren /
Der Erdboden haltet auß /
Raumt uns willig ein das Hauß /
Drinn wir musiciren;
Die Göttliche Fůrsehung
Thut mit jhrer Anstellung
Den Tact darzu geben /
Wem diß Gsang ist unbewust /
Und daran hatt keine Lust /
Wie mag er nur leben?

Fragst du / was sie singen dann?
Ich dirs nicht verhelen kan /
Wil dich gern berichten;
Gottes Lob gar inniglich
Breitens auß / erinnern dich
O Mensch / deiner Pflichten;
Du mit jhnen stimme zu /
Dich nicht eh begib zu Ruh /

Biß dus hast gewohnet;
Zum Text hast du selbst die Wahl /
Singst du wol an dem Final
Er dirs Gsang belohnet.

CATHARINA REGINA VON GREIFFENBERG

Auf meinen bestürmeten Lebens-Lauff.

WIe sehr der Wirbelstrom so vieler Angst und plagen
mich drähet um und um / so bistu doch mein Hort /
mein mittel punct / in dem mein Zirkel fort und fort
mein Geist halb hafften bleibt vom sturm unausgeschlagen.
Mein Zünglein stehet stät / von Wellen fort getragen /
auf meinen Stern gericht. Mein Herz und Aug' ist dort /
es wartet schon auf mich am Ruhe-vollen Port:
dieweil muß ich mich keck in weh und See hinwagen.
offt will der Muht / der Mast / zu tausend trümmern springen.
Bald thun die Ruder-Knecht / die sinnen / keinen Zug.
Bald kan ich keinen Wind in glaubens-Segel bringen.
jetz hab ich / meine Uhr zu richten / keinen fug.
Dann wollen mich die Wind auf andre zufahrt dringen.
bring' an den Hafen mich / mein GOtt / es ist genug!

In äusserster Widerwärtigkeit.

ACh kanstu auch / mein Herz / den Himmel / ohne weinen /
ohn' innern Herzens-brast / und äussern Thränen See /
ansehen? daß ich nicht vor lauter weh vergeh /
dieweil er gegen mir / ganz stählern ist und steinen!
Ach mag die Sonn' auch was so Elendes bescheinen?
faß dir / mein Herz / ein Herz / und Leuen mütig steh'
im Unglücks-mittel-punct / das jederman dann seh /
wie deine Tugend sich in trübsal pflegt zu feinen.

Halt Gottes willen still! bricht schon das Herz vor schmerz /
wann nur der Wille ganz / ihm treu zu dienen / bleibet.
Streit' / ihm zu Lob / mit dir: daß nicht nur Blut austreibet /
besonder Geist und Krafft / verbrenn die Lebens-Kerz
in seiner treuen Brunst. Denk / loͤblich ist der Sieg /
wann nur mein GOtt geehrt / wann ich schon unter lieg.

Auf GOttes Herrliche Wunder Regirung.

DEr du mit Weißheits Safft die Sternen kanst befeuchten /
daraus das Schicksel wird; zu zeiten ohn ihr Werk
ein Kunst begebnuß spielst / zu zeigen deine Stårk /
die aller Himmel Kråfft in hoͤchster Demut scheuchten!
Es pflegt dein herrschungs-Stab von Recht und gůt zuleuchten.
Mit wunder einvermångt die vorsicht ich vermerck /
vom hoͤchsten Welt-geschoͤpf biß auf die ringe spoͤrk.
der Engel feur-verstånd die lieb-sorg nicht erreichten.
Du spinnst ein Glůkks-Geweb mit tausend Faͤden an:
durch alle Sternen Kreiß / durch alle Ort der Erden
muß Werkzeug zu dem thun / daß du beginnst / bracht werden.
Dein' AllverschaffungsKrafft macht ůberall die Bahn.
ziehst du nur diese Schnur / dran alle Herzen hangen /
so ist der Sinn-Entwurf schon in das That-seyn gangen.

Uber den gekreutzigten JEſUS.

Seht der König König hängen/
und uns all mit Blut beſprengen.
Seine Wunden ſeyn die Bruñen/
draus all unſer Heil gerunnen.
Sehe/Er ſtrecket ſeine Händ aus / uns alle zu umfangen;
hat/an ſein liebheiſſes Hertz uns zu drucken/Luſtverlangen.
Ja er neigt ſein liebſtes Haubt/ uns begierig mit zu küſſen.
Seine Sitten und Gebärden/ſind auf unſer Heil geflieſſen.
Seiner Seiten offen-ſtehen/
macht ſein gnädigs Herz uns ſehē:
wañ wir ſchauen mit den Sinen/
ſehen wir uns ſelbſt darinnen.
So viel Striemē/ſo viel Wundē/
als an ſeinen Leib gefunden/
ſo viel Sieg-und Segens-Quellen
wolt Er unſrer Seel beſtellen.
zwiſchen Himmel und der Erden
wolt Er aufgeopffert werden:
daß Er GOtt und uns vergliche.
uns zu ſtärken / Er verbliche:
Ja ſein Sterben/ hat das Leben
mir und aller Welt gegeben.
Jeſu Chriſt! dein Tod und Schmerzen
leb' und ſchweb mir ſtets im Herzen!

Auf die Frölich- und Herrliche
Auferstehung Christi.

ENgel! blaset die Trompeten! Seraphinen / singt und klingt /
Jubil-Jubil-Jubiliret / hoch-erfreuter Himmel-Chor!
Sonn' und Sterne / glänzt und danzet eurem Triumphirer vor!
Berg' und Hügel / Fels und Thürne / auch in frohen Jauchzen springt!
ihr für alls beglückte Menschen / weil es euch zu Heil gelingt /
Lobet / Preiset / Ehret / Danket / und erhebet hoch empor
den / der sich und euch erhebet aus des Todts ins Himmels Chor.
Dann die Paradeisisch' Unschuld / sein' Erstehung / euch mitbringt.
Solte wol die Sünden-Macht dessen Allmacht überstreben /
der die selbst' Unendlichkeit? nein sie muß sich ganz ergeben:
sein verdienstes-Meer kan löschen / nicht nur Fünklein / ganze Feur.
Ach der lang verlangt' Erlöser tödtet alle ungeheur.
Was will Welt / Tod! Teuffel / Höll / einem Christen abgewinnen?
die sind ganz verstört / verheert: Dieser herrscht im Himmel drinnen.

Verlangen / nach der herrlichen Ewigkeit.

SChwing dich / meine Seel' / in Himmel / aus der Eitlen Zeitlichkeit!
schwing dich hin / woher du kommst / wo du auch wirst wider bleiben.
Wollst mit süsser Denke-Lust deine weil dieweil vertreiben:
biß du wirst ergetzt / versetzet in die Zeit-befreyte Zeit.
Ach ich meyn die Ewig-Ewig-Ewig-Ewig-Ewigkeit /
in die der belebend Tod wird entleibend einverleiben.
Unterdessen soll mein' Hand was von ihrer Hoheit schreiben /
von der nie gefühlten Fülle / ihrer Erz-Herz-süssen Freud.

Krafft und Safft der Ewigkeit / die aus und mit dir entsprungen /
der du Unursprůnglich lebest und dahero Ewig bist!
leg die kůnfftig Wunder-Wonn' in den Mund und auf die Zungen
daß ich klårlich herrlich schreibe / wie dein will ohn Ziel dort ist /
uns mit dir / dem hoͤchsten Gut / zu vereinen unverdrungen.
Komme wider / komm hernider / zum Gericht gerůster Christ!

GOtt-lobende Frůlings-Lust.

JAuchzet / Båume / Voͤgel singet! danzet / Blumen / Felder lacht!
springt / ihr Brůnnlein! Båchlein rauscht! spielet ihr gelinden Winde!
walle / Lust-bewegtes Tråid! sůsse Flůsse fliest geschwinde!
opffert Lob-Geruch dem Schoͤpffer / der euch frisch und neu gemacht!
jedes Blůhlein sey ein Schale / drauff Lob-Opffer ihm gebracht /
jedes Gråslein eine Seul / da sein Namens-Ehr man finde.
an die neu-belaubten Aestlein / GOttes Gnaden-Ruhm man binde!
daß / so weit sein Gůt sich strecket / werd' auch seiner Ehr gedacht.
Du vor alles / Menschen Volck / seiner Gůte Einfluß Ziele!
aller Lieblichkeit Genießer; Abgrund / wo der Wunderfluß
endet und zu gut verwendet seinen Lieb-vergulten Guß.
GOtt mit Herz / Hand / Sinn und Stimm / lobe / preiße / dicht' und spiele.
Laß / vor Lieb' und Lobes-Gier / Muht und Blut zu Kohlen werden /
lege Lob und Dank darauff: Gott zum sůssen Rauch auf Erden.

FReud'-erfuͤller / Fruͤchte-bringer / vielbegluͤckter Jahres-Koch /
Gruͤnung-Bluͤh und Zeitung-Ziel / Werkbeseeltes Lustverlangen!
lange Hoffnung / ist in dir in die That-Erweisung gangen.
Ohne dich / wird nur beschauet / aber nichts genossen noch.
Du Vollkommenheit der Zeiten! mache bald vollkommen doch /
was von Bluͤh' und Wachstums-Krafft halbes Leben schon empfangen.
Deine Wuͤrkung kan allein mit der Werk-Vollziehung prangen.
Wehrter Zeiten-Schatz! ach bringe jenes bluͤhen auch so hoch /
schuͤtt' aus deinem reichen Horn hochverhoffte Freuden-Fruͤchte.
Lieblich suͤsser Mund-Ergetzer! lab' auch unsern Geist zugleich:
so erhebt mit jenen er deiner Fruͤchte Ruhm-Geruͤchte.
zeitig die verlangten Zeiten / in dem Oberherrschungs-Reich.
Laß die Anlas-Kerne schwarz / Schickungs-Aepffel safftig werden:
daß man GOttes Gnaden-Fruͤcht froh geniest und isst auf Erden.

Uber die Nachtigal.

1.

Hoͤrt der holden Nachtigall
süssen Schall /
durch den Busch erschallen:
sie will / durch ein Kling-Gedicht /
ihre Pflicht
ihrem Schoͤpffer zahlen.

2.

In dem weiß-geschmaͤlzten Zelt
aller Welt /
seinen Ruhm sie singet:
dahin zielt ihr Muͤh' und Fleiß /
daß sein Preiß
hell von ihr erklinget.

3.

Dir / dir / dir / O hoͤchster Hort /
ohne Wort
pfleg' ich Dank zu geben:
ohne End ist mein Begehr /
deine Ehr'
aͤusserst zu erheben.

4.

Jede Feder fordert Lob /
ist ein Prob
deiner milden Guͤte.
Gib / so offt ich sie aufschwing /
daß erkling
Dank aus dem Gemuͤte.

5.

Jedes Wuͤrmlein / das ich iss /
ist gewiß
deiner Schickung Gabe.
Nimm / Erhalter / vor die Speiß /
diesen Preiß /
und mich ferner labe!

6.

Dir sey Lob vor diesen Ast /
wo ich rast:
doch nit / dich zu loben.
Nein! dein Ruhm wird fůr und fůr /
dort und hier /
hoch von mir erhoben.

7.

Du hast / schǒne Singerin /
meinen Sinn
auch in was ermundert.
Nur von GOttes Gnad sing ich /
weil ich mich
ganz in sie verwundert.

ANTON ULRICH VON BRAUNSCHWEIG-WOLFENBÜTTEL

Gedult-Liedlein.

1. MIt Unmuht schlaff ich ein / erwach mit Unmuht wieder /
Betracht mit Unmuht stets / mein Elend auff und nieder /
kein Lust noch Frǒligkeit
wil jetzt zu dieser Zeit /
mein schweres Hertz erleuchten /
Nun heisse Seufftzerlein es innerlich befeuchten.

2. Was mich fůr dieser Zeit noch kunte Lust erwecken /
das fliehet jetzt von mir / und thut sich all verstecken.

mein Creutz nimt uͤberhand /
das mir hat zugesandt
mein Gott nach seinem Willen /
Solt ich dann in Gedult denselben nicht erfuͤllen?

3. Gedult kan ja allein das Elend uͤberwinden /
wann ich geduͤltig bin / muß aller gram verschwinden /
Ein tapfferes Gemuͤht /
ist gleich in schaͤrff und Guͤt /
es bleibet standhafft stehen /
und ist bereit im Gluͤck und Ungluͤck her zu gehen.

4. Was sorge ich dann viel / was traure ich ohn massen /
Was schwaͤch ich meinen Leib / da ich es wol kan lassen:
man muß nicht weichlich seyn /
und von so schlechter Pein
sich uͤberwunden geben /
ein tapfferes Gemuͤht / muß so verzagt nicht leben.

5. Verhoͤn dein boͤses Gluͤck / verlach sein tolles Wuͤten /
erwarte was es doch / wil endlich aus dir bruͤten /
thu ihm den Willen nicht /
daß du ein saur Gesicht /
wolltst seinet wegen machen /
bleib stets bey gleichen sein / und thu nur druͤber lachen.

6. Wann du nun schlaffen gehst / so leg die Sorgen nieder /
stehst du des Morgens auff / so wirff sie von dir wieder.
Laß ihnen niemals zu /
zu wehren deiner Ruh /
vergebens ist das Klagen /
wann man sein boͤses Gluͤck nicht weiß hinweg zu jagen.

KOmm Trost der Nacht / O Nachtigal /
Laß deine Stimm mit Freudenschall /
Auffs lieblichste erklingen :/:
Komm / komm / und lob den Schöpffer dein /
Weil andre Vöglein schlaffen seyn /
Und nicht mehr mögen singen:
  Laß dein / Stimmlein /
    Laut erschallen / dann vor allen
      Kanstu loben
Gott im Himmel hoch dort oben.

Ob schon ist hin der Sonnenschein /
Und wir im Finstern müssen seyn /
So können wir doch singen :/:
Von Gottes Güt und seiner Macht /
Weil uns kan hindern keine Nacht /
Sein Lob zu vollenbringen.
  Drumb dein / Stimmlein /
    Laß erschallen / dann vor allen
      Kanstu loben /
Gott im Himmel hoch dort oben.

Echo, der wilde Widerhall /
Will seyn bey diesem Freudenschall /
Und lässet sich auch hören :/:
Verweist uns alle Müdigkeit /
Der wir ergeben allezeit /
Lehrt uns den Schlaff bethören.
  Drumb dein / Stimmlein / etc.

Die Sterne / so am Himmel stehn /
Lassen sich zum Lob Gottes sehn /
Und thun ihm Ehr beweisen :/:
Auch die Eul die nicht singen kan /
Zeigt doch mit ihrem heulen an /
Daß sie Gott auch thu preisen.
Drumb dein / Stimmlein / etc.

Nur her mein liebstes Vögelein /
Wir wollen nicht die fäulste seyn /
Und schlaffend ligen bleiben :/:
Sondern biß daß die Morgenröt /
Erfreuet diese Wälder öd /
Im Lob Gottes vertreiben.
Laß dein / Stimmlein /
Laut erschallen / dann vor allen
Kanstu loben /
GOtt im Himmel hoch dort oben.

WOLFGANG HELMHARD VON HOHBERG

Der CXXX. Psalm.
(In vulgatâ Psal. 129.)
GOtt vergibt / wann man Ihn liebt.

ISt ein Buß-Psalm / und hertzliches Gebet / in Nöthen und Anfechtungen / daß GOtt das Elend ansehen / die Sünde vergeben / und das auf Ihn gesetzte hertzliche Vertrauen / nicht zu schanden werden lassen wolle.

1. Aus tieffem Abgrund her / ruff' ich / Ach HErr / vernimme
und hör mit Gnaden an / das seufftzen meiner stimme /
wann ich in ängsten bet' und schrey' in Noth zu dir;
so laß die Ohren seyn eröffnet gegen mir.

2. Dann wan du straffen wilt / nach gleichheit unsrer Suͤnden /
Ach HErr / wer wird es seyn / der sich darff lassen finden
für deinem Angesicht? doch du langmuͤthig bist /
und deins Gesetzes Recht mit Forcht zu ehren ist.

3. Ich warte / HErr / auf dich; mein Hertz sich gantz verlasset /
auf dich und auff dein Wort allein sein' Hoffnung fasset /
auff dich harrt meine Seel' / HErr Gott / und munter macht /
von frůhem morgen an / biß in die spate Nacht.

4. Israel hoff' auf Gott / denn Er wil dir verleihen
erloͤsung und Genad / der HErr kan wol verzeihen
was man verbrochen hat / Er rainiget die Seel' /
und wird aus aller Suͤnd' erloͤsen Israel.

JOHANN GEORG ALBINUS

Sturm-Lied.

1. WEil mein Stuͤndlein verhanden ist /
und ich soll gehn zu stuͤrmen /
so wirst du / O HErr JEsu Christ!
Im Anlauff uns beschirmen /
daß wir gewinnen Wall und Stadt /
und was der Ort mehr festes hat /
die Minen laß gerathen.

2. GOTT hoͤr aus deiner Wohnung an
mein klaͤglich Feld-Geschreye!
ich ruffe was ich ruffen kan /
O grosser Gott befreye!
befreye mich in diesem Sturm /
zerquetsch mich nicht / wie einen Wurm /
der grimmig wird zertreten.

3. Mit dir kan ich / du starcker GOTT /
durch gantze Schlachten dringen /
mit dir kan ich in aller Noth
auch ůber Mauren springen /
es ist ja eine schŏne Bahn /
worauff ein tapffrer Krieges-Mann /
kan nach dem Himmel wandeln.

4. Laß uns auch HErr erschrecken nicht
fůr unsrer Feinde Menge /
wie solches offtermal geschicht
bey Treffen und Gedrenge.
Halt uns in deiner treuen Hut /
erfrische Leben / Geist und Blut /
wenn wir die Leitern werffen!

5. Und wenn wir auff Batrien stehn /
und sehn der Vŏlcker Haufen /
wie Bienen-Schwärme umb uns gehn /
daß niemand kan entlaufen /
sey Beystand / Helm / Pastey und Schild
wenns blutig sieht / und Mordens gilt /
laß uns / HErr / nicht verzagen.

6. Laß unsre Fahnen frŏlich auff
bey ihren Mauren stecken /
und durch gefasten Stůrmungs-Lauf
den stoltzen Feind erschrecken /
die Feinde laß uns treiben ein /
der Stadt ihr Ober-Meister seyn /
die wir mit Sturm gewonnen.

Denck-Täffelchen

Zu Veränderung der Andacht anweisende.

Bith in der Noth / So hört dich GOTT.

B e t i n d e r N o t s o h ö r t d i c h G o t

e B e t i n d e r N o t s o h ö r t d i c h G o

t e B e t i n d e r N o t s o h ö r t d i c h G

i t e B e t i n d e r N o t s o h ö r t d i c h

n i t e B e t i n d e r N o t s o h ö r t d i c

d n i t e B e t i n d e r N o t s o h ö r t d i

e d n i t e B e t i n d e r N o t s o h ö r t d

r e d n i t e B e t i n d e r N o t s o h ö r t

N r e d n i t e B e t i n d e r N o t s o h ö r

o N r e d n i t e B e t i n d e r N o t s o h ö

t o N r e d n i t e B e t i n d e r N o t s o h

s t o N r e d n i t e B e t i n d e r N o t s o

o s t o N r e d n i t e B e t i n d e r N o t s

h o s t o N r e d n i t e B e t i n d e r N o t

ö h o s t o N r e d n i t e B e t i n d e r N o

r ö h o s t o N r e d n i t e B e t i n d e r N

t r ö h o s t o N r e d n i t e B e t i n d e r

d t r ö h o s t o N r e d u i t e B e t i n d e

i d t r ö h o s t o N r e d n i t e B e t i n d

c i d t r ö h o s t o N r e d n i t e B e t i n

h c i d t r ö h o s t o N r e d n i t e B e t i

G h c i d t r ö h o s t o N r e d n i t e B e t

o G h c i d t r ö h o s t o N r e d n i t e B e

t o G h c i d t r ö h o s t o N r e d n i t e B

Abends-Andacht.

1.

DEr Sonnen-Untergang deß Himmels Abend-Roth /
Das schwartze Kleid der Nacht der Schlaff der halbe Tod;
Entkleidung Můdigkeit und Hoffnung auffzustehen /
Diß alles reitzet mich / O Gott vor dich zu gehen.

2.

Die Sonne geht: nicht du! O meiner Seelen-Licht /
O Wårm! O Lebens-Trieb! O Freud! entweiche nicht.
Laß deines Sohnes Sonn' am Himmel meiner Erde /
Daß seines Lebens-Tag in mir nie dunckel werde!

3.

Der Seelen-Abend-Roth das Bild der Heucheley /
Da zwar viel bunter Schein / und sonst doch nichts dabey /
Als Nacht und Finsternis der Straffen wie der Sůnden;
Das laß / O Heuchler-Feind / sich doch in mir nicht finden.

4.

Die Nacht / der Hőllen-Art / deß Satans Herschens-Zeit /
Der Tråum' und Larven-Spiel; das Bild der Traurigkeit /
Der Sůnden Conterfet / die Blindheit im Gemůthe /
Treib ferne von mir weg durch steten Tag der Gůte.

5.

Und bleibt gleich noch in uns der alte Seelen-Schlaf /
Der durch der Schlangen Gifft in Adam uns betraff:
So laß das Lebens-Wort doch mich stets auferwecken /
Wenn andre mit der Welt noch immer Mohn-Safft lecken.

6.

Den bunten Rock der Welt; deß alten Adams Schuh /
Deß Fleisches Camisol als unbequem zur Ruh /
Die hab ich abgelegt / die laß ich auch mit Freuden
Und Christi Grabe-Tuch soll mich zu Bette kleiden.

7.

Auch fůhlt die Seele zwar deß Leibes-Műdigkeit
In ihrem Wette-Lauff' und langem Christen-Streit /
Und sehnt durch Christum sich nach ihres Tages Ende /
Doch gibt sie sich und diß allein in deine Hånde.

8.

Ist dieses denn fűr sie der Erden letzte Nacht
So hat sie ja genug in Nåchten zugebracht /
In Faulheit / Traum und Schlaff': und hofft die Ertz-Trompete
Der dort versproch'nen Zeit und jene Morgen-Rőthe.

9.

Diß ist mein Andachts-Feur / mein Hertz ist dein Altar /
Ich bin das Opffer selbst / hier brenn ich gantz und gar:
Wenn Sonn' / und Abendroth / Nacht / Schlaff / Kleid / Glied / vergehen /
So laß mein feurig Hertz dort wie die Sonne stehen.

Grab Martin Opitzens /
des Schlesiens Homerus.

ES ligt in diser Grufft Apollo selbst versenket
Des Teutschen Helicons / der Schlesien getraͤnket
Mit seinem guͤldnem Mund / und wi ein grosses Meer
Sich in gantz Teutschland hat ergossen hin und her.

Grab Andreas Gryphens /
des Teutschen Sophocles.

MEin Lob und Nahme wird erklingen weit und breit /
So lang' in disem Rund noch herscht die Eitelkeit:
Ich bin dem Opitz gleich / mein Kil hat all' ergetzet /
Mir hat den Lorber-Krantz di Pallas aufgesaͤtzet.

Grab Friedrichs von Logau /
des Schlesischen Martialens.

ICh bin aus derer Schaar / di von der Wigen an
Mit aller Weißheit sich zuziren Fleiß gethan:
Drum gab der Musen-Printz mir solche Himmels-Gaben /
So kaum di Meisten halb / ja kaum nur eintzeln haben.

Auf Nacht / Dunst / Schlacht / Frost / Wind /
Folgt Tag / Glantz / Blutt / Schnee / Still /
Auf Leid / Pein / Schmach / Angst / Krig / Ach /
Will Freud / Zir / Ehr / Trost / Sig / Rath /
Der Mond / Glunst / Rauch / Gems / Fisch / Gold /
Libt Schein / Stroh / Dampf / Berg / Flutt /
Der Schütz / Mensch / Fleiß / Müh / Kunst /
Suchts Zil / Schlaff / Preiß / Lob / Gunst / Zank /
Was Gutt / stark / schwer / recht / lang / groß / weiß /
Pflegt Böß / schwach / leicht / krum / breit / klein /
Auch Mutt / lib / klug / Witz / Geist / Seel /
Wo Furcht / Haß / Trug / Wein / Fleisch / Leib /
Alles wechselt ; alles libet ; alles
Wer nur disem nach wird-denken / muß

See/ Hitz/ Süd / Ost / West / Nord / Sonn / Feur
und Plagen/
Land/ Blitz/ Wärmd/Hitz/Lust/Kält/Licht/ Brand/
und Noth:
Kreutz / Streit / Hohn / Schmertz / Qual / Tükk/
Schimpff/ als Spott/
Nutz/ Frid / Lohn / Schertz / Ruh / Glükk / Glimpf/
stets tagen.
Perl/ Baum/ Flamm/Storch/Frosch/Lam̃/Ochs/
und Magen
Glutt/Schaum/Frucht/Asch/ Dach/ Teich/ Feld/
Wiß / und Brod:
Spil / Schiff/ Mund/ Printz/ Rach/ Sorg/ Geitz/
Treu / und GOtt /
Port/ Kuß / Thron / Mord / Sarg / Geld / Hold /
Danksagen
eins / ja / Lufft / Feur / hoch/ weit genennt/

schwartz / drei / Nein / Erd / Flutt / tiff/ nah/.
zumeiden/
Freund/Lust/ Zir / Ruhm/ Frid/ Schertz/ Lob
muß scheiden/
Feind / Weh/ Schmach/ Angst/ Streit/ Schmertz/.
Hohn schon rennt
scheinet was zu hassen:
di Menschen Weißheit fassen.

Uber den Thrånen-wůrdigen Tod des Sohnes Gottes / JEsus.
ΑΛΗΘΩΣ ΘΕΟΥ ΥΙΟΣ ΗΝ ΟΥΤΟΣ

Reiß Erde! reiß entzwei! der Printzen printz erblaßt!
Der uns erschaffen hat / ist gantz zerritzt mit streichen!
GOtt / welcher ewig ist / wird nun zu einer Leichen!
Es kleidet Purpur an des Leibes Alabast!
Den nichts umschlůssen mag / den hat ein Holtz umfaßt!
Der Berg und Hůgel wigt / der wil am Kreutz erbleichen!
Dem Erd und Himmel weicht / der wil dem Kreiß entweichen!
Des Vaters Lust / GOtt selbst wird Salem eine Last.
Di Sonne fleucht vor uns! der Erden-Marmor zittert!
Di Himmels-Burg erstart! di Felsen stehn zersplittert!
Di Nacht verjagt den Tag! di Lufft zůrnt ob der Welt!
Der Schwefel-gelbe Blitz entstekket si mit Flammen!
Daß der am Kreutze hångt / der disen Rund erhålt /
Zeigt Sonn / Erd / Himmel / Felß / Nacht / Lufft und Blitz zusammen!

Der 15. Gesang /
Triumffunfzig betittelt ůber das herrliche Reich
des 7. Jahrtausends / gesungen den
18. (28.) Sept. 1677.

1.

TRiumf! Mein Jesus hat! Triumf! sein Reich bekommen!
Triumf! das Paradis! Triumf! ist eingenommen!
Triumf! drum singt mein Geist! Triumf! mit hohem schall!
Triumf! verbleibet nun! Triumf mein widerhall!

2.

Triumf! wir sehen schon! Triumf! di Heilgen eilen!
Triumf! di Braut des Lamms! Triumf! beginnt zu pfeilen!
Triumf! in voller Lib! Triumf! in voller Pracht!
Triumf! weil Jesus si! Triumf! so herrlich macht!

3.

Triumf! Ein Feur entzündt! Triumf! mir Leib und Glider!
Triumf! Ich stimme an! Triumf! die Hochzeitlieder!
Triumf! zu ehren Gott! Triumf! und Gottes Sohn!
Triumf! dem Heilgen Geist! Triumf! im Himmels Thron!

4.

Triumf! di Engel sind! Triumf! im triumffiren!
Triumf! weil widerbracht! Triumf! mit grössern ziren!
Triumf! dem Jesuel! Triumf! der Königstuhl!
Triumf! und Lucifer! Triumf! im Schwefelpfuhl.

5.

Triumf! das heilge Licht! Triumf! hat sich belichtet!
Triumf! di heilge Stadt! Triumf ist angerichtet!
Triumf! Gott wird gesehn! Triumf! zu unser Sonn!
Triumf! wir sind verfüllt! Triumf! und lauter wonn!

6.

Triumf! der Erdkristall! Triumf! trägt heilge Früchte!
Triumf! unsehbar sind! Triumf! di Lichtsgesichte!
Triumf! O Freudenfreud! Triumf! so gar behend!
Triumf! Triumf! Triumf! Triumf! der sonder

E N D.

Des 117. Kühlpsalmes
I. HAUPTSCHLUS.

Als er seine 21 kleine Reisen aus dem Amsterdamschen gebite, im fünfftem mahle, inner 16 Monden mit den 31 Aug. und 7 Septemb. 1685. vollendet, nach 7 mahl 7 Monden 7 tagen des Fatalschlusses, und den 8 September der befehl zur 15 Reise nach Paris vorgefallen war; gesungen zu Amsterdam den 10 Sept. 1685. gleich 16 Monden nach seinem abfahren mit dem Passagierboot von Gravesand nach dem Bril.

1. Herr Jesu Christ! Ich glaube an dein Wort,
Das du verhischst, eh du von Uns geschiden;
Ich glaub an dich und fodre deine Werke
Di du auf Erden thatst, das ich si gleichfals thu!
Ich glaube fest und bitte mehr,
Das ich nun thu di Werke, di noch grœsser!
Dein Vater werde recht in seinem Sohn geehrt,
Darzu er dich gesand, das wir durch dich ihn kanten!
Drum bitte ich von dir das allergrœst,
Das du zubitten mir, eh ich war, anbefohlen.

2. Ich libe dich, mein Heiland, unergründt,
Und wil dein wort nach deinem worte halten!
Dein Vater ward durch dich aufs neu mein Vater,
Das seine libe mich gantz unaussprechlich zeucht!
Weil ihr in mir zum Wunder kommt,
Wi solt ich nicht den Erdkreis überwinden?
Drum foder ich di macht, di du vom Vater hast,
Das ich di Heiden weid mit deiner eisern Rutte!
Drum bitte ich selbst um den *Morgenstern*,
Den Lucifer verlohr am *Jesuelschem Morgen!*

3. *Es ist geschehn, was du geordnet hast,*
Du A und Z, du Anfang und du Ende!
Lass schœpffen mich auf ewig lebend Wasser
Aus deinem Wundenfünff mit *nichts* durch dein Verdinst!
Du überwandst und überwindst,
Was du in mir auf ewig wilst ererben!
Du bist mein Herr und Gott, und ich dein neuer Sohn,
Den du so wundertheur mit deinem blutt erlœset!
Mein Herr und Gott! Dein Knechtchen sinkt zu fus,
Und gibt dir seine Kron mit einem ewig geben.

II. HAUPTSCHLUS DES HAUPTSCHLUSSES,

Nachdem 49 Monden alles an ihme selbsten erfüllet vom 31 Iul. 1681 bis an 31 Aug. 1685. in dem 49 monatlichem Kotterischem Friderichswunder und er nun mit dem Sonnenengel den sententz über alle Kaiser, Kœnige und Fürsten der 70 Nationen aussprach zu Amsterdam den 11 Sept, 1685.

Kommt, *Sibzig*, kommt! Kommt auf *das Babel* zu!
Di grosse Stund zum Abendmahl ist kommen!
Fall, *Oesterreich*, mit deinen zehn Gestalten!
Gott gibet *meinem zehn* auf ewig *Cæsars Sonn!*
Fall, *Türkscher Mond!* Fall, *ider Stern!*
Gott gibt mir euch zum ewigem besitze!
Fresst, *Sibtzig Vœlker*, fresst nun *eure Kœnige!*
Gott gibt euch alle mir zum Jesu Kühlmannsthume!
Ost, West, Nord, Sud ist mein zwœlfeines Reich!
Auf, Kaiser, Kœnige! Gebt her Kron, hutt und Zepter!

Clorinda bejamert
die abschewliche Finsternuß
Ihres Hertzens /
in welcher sie / dem Gnaden Gottes
beraubt / so lange Zeit gesteckt.

Deus meus illumina tenebras meas.
Psal. 17. v. 29.
O GOtt / erleuchte meine Finsternuß!

1.

FEindliche / trutzige /
Russige / schmutzige /
Håßliche Nacht /
Welche den Raisenden /
Weit herumb kraisenden
Herren / und Knechten /
Edlen / und schlechten
Grosse Forcht macht /
Ja unversehens gar
Stůrtzt in deß Todts Gefahr.

2.

Falsche / verdåchtliche /
Schwartze / verächtliche /
Schelmische Nacht /
Welche die fallende /
Kath-herumb wallende /
Gåntzlich entweegte /
Gfåhrlich versteegte
Menschen außlacht:
Die an Mitleydens-Statt
Nur Frewd an Unglůck hat.

3.

Grausame / grewliche /
Förchtlich-abschewliche /
Diebische Nacht /
Welche den Muthigen /
Menschen-mord-bluthigen
Mörder- und Raubern /
Hexen / und Zaubern
Sicherheit macht /
Und gibt zu böser That
Selbst Ihnen Hilff / und Rath.

4.

Reinigkeit-hassende /
Unschuld verlassende /
Schandliche Nacht /
Welche den stinckenden /
Tugend-versinckenden
Venus-Gesellen /
Wo sie nur wöllen /
Underschlauff macht:
Verhůllt die gaile Böck'
Mit ihrer schwartzen Deck.

5.

Neidige / hässige /
Henckers-Hand-mässige /
Bubische Nacht /
Welche der Wälderen /
Wisen / und Felderen /
Gärten / und Awen
Schönes Anschawen
Frewdenloß macht:
So gar das schönste Gold
Entfärbt die Liechts-Unhold.

6.

Grimmige / leydige /
Freche / meineidige /
   Gifftige Nacht /
Welche die ruchtbare /
Sonsten gar fruchtbare /
   Aecker / und Matten
   Under dem Schatten
      Frůchtenloß macht:
Dahero Ihr dann seynd
Vil Lånder Spinnen-feind.

7.

Tågliche / schmertzliche /
Můndliche / hertzliche
   Klagen man hőrt /
Wie sie die pråchtige /
Weite / großmåchtige
   Nilische* Haiden /
   Saaten / und Waiden
      Grausamb verstőrt /
Das Land so schwartz bedeckt /
Daß Leuth und Vich verreckt.

8.

Sehet die nåchtige /
Immer Schattåchtige
   Finnen doch an /
Wie sie mit důnsteren /
Dicken / und finsteren
   Nebel / und Důfften /

* Aegyptische.

Schatten / und Lüfften
Seynd eingethan:
Die Sonne sehen sie
Auch etlich Monat nie.

9.

Trewloß-unärtige /
Böse leichtfertige
Schröckliche Nacht /
Welche die brennende
Feld-herumb-rennende
Schwürmische Geister
Völlige Meister
Ihres Reichs macht /
Und reitzt / so vil sie kan /
Sie zu der Boßheit an.

10.

Under der Feindlichen /
Dürmisch-unfreundlichen
Nächtlichen Schaar /
Aerger / gefährlicher /
Böser / beschwerlicher /
Schädlicher / Schlimmer /
Schwärtzer / und timmer
Keine doch war' /
Als die / so ich stock-blind
An meiner Seel empfind'.

11.

Alle Maeotische /
Wendisch- und Gottische[(a)]
Nächte seynd nur

(a) Mittnächtige Länder.

Eine noch glaͤntzende /
Morgen-angraͤntzende /
  Lieblich-bemahlte /
  Sonnen-bestrahlte
    Schatten-Figur /(b)
Gegen der schwartzen Nacht
So mir die Suͤnd gebracht.

12.

Dise verhinderet /
Schwaͤchet / und minderet
  Allen den Schein /
Welcher / zum anderen
Leben zu wanderen
  Wider die Faͤlle
  Solte ein' helle
    Fackel mir seyn:
Macht / daß in Finsternuß
Ich immer leben muß.

13.

Alle Gott-zeigende /
Tugend-zuneigende
  Strahlen seynd hin /
Weil ich in allerhand /
(Leyder nicht ohne Schand!)
  Bubische Thaten
  Willig gerathen
    Jederzeit bin
So / daß der Tugend-Glantz
In mir verfinstert gantz.

(b) Ob schon der Schatten nicht kan bestrahlt seyn / so ist doch zwischen Tag und Nacht kein so tunckler Schatten / als zu Mitternacht.

14.

Dise Heil-fluͤchtige
Eitelkeit-suͤchtige /
Schaͤdliche Nacht /
Haben die sinnliche /
Eilens-zerrinnliche /
Eitele / schnoͤde /
Himmels-Trost oͤde
Frewden gemacht:
Der schnoͤde Frewd-Genuß
Bringt nichts / als Finsternuß.

15.

Dise betriegende
Frewden-vorliegende
Schmeichlende Nacht /
Eh' ich ihr Thun erkennt /
Hatte mich so verblendt /
Daß ich nachmahlen
Alle Liecht-Strahlen
Voͤllig veracht /
Und mit dem Welt-Gesind
Zu Guttem worden blind.

16.

Dise Nacht schwaͤchet mich /
Dise Nacht macht / daß ich
Vollens verderb' /
Massen der Gnaden-Schein
Nimmer kan tringen ein
So / daß ich endlich
Flammen-erkaͤndtlich
Tugendloß sterb':
Wo keine Sonn auffgeht /
Der Baum unfruchtbar steht.

17.

Dise verteufflete /
Gnaden-verzweyfflete /
Hoͤllische Nacht /
Dannoch den Suͤnderen
Boͤsen Welt-Kinderen
Wegen deß Sterbens /
Seelen-verderbens
Wenig Forcht macht:
Sie foͤrchten nur das Licht /
Die Finsternuß gar nicht.

18.

Leider diß Eulen-blind
Schwuͤrmische Nacht-gesind
Bildet sich ein /
Under den lebenden
Welt-herumb-schwebenden
Erden-Geschoͤpffen /
Sehenden Koͤpffen
Kluegste zu sein:
Vermeinen allezeit
Zu seyn von Blindheit weit.

19.

Dises seynd aber die
Schlimste Naͤcht' / welche nie
Werden erkaͤnnt /
Koͤnnen vom Gnaden-Licht
Werden vertriben nicht /
Sonder nur immer
Aerger / und schlimmer
Leyder verblendt!
Sie fliehen allen Schein /
Drumb geht das Liecht nicht ein.

20.

Eya dann glaͤntzendes /
Glori-bekraͤntzendes /
Goͤttliches Licht /
Laß' mich in naͤchtlichen /
Also veraͤchtlichen /
Schatten der Suͤnden /
Ohne Gnad-finden
Sterben doch nicht:
Vertreibe mir die Nacht /
Die mich stock-blind gemacht.

SIMON RETTENPACHER

Christi Reich und Geburt.

1.

LObet ihr Meer die streitbare Helden /
Preiset Chaldeer Semiramis Macht /
Lasset die Roͤmer von Juliern melden /
Ruͤhmen die Griechen ihrn fluͤchtigen Pracht.
Es hat kaum angfangen /
Ist Schnelle vergangen
Die nichtige Cron.
Dann wie soll bestehen /
Nicht stuͤndlich vergehen
Gleich wie die Rosen ein sterblicher Thron?

2.

Ich will mein Gmuͤte was hoͤher erschwingen /
Und mich verfuͤgen zu groͤsserem Gwalt:
Wie wol von einigem Kinde nur singen /
Dessen doch Herrlichkeit niemals veralt.

Die Zeiten verfliessen
Fluͤß sich in's Meer giessen /
Alls suchet sein Grab:
Diß Kind gebunden
In Faͤschen gewunden
Niemand wird stuͤrtzen vom Himmel herab.

3.

Das kein Anfang / auch kein Ende nicht schliesset:
Ehe Sonn und Mond und die funcklente Stern
Leuchteten / war es schon Koͤnig gegruͤsset:
Dises Reich laͤnger als die Welt wird waͤhren.
Vor Flutten und Wellen /
Vor Brunnen und Quellen
Auß ewiger Schoß
Deß Vattern gebohren /
Von selbem erkohren /
Itzt zu uns kommet gantz nackend und bloß.

4.

Sechet die Mutter mit Windeln es decket /
Weinet vor Freud und Hertz tringenter Lieb:
Himmlische Schaare die Hirten auffwecket:
Eilet und lauffet / es keiner verschieb /
Das Kinde zu kuͤssen /
Daß euch will versuͤssen
Das bittere Leid;
Und sich auch verpfaͤnden
Daß Boͤse zuwenden /
Allen zuschencken die ewige Freud.

5.

Schimernde Sterne von Auffgang der Sonne
Fuͤhret die Weisen in's Juͤdische Land:
Embsig sie suchen der Sterblichen Wonne /
Opfferen ihme mit williger Hand

Gold Weyrauch und Myrren /
Wie's wolte gebůhren
Eim Kőnig und GOtt
Eim Menschen und HErrn
Der solte vermehren
Englische Zahl / uns erretten vom Todt.

6.

Himmel und Erde den Schőpffer erkennet
Heut an sich nemmen deß Knechte Gestalt /
Gleichwol vom Vattern mit nichtem zertrennet /
Willens zustůrtzen der Schlangen Gewalt.
Die Juden nicht glauben /
Gleich Stummen und Tauben:
Vom Eyffer verblendt.
Den wollen sie bochen /
Der ware versprochen.
GOtt sich deßwegen von ihnen gewendt.

7.

Last uns vor Freude nun jauchzen und singen /
GOtt mit uns: Wer kan zuwider uns seyn?
Auch wie David vor der Lade herspringen,
Lache wer wolle: wir dringen uns ein
Die Fůsse zu kůssen
Die Laster zu bůssen
Vorm Himmlischen Kind.
Ein jeder sich freue.
Doch hertzlich bereue
Schwåres Verbrechen / und flieche die Sůnd.

[*Über die Anfangsworte des 63. Psalms*]

GOTT / du bist mein GOTT.
bistu mein GOtt?
Gott du bist mein.
Du GOtt bist mein.
mein GOTT bist DU.

DU GOtt bist mein GOtt.
mein GOtt / bist GOtt.
bist mein GOtt / GOtt.
GOtt / GOtt bist mein.
GOtt mein GOtt BIST.

BIST du GOtt mein GOtt?
mein GOtt / du GOtt.
du mein GOtt / GOtt?
GOtt / du mein Gott.
du GOtt / GOtt MEIN?

MEIN Gott / bistu Gott?
Gott du bist / Gott.
bistu GOtt / GOTT.
Gott / Gott bistu.
Gott / du Gott bist.

GOTT / Gott bistu mein?
mein Gott du bist.
bistu / GOtt / mein?
Gott / du mein bist.
Gott / mein bistu.

AMEN.

JOHANN GROB

An den Leser.

VErwundre dich ja nicht / daß was ich hier geschrieben /
Nicht zart ist / sondern hart / und gleichsam ungerieben /
Des namen eigenschaft liegt meinem dichten ob /
Es bleibet wol darbei / ich heiß / und schreibe grob.

An einen Deutschen Dichtgesezgeber.

DU lehrest / wie man sol kunstrechte reimen schreiben /
Und wilt den dichtergeist in enge schranken treiben:
Allein ich gebe nicht so bald die freiheit hin /
Weil ich von muht' und blut' ein freier Schweizer bin.

Geringheit des armen Adels.

WAs ein baum ist ohne laub / was ein kirchturn ohne gloken /
Was ein keller ohne wein / eine supe sonder broken:
Was ein schiff ist ohne segel / was ein anker ohne grund:
Was ein Schuͤze sonder pulver / und ein Jaͤger ohne hund:
Was ein Weber ohne garn / was ein Schlosser sonder eisen /
Was ein Beker ohne maͤhl / und ein Garkoch ohne speisen:
Was ein Fuhrmann ohne wagen / und ein Bauer ohne feld:
Diß / und zehen mahl noch minder / ist der Adel ohne geld.

Auff die Zeitung-Schreiber / die ihre Zeitungen mit den Lufft-Gesichtern anfůllen.

MAn holt die Zeitung ůber Meer /
Von allen Orten / Ecken her.
Man bringet alles an das Licht /
Es decke noch so tieffe Grufft /
Und hat mans von dem Lande nicht:
So greifft mans endlich auß der Lufft.

Auff Marculum.

MArculus der Verse-Hencker /
Pritzschemeister / Reimenschrencker /
Marculus der Musen Hohn
Und der Tichter Huren-Sohn /
Mißt sein liederlich Getichte
Nicht nach Wůrden und Gewichte /
Sondern nach der Fůsse Zahl
Die er doch pflegt allemahl /
Mit Gewalt herbey zu holen /
Meinet denn sie seyn sehr schőn /
Da sie doch theils barfuß gehn /
Oder auff geflickten Solen.

Auff den Palm-Baum.

DEr Palm-Baum steigt empor / ob ihn die Last schon drůkket;
So wird ein Tugend-Herz durch keinen Fall zerstůkket /
wenn der Begierden Lust / und aller Laster Last
auff solches Herze stoßt / und es mit Macht umfaßt /
so schwingt es sich dennoch aus allem Schand-Getůmmel /
und aus dem Laster-Dunst hinauff zum Sternen-Himmel.

An die Soldaten.

SA! tapfere Schaar
komm stelle dich dar;
laß rasseln und prasseln die langen Mußqueten /
laß glizen und blizen die schnellen Raqueten /
erfůlle die Lufft
indem ein jeder VIVAT! rufft.
Laß glimmen den Dunst /
laß flammen die Brunst /
laß rauchen und schmauchen die feurige Ballen
laß summen und brummen das grimmige Knallen /
daß alles erkracht
vom Donner / den die Kunst gemacht.
Geht hurtig ins Feld /
es ruffet der Held /
es schallen / erhallen die scharffen Trompeten /
es schreyen Schalmeyen / es klingen die Flōten
Sa! ůbet die Rach
wůrgt eurem *Grossen Fůhrer nach.*

Die verkehrte Schoͤne.

1.

O schoͤnstes Bild der Schoͤnen /
du Wunder der Camoͤnen /
du bist von allen Seiten
erfuͤllt mit Treflichkeiten.

2.

Das Gold der Krausen Lokken
ist gleich dem Flachs am Rokken /
die Stirn ist schoͤn zerspalten /
von mehr den hundert Falten.

3.

Die Purpur-Augen funkeln
wie Maͤußchen-Feur im dunkeln;
Man sieht auf deinen Wangen
Wachs-gelbe Quitten prangen.

4.

Dein krummes Nahschen stuzet /
und selbst dem Adler truzet /
dein Kinnchen gleicht dem Schnabel /
der Halß dem Thurn zu Babel.

5.

Lasur sind deine Lippen /
die / wie die Wellen wippen;
Die Zaͤhnchen sind zu preisen /
die Gold aus Ophir weisen.

6.

Du bist fast gleich zu schauen /
an Füß' und Stimm / den Pfauen /
bist / gleich in deinem Schwäzen /
dem Papagoy zu schäzen.

7.

Die Brust ist auffgelauffen
von zweenen Maulwurfs-Hauffen /
die Farb' an deinen Händen
gleicht schwarz beschmuzten Wänden.

8.

Alecto muß dir weichen
an Gunst- und Liebes-Zeichen;
Nicht ich / nur Mobs / dein Leben /
kan dich / wie recht erheben.

ALBRECHT CHRISTIAN ROTTH
[*An eine Braut*]

Die stille Blödigkeit / narratio.
So Purpur dir auf deine Wangen strich /
Hat / Engel / nun gefangen mich /
Und meiner Freyheit mich befreyt.
Der Augen Demuth / so die Füsse
Nicht aus dem Ziele schreiten liesse /
Hat mir zugleich den Strick gelegt /
Den nun mein Halß mit Willen trägt.

Es hat nicht falbes Gold — Rat. 1.
Noch eitler Glantz der Ehre mich bethört;
Mich hat kein Silber-Strahl versehrt /
Als ich zu Netze dir gewolt.
Drüm wirstu dem gefangnem Wilde — Propositio.
Gewogen (hoff ich) seyn und milde /
Weil es sich selbst ins Garn verfügt
Und willig dir zu Fusse liegt.

Gib deinen weichen Arm — explicatio prop. per synon.
(Sol anders ich / mein Kind / gefangen seyn)
Zum Fessel her doch ohne Pein;
Mich binde deiner Küsse Schwarm /
So werden alle solche Bande — Ratio expl.
Mir Seiden-Polster seyn zu Lande
Und auf der See ein festes Boot /
Ein Labsal bey viel tausend Noth.

Kein Jäger-Recht gebeut — Ratio 2
(So viel man nur davon in Schrifften liest)
Ein Wild / nachdems gefangen ist /
Zu würgen sonder Unterscheid.
Man lässet theils derselben zähmen
Und mit zum Spiele nehmen.
Was wird denn meiner Fessel Schrein
Bey dir nun sonst als Spiel-Werck seyn?

EUCHARIUS GOTTLIEB RINCK

Uber Herrn v. Hoffmannswaldau Gedichte.

WEnn ich gestorben bin / so merckt den letzten willen /
Scharrt mich / wie ihr mich findt / in Hofmanns schrifften ein /
Denn dadurch werdet ihr den eintzgen wunsch erfüllen:
Ich werde aufferweckt und nicht begraben seyn.
Vielleicht wirds ziemlich lang / biß jener tag erscheinet /
So bleibt mir dieses buch der beste zeitvertreib /
Der wird mir unrecht thun / der meinen tod beweinet.
Wisst: Hoffmanns hoher geist beseelt den kalten leib.

CHRISTIAN HOFFMANN VON HOFFMANNSWALDAU

Sonnet.

Vergånglichkeit der schönheit.

ES wird der bleiche tod mit seiner kalten hand
Dir endlich mit der zeit umb deine brüste streichen /
Der liebliche corall der lippen wird verbleichen;
Der schultern warmer schnee wird werden kalter sand /
Der augen süsser blitz / die kråffte deiner hand /
Für welchen solches fållt / die werden zeitlich weichen /
Das haar / das itzund kan des goldes glantz erreichen /
Tilgt endlich tag und jahr als ein gemeines band.
Der wohlgesetzte fuß / die lieblichen gebärden /
Die werden theils zu staub / theils nichts und nichtig werden /
Denn opfert keiner mehr der gottheit deiner pracht.
Diß und noch mehr als diß muß endlich untergehen /
Dein hertze kan allein zu aller zeit bestehen /
Dieweil es die natur aus diamant gemacht.

1.

ALbanie / gebrauche deiner zeit /
Und laß den liebes-luͤsten freyen zuͤgel /
Wenn uns der schnee der jahre hat beschneyt /
So schmeckt kein kuß / der liebe wahres siegel /
Im gruͤnen may gruͤnt nur der bunte klee.
Albanie.

2.

Albanie / der schoͤnen augen licht /
Der leib / und was auff den beliebten wangen /
Ist nicht vor dich / vor uns nur zugericht /
Die aͤpffel / so auff deinen bruͤsten prangen /
Sind unsre lust / und suͤsse anmuths-see.
Albanie.

3.

Albanie / was quaͤlen wir uns viel /
Und zuͤchtigen die nieren und die lenden?
Nur frisch gewagt das angenehme spiel /
Iedwedes glied ist ja gemacht zum wenden /
Und wendet doch die sonn sich in die hoͤh.
Albanie.

4.

Albanie / soll denn dein warmer schooß
So oͤd und wuͤst / und unbebauet liegen?
Im paradieß da gieng man nackt und bloß /
Und durffte frey die liebes-aͤcker pfluͤgen /
Welch menschen-satz macht uns diß neue weh?
Albanie.

5.

Albanie / wer kan die sůßigkeit
Der zwey vermischten geister recht entdecken?
Wenn lieb und lust ein essen uns bereit /
Das wiederholt am besten pflegt zu schmecken /
Wůnscht nicht ein hertz / daß es dabey vergeh?
Albanie.

6.

Albanie / weil noch der wollust-thau
Die glieder netzt / und das geblůte springet /
So laß doch zu / daß auff der Venus-au
Ein brůnstger geist dir kniend opffer bringet /
Daß er vor dir in voller Andacht steh.
Albanie.

WO sind die stunden
Der sůssen zeit /
Da ich zu erst empfunden /
Wie deine lieblichkeit
Mich dir verbunden?
Sie sind verrauscht / es bleibet doch dabey /
Daß alle lust vergånglich sey.

Das reine schertzen /
So mich ergetzt /
Und in dem tieffen hertzen
Sein merckmahl eingesetzt /
Låst mich in schmertzen /
Du hast mir mehr als deutlich kund gethan /
Daß freundlichkeit nicht anckern kan.

Das angedencken
Der zucker-lust /
Will mich in angst versencken.
Es will verdammte kost
Uns zeitlich kraͤncken /
Was man geschmeckt / und nicht mehr schmecken soll /
Ist freuden-leer und jammer-voll.

Empfangne kuͤsse /
Ambrirter safft /
Verbleibt nicht lange suͤsse /
Und kommt von aller krafft;
Verrauschte fluͤsse
Erquicken nicht. Was unsern geist erfreut /
Entspringt aus gegenwaͤrtigkeit.

Ich schwamm in freude /
Der liebe hand
Spann mir ein kleid von seide /
Das blat hat sich gewand /
Ich geh' im leide /
Ich wein' itzund / daß lieb und sonnenschein
Stets voller angst und wolcken seyn.

Auff den mund.

MUnd! der die seelen kan durch lust zusammen hetzen /
Mund! der viel süsser ist als starcker himmels-wein /
Mund! der du alikant des lebens schenckest ein /
Mund! den ich vorziehn muß der Inden reichen schätzen /
Mund! dessen balsam uns kan stärcken und verletzen /
Mund! der vergnügter blüht / als aller rosen schein.
Mund! welchem kein rubin kan gleich und ähnlich seyn.
Mund! den die Gratien mit ihren quellen netzen;
Mund! Ach corallen-mund / mein eintziges ergetzen!
Mund! laß mich einen kuß auff deinen purpur setzen.

Auff ihre schultern.

ISt dieses schnee? nein / nein / schnee kan nicht flammen führen.
  Ist dieses helffenbein? bein weiß nicht weis zu seyn.
  Ist hier ein glatter schwan? mehr als der schwanen schein /
Ist weiche woll allhier? wie kan sich wolle rühren?
Ist alabaster hie? er wächst nicht bey saphiren /
  Ist hier ein liljen-feld? der acker ist zu rein.
  Was bist du endlich doch? weil schnee und helffenbein /
Weil alabaster / schwan / und liljen sich verlieren.
  Du schaust nun / Lesbie / wie mein geringer mund
Vor deine schultern weiß kein rechtes wort zu finden /
Doch daß ich nicht zu sehr darf häufen meine sünden /
  So macht ein kurtzer reim dir mein gemüthe kund:
Muß Atlas und sein hals sich vor dem himmel biegen /
So müssen götter nur auf deinen schultern liegen.

Sonnet.
Beschreibung vollkommener schönheit.

EIn haar so kühnlich trotz der Berenice spricht /
Ein mund / der rosen führt und perlen in sich heget /
Ein zünglein / so ein gifft vor tausend hertzen träget /
Zwo brüste / wo rubin durch alabaster bricht /
Ein hals / der schwanen-schnee weit weit zurücke sticht /
Zwey wangen / wo die pracht der Flora sich beweget /
Ein blick / der blitze führt und männer niederleget /
Zwey armen / derer krafft offt leuen hingericht /
Ein hertz / aus welchem nichts als mein verderben quillet /
Ein wort / so himmlisch ist / und mich verdammen kan /
Zwey hände / derer grimm mich in den bann gethan /
Und durch ein süsses gifft die seele selbst umhüllet /
Ein zierrath / wie es scheint / im paradieß gemacht /
Hat mich um meinen witz und meine freyheit bracht.

An Lauretten.

LAurette bleibstu ewig stein?
Soll forthin unverknüpffet seyn
Dein englisch-seyn und dein erbarmen?
Komm / komm und öffne deinen schooß
Und laß uns beyde nackt und bloß
Umgeben seyn mit geist und armen.

Laß mich auff deiner schwanen-brust
Die offt-versagte liebes-lust
Hier zwischen furcht und scham geniessen.
Und laß mich tausend tausendmahl /
Nach deiner güldnen haare zahl /
Die geister-reichen lippen küssen.

Laß mich den ausbund deiner pracht /
Der sammt und rosen nichtig macht /
Mit meiner schlechten haut bedecken;
Und wenn du deine lenden rührst /
Und deinen schooß gen himmel führst /
Sich zucker-süsse lust erwecken.

Und solte durch die heisse brunst /
Und deine hohe gegen-gunst
Mir auch die seele gleich entfliessen.
So ist dein zarter leib die bahr /
Die seele wird drey viertel jahr
Dein himmel-rundter bauch umschliessen.

Und wer alsdenn nach meiner zeit
Zu lieben dich wird seyn bereit /
Und hören wird / wie ich gestorben /
Wird sagen: Wer also verdirbt /
Und in dem zarten schoosse stirbt /
Hat einen sanfften tod erworben.

An die Phillis.

DEr und jener mag vor mir
Das gelobte land ererben;
Laß mich / Phillis / nur bey dir
Auf den hohen hügeln sterben.

Auf die bitterkeit der liebe.

DIe nacht Egyptiens / des Aetna wildes feuer /
Das wüten von der see / der wüsten ungeheuer /
Des drachen gelbes gift / der Garamanten sand /
Des neuen Zembles eyß / der höllen heisser brand /

Der Scythen haupt-gefahr / der donner-berge grausen /
Des Caucasus verdruß / des norden kaltes sausen /
Ist nur ein schattenwerck und bild derselben qual /
Damit die Venus hat gezieret ihren saal.

[Poetische Grabschriften.]
Opitzens.

Mich hat ein kleiner Ort der deutschen Welt gegeben /
Der wegen meiner wird mit Rom die Wette leben.
Ich suche nicht zu viel / ich bin genug gepriesen /
Daß ich die Venus selbst im Deutschen unterwiesen.

Des Ritters Marini.

Ich speisete die Welt mit Amber reicher Kost /
Aus meinen Reimen wuchs das Blumwerck geiler Lust.
Hab' ich die Fleischligkeit zu schlipffrig angeruͤhret /
So dencke Venus selbst hat mir die Hand gefuͤhret.

Marien Stuarten.

Mir hat Elisabeth die Freyheit weggenommen /
Ich bin durchs Henckers Hand von meinem Leben kommen.
Was der und jener klagt / ist mehrentheils erdacht.
Mich hat ein guter Kopff umb meinen Kopff gebracht.

Königin Elisabeth.

Ich habe Cron und Schwerd doch keinen Mann getragen /
Es mag mein Königreich von meinen Thaten sagen.
Die Todten reden nicht / wer hört den faulen Leib?
Ich sage nichts als diß: Hier ruht ein Englisch Weib.

Grabschrifft Henrici IV, Königs in Franckreich.

ICh bin durch schimpff und ernst zu meinem reiche kommen /
Ein unerhörter mord hat mir es weggenommen.
Was halff mich / was ich lieb? was halff / was ich gethan?
Nachdem ein messer mehr als eine messe kan.

General Wallensteins.

HIer liegt das grosse haupt / so itzt wird ausgelacht;
Viel wissen mehr von mir / als ich iemahls gedacht.
Doch wust ich / daß ein stein nicht leicht ein stern kan werden /
Ein stein / wie hoch er steigt / fällt endlich zu der erden.

Eines Lasterhafftigen.

Die Leber ist zu Wien / das Glied zu Rom geblieben /
Das Hertz in einer Schlacht / und das Gehirn im Lieben.
Doch daß der Leib nicht gantz verlohren möchte seyn /
So legte man den Rest hier unter diesen Stein.

Hie ruht das schöne Haupt / hie ruht die schöne Schoß /
Auß der die Liebligkeit mit reichen Strömen floß.
Nach dem diß zarte Weib verließ den Huren-Orden /
So sind die Engel selbst derselben Buler worden.

Auff eine Nonne.

MAn nahm mir meinen schmuck / und ließ nur fleisch und blut /
Man schnitt die haare weg / und ließ mir meine glut.
Im beten hat mir stets der glaube sehr behaget /
Weil er von aufferstehn des fleisches etwas saget.

Gedancken bey Antretung des funffzigsten Jahres.

1.

MEin Auge hat den alten Glantz verlohren /
Ich bin nicht mehr / was ich vor diesem war /
Es klinget mir fast stündlich in den Ohren:
Vergiß der Welt / und denck auf deine Baar /
Und ich empfinde nun aus meines Lebens Jahren /
Das funfftzig schwächer sind als fünff und zwantzig waren.

2.

Du hast / mein Gott / mich in des Vaters Lenden /
Als rohen Zeug / genådig angeschaut /
Und nachmahls auch in den verdeckten Wånden /
Ohn alles Licht / durch Allmacht aufgebaut /
Du hast als Steuermann und Leitstern mich geführet /
Wo man der Wellen Sturm / und Berge Schrecken spüret.

3.

Du hast den Dorn in Rosen mir verkehret /
Und Kieselstein zu Cristallin gebracht /
Dein Seegen hat den Unwerth mir verzehret /
Und Schlackenwerck zu gleichem Ertzt gemacht.
Du hast als Nulle mich den Zahlen zugesellet /
Der Welt Gepränge gilt nach dem es Gott gefället.

4.

Ich bin zuschlecht / vor dieses Danck zusagen /
Es ist zu schlecht was ich dir bringen kan.
Nim diesen doch / den du hast jung getragen
Als Adlern itzt auch in dem Alter an.
Ach! stütze Leib und Geist / und laß bey grauen Haaren /
Nicht grüne Sündenlust sich meinem Hertzen paaren.

5.

Las mich mein Ampt mit Freudigkeit verwalten /
Las Trauersucht nicht stören meine Ruh /
Las meinen Leib nicht wie das Eys erkalten
Und lege mir noch etwas Kräffte zu.
Hielff das mich Siechthum nicht zu Last und Eckel mache /
Der Morgen mich bewein / der Abend mich verlache.

6.

Las mich die Lust des Feindes nicht berücken /
Die Wermuth offt mit Zucker überlegt /
Verwirr ihn selbst in Garne seiner Tücken /
Das der Betrug nach seinem Meister schlägt.
Las mich bey guter Sach ohn alles Schrecken stehen /
Und unverdienten Haß zu meiner Lust vergehen.

7.

Verjüng in mir des schwachen Geistes Gaben /
Der ohne dich ohn alle Regung liegt /
Las mit der Zeit mich diesen Nachklang haben:
Das Eigennutz mich niemahls eingewiegt /
Daß mir des Nechsten Gutt hat keinen Neid erwecket /
Sein Ach mich nicht erreicht / sein Weinen nicht beflecket.

8.

Hielff / das mein Geist zum Himmel sich geselle /
Und ohne Seyd und Schmüncke heilig sey;
Bistu doch / Herr / der gute reine Quelle;
So mache mich von bösen Flecken frey.
Wie leichtlich läst sich doch des Menschen Auge blenden!
Du weist / wie schwach es ist / es kombt aus deinen Händen.

9.

Denn führe mich zu der erwehlten Menge /
Und in das Licht durch eine kurtze Nacht:
Ich suche nicht ein grosses Leichgepränge /
Aus Eytelkeit / und stoltzer Pracht erdacht.
Ich wil kein ander Wort um meinen Leichstein haben /
Als diß: *Der Kern ist weg / die Schalen sind vergraben.*

Verachtung der Welt.

WAs ist das grosse Nichts / so Welt und Erde heisset /
Dem der gemeine Geist zu opfern sich befleisset /
Ihm fetten Weirauch bringt und ihm sich selber schlacht?
Ein grosser Wunderball mit Eitelkeit erfüllet /
Ein Brunn aus welchem stets ein Strom der Sünden quillet /
Ein Mahler / so den Schein zu einem Grunde macht;

Ein Spiel der Sterblichen / von lauter Trauerschlůssen /
Ein Garten bey der Nacht / von vielen Judaskůssen /
Ein Felsen der uns stets das Schiff der Hoffnung bricht /
Ein Baum der iederzeit verbotne Frůchte zeiget /
Ein Lehrer / dessen Mund das beste stets verschweiget /
Ein Licht von Irrwisch und Cometen zugericht;
Ein Glaß von schőner Schrift / so Gift im Busen trǻget /
Ein immergrůnes Feld / so heisses Wolfskraut heget /
Ein Uhrwerck das oft steckt / oft zu geschwinde geht /
Ein weites Freudenmeer voll Syrten und Sirenen /
Ein alte Mutter reich an tausend bősen Sőhnen /
Ein Greiß der nicht zuweit von seinem Ende steht;
Ein wolgeputzt Spittal / durchbeitzt mit Pest und Seuchen /
Ein Zeughauß von Verdruß / Betrug und bősen Brǻuchen /
Ein falscher Urtheil-Tisch / der Tugend Laster heist /
Ein krǻftiger Magnet / der Schuld sein Eisen nennet /
Ein AEtna dessen Brust von heissen Lastern brennet /
Ein Thier so uns beweint in dem es uns zerreist;
Ein Fůhrer / der mit Lust uns in die Hőlle leitet /
Ein Mőrder / so das Gift mit Amber zubereitet /
Ein Steller / der uns pfeifft / wenn er uns fangen wil /
Ein rundter Rechentisch / der falsche Můntze leidet /
Ein Kůnstler / der uns mehr von Gott als Golde scheidet /
Ein rechter Wieder-Gott / ein falsches SinnenZiel;
Ein Spiegel ohne Grund / ein Saal von schlechtem Lichte /
Ein weißgetůnchtes Grab / ein stets verkapt Gesichte /
Ein Kercker / wo man lacht / ein goldnes Wůrgeband /
Ein Eiß / darauf man fǻllt / ein Wohnhauß voller Schrecken /
Ein Apfel voll Gewůrm / ein Zeug von tausend Flecken /
Ein goldner Distelstrauch / ein schőner Trůbesand.
Dem allen / werther Freund / ist euer Lieb' entgangen:
Sie hat durch ihren Todt zuleben angefangen.
Man freut sich / wann ein Freund den Hafen hat erreicht /
Dieweil er nun befreut von Klippen / Wind und Wellen /
Schiff / Wahren / Geist und Leib zufrieden weiß zustellen /
Wie daß ein traurig Ach durch euer Hertze streicht?

Was ihr nicht ferner schaut / das heist ja nicht verlohren /
Diß leidet nicht Verlust / was Gott ihm hat erkohren /
Und sich dem Himmel hat durch Zucht gemeß gemacht.
Was zeitlich hat gelernt das reine Werck zuüben /
So nicht nach Erde reucht / und Gottes Geister lieben /
Hat kein verfinstert Grab in sein Gebiethe bracht.
Es fleucht den Erdenkloß / es übersteigt die Sonne /
Und suchet über uns / entbunden / eine Wonne /
Die kein Verhängnüß stört / die keinen Zufall kennt /
Es schwebt in einer Lust / der keine Lust zugleichen /
Und führet einen Schein / dem auch die Sternen weichen /
Die oft ein Gegensatz von ihren Strahlen trennt.
Ist diß nun Thränen werth / was sol man Freude heissen?
Last euch den heissen Schmertz das Hertze nicht durchreissen.
Was Erd' ist / war / und wird / sol mehr als Erde seyn.
Der viel aus nichts gemacht / und Erd' in Fleisch verkehrte /
Und der es so beschloß / daß Erd' auch Fleisch verzehrte /
Führt endlich Seel und Leib verklärt in Himmel ein.
Wo ist ein schöner Trost in allen unsern Nöthen /
Als dieses starcke Wort / der Tod weiß nicht zutödten?
Die Seele schwebt bey Gott / der Leib hat seine Ruh /
Was habt ihr endlich doch vor euren Schatz zusorgen /
Der in des Höchsten Hand so sicher ligt verborgen?
Mich deucht er ruffet euch mit diesen Worten zu:
Euch drückt noch Kett' und Band / ich bin dem Joch entnommen /
Ihr wallet auf der See / ich bin in Hafen kommen:
Ihr schwebt in eitel Noth / ich bin davon befreut /
Ihr lieget in der Nacht / mir leuchten tausend Kertzen /
Ihr seuffzet in der Angst / ich denck an keine Schmertzen /
Ihr tragt den Dornenkrantz / mich krönt die Ewigkeit.

DANIEL CASPER VON LOHENSTEIN

Thränen Der Maria Magdalena zu den Füssen Unsers Erlösers.

1.

HIer lig' ich schnödes Weib zu Jesus keuschen Füssen /
Die Haut ist mir schneeweiß / die Sünden sind Blutt-roth;
Mein Leib ist eine Perl / die Seel' ist stinckend Koth;
Ich an Gestalt ein Schwan / ein Rab' in dem Gewissen /
Ich Unzucht-Schlange wil ich Sünden-Molch wil bissen /
Den Geist in Lust zu sähn / stek' ich den Leib in Noth.
Weg Zauber-Gift der Lust der Seele Gall' und Tod /
Der Andachts-Zucker sol die Lippen mir besüssen.
Der Brünste Kwäll und Thron die Augen sollen flissen
Voll Thränen / welche sind der Seele Wein und Brodt.
Mein keuscher Glaubens-Mund sol küssen Fuß und Gott /
Auf geilen Lippen läst der Teuffel sich nur küssen.

2.

Im Schönheits-Purper pflägt der Laster-Wurm zu weben;
So mag mein Sinn denn glatt / mein Antlitz runtzlicht sein /
Mein eingebisamt Haar wil ich mir äschern ein;
Bey Bisam und Geruch stinckt meistentheils das Leben.
Die Wangen-Rosen sind mit Dörnern rings umbgeben /
Die LippenNelcken sind der Wollust Sonnenschein /
Die Keuschheit bricht den Hals auf Schooß und Helffen-Bein /
An Lilgen-Brüsten woll'n die SündenWespen kleben.
Mir sol die keusche Scham auf Rosen-Wangen schweben /
Der Lippen Nelcken zihrt der Andacht heisse Pein /
Die kalte Keuschheit soll die Brunst der Schoos Beschein;
Des Bethens Athem soll der Brüste Bälg aufheben.

3.

Mein heischer Leib war vor eine Brand der Unkeuschheiten /
Itzt ist mein kalter Leib ein Hauß der Andachts-Glutt.
Der Adern warmer Brunn / das heis entbrandte Blutt
Sind itzt ein Flammen-Kwaͤll der wahren Froͤmmigkeiten.
Die Salbe die mein Haupt bebalsamte vorzeiten /
War als ein fruchtbar Thau fuͤr Venus Mirten-Glutt;
Itzt heist die Gottesfurcht die theure Narden-Flutt
Auf meines Hauptes Haupt / auf meinen Jesus leiten.
Die Staffel die mich ließ in WollustHimmel schreiten /
War mir ein Weg / wo sich die Hellenklufft aufthut.
Itzt steig ich Himmel an durch meinen sanfften Muth;
Mein hoͤchster Himmel ist bey Jesus Fuͤß’ und Seiten.

4.

Auf diesen soll den Weg mir meine Busse baͤhnen /
Die Busse die mir vor ein Dorn in Augen war;
Als mein Erkaͤntnuͤs noch nicht Reu und Leid gebahr
Der Suͤnden / derer ich mich noch kaum kan entwaͤhnen.
So hilff mir Suͤnderin / O Heiland doch von denen /
Die mich dein Ebenbild verstellen gantz und gar!
Die Seele / welche schwebt in Schiffbruch und Gefahr /
Errett und reisse sie dem Satan aus den Zaͤhnen.
Dein Tempel sey mein Hertz / mein glaͤubig Saͤufz- und Saͤhnen
Das Feuer / deine Fuͤß’ O Jesus mein Altar /
Zum Opfer bringt die Hand dir Salb’ und Balsam dar /
Das Haupt der Haare Gold / die Augen Silber-Thraͤnen.

Aus dem Marino
Donna bella e crudele. p. 2.

WIe geht es / Liebe / zu: Daß mir zu meiner Pein /
So eine zarte Brust ein felsicht Hertz zerrůtte?
Kan eine grimme Seel' ein Hǒllisches Gemůthe
In Himmlischer Gestalt versteckt beherbergt seyn?
Ein Antlitz / welches Grimm hegt unter Sonnenschein /
Gleicht einer mit Geblůhm umblaubten Tieger-Hůtte /
Ein Hertz in glatter Haut / entfernt von Hold und Gůthe /
Ist Schlang- und Rosen gleich / die Ros' und Dorn hůllt ein.

Kein Mutter-Mensch begreifft / und niemand glaubet nicht:
Daß eine Todten-Larv' in Engel-Augen stecke /
Daß holdes lachen Schmertz und Thrǎn und Ach verdecke;
Mein Urtheil aber ist: Wenn ein hold Angesicht /
In Foltern sich verkehrt / und grimme Thaten ůbet:
Daß es auch Furien im Paradiese giebet.

AUGUST ADOLPH VON HAUGWITZ

An die Abgebrandte Stadt Londen /
in Londen.

SO muß dich denn die Gluth / du grosse Stadt verzehren?
Must dann du selbst durch dich dein eigner Sieger seyn?
Die sonst kein Feind wie gros er ist / so bald nimmt ein.
Muß dann das Feuer dich gleich Trojen gantz verstǒren?
Kan dann die Themse nicht dem nahen Ubel wehren /
Die es mit dir doch sonst so trefflich gut meint? Nein.
Nein / wann der Hǒchste strafft / so brennt wohl Stahl und Stein /
So muß das Wasser sich in Feuer selbst verkehren /

So greifft es wie bey dir auch gar die Tempel an.
Doch gieb sonst niemand nicht als dich zur Ursach an.
Dann weil viel Ketzer sich in deiner Weite regen /
Daß dir auch Pest und Schwerdt noch viel zu wenig war /
So schickt dir GOTT zuletzt noch groͤssere Gefahr /
Und wil der Secten Schwarm / mit lauter Feuer fegen.

An Paris.

UNd was ists das ich erst von und in dir bemerck'
O Galliens grosses Haupt! das soviel Zungen preisen /
Nach der wir Deutschen so viel hundert Meilen reisen?
Ists deines Luvers Pracht? ists deiner Håuser stårck?
Ists deiner Kirchen Zier? der Brůcken Wunder-Werck /
Der Gårten Liebligkeit und was du sonst kanst weisen?
Daß ich soll etzen ein in Marmor oder Eisen?
Soll deiner Saine Glantz / soll deiner Musen-Berg
Von mir erzehlet seyn? Der hohen Schulen Sonne
Die aller ålteste und weiseste Sorbonne?
Nein! Mitten solcher Pracht gleich ich dich mit der Ho̊lle:
Weil dein geschmincktes Volck so manchen Geist verfůhrt /
Daß er der Seelen Heyl durch schnoͤde Lust verliehrt /
Denn kurtz / was dich verdammt / sind Huren / Diebe / Bålle.

An Sie umb einen Kuß.

DEr Glantz / der Blitz / die Gluth / die Flammen deiner Augen
Hat mich erschreckt / verblendt / entbrandt und angezůndt /
Und einen Durst erweckt / den Hertz und Seel empfindt /
So / daß kein Wasser mehr zum leschen mir wil taugen /

Auch selbst der Thränen nicht so bitter heisse Laugen /
  Die doch stets überhäufft aus meinen Augen rinnt /
  Und meine Wangen netzt. Drum allerliebstes Kind
Laß mich den Honig-Thau von deinen Lippen saugen /
  Der einig ists der mir die heissen Schmertzen kühlt /
  Die mein entbrandte Seel' und rauchend Hertze fühlt.
  Was seumst du? lesche doch / ach lesche doch geschwind
Den Schmertz / den Durst / den Brandt / das Feuer / diese Hitze /
Den deiner Augen Glantz / und Gluth / und Flamm / und Blitze
  Erweckt / ansteckt / gemacht und in mir angezündt.

Uber das heutige Brüderschafft-Sauffen der Deutschen.

  ES richten Freundschafft auff Soldaten durch Gefahr /
  Durch Bücher und durch Schrifft der klugen Geister Schaar /
Und durch Gewinn pflegt sie der Kauffmann zu erkauffen /
Nur unser Deutscher muß dieselbe sich ersauffen.

HEINRICH MÜHLPFORT

Sechstinne.
Wett-streit der haare / augen / wangen / lippen / halß und brüste.

Haare.

WEr sagt / daß unser ruhm nicht göldne fessel schencket /
Wenn sie ein linder west um beyde brüste schwencket /
Entkerckert frey und loß? hier wird ein geist umschrencket
Mit steter dienstbarkeit / der vor sich weggelencket
Von band und ketten hat. Ein ewig nectar träncket
Der haare liebes-reitz / der nur auff lust gedencket.

Augen.

WO unser flammen quell nicht heisse strahlen schencket /
Und den entbrandten blitz in hertz und seele schwencket /
So wird kein sterblich mensch mit huld und gunst umschraͤncket /
Hat unser leitstern nicht der liebe glut gelencket /
So wird sie gantz und gar in thraͤnen-fluth ertraͤncket;
Wer ist der jemahls liebt / und unser nicht gedencket?

Wangen.

UNs hat Cupido glut / die rose blut geschencket /
Die lilje schnee / der sich um beyde zirckel schwencket /
Hier stehet helffenbein mit purpur rings umschraͤncket /
Und manch verliebter mund steht bloß auff uns gelencket /
Wen nicht die liljen-milch und rosen-oͤle traͤncket /
Der ist ein marmelstein / der nie an lust gedencket.

Lippen.

DEn koͤcher voller pfeil hat Venus uns geschencket /
Und ist es wunders werth / daß unsre glut sich schwencket
Biß an das sternen-dach? Hier liegt ein brand versencket /
Der ewig zunder gibt / der mit rubin umschrencket /
Die feuchte suͤssigkeit / wenn mund am munde hencket /
Und die vergnuͤgte seel mit zimmet-saͤfften traͤncket.

Halß.

SEht meine perlen an / die Venus selbst getraͤncket
In ihrem liebes-schoß: Seht was sie mir geschencket /
Als umb der mutter halß Cupido sich geschwencket /
Und seine suͤsse pein ins helffenbein versencket;
Hier lieget schnee und glut im gleichen kreyß geschwencket /
Ich bin der thurm / an dem der liebe ruͤstzeug hencket.

Bruͤste.

DIß schwesterliche paar / das voll von flammen hencket /
Von aussen vieler hertz mit liebes-oͤle traͤncket /
Inwendig aber feur als wie ein Aetna schencket /
Da doch das schnee-gebuͤrg sich von dem athem schwencket /
Und wieder von dem west der seufftzer nieder sencket /
Haͤlt alle lust und lieb in seinem platz verschrencket.

Nachklang der Sechstinne.

DEr haare schoͤnes gold / der augen lichter brand /
Der wangen paradieß / der lippen himmel-wein /
Hat mit des halses zier / ohn allen zwang / bekannt /
Daß auff den bruͤsten soll der liebe ruhstatt seyn.

HANS ASSMANN VON ABSCHATZ

Sieghaffte Bestuͤrm- und Eroberung des Tuͤrckischen Lagers bey Senta an der Theisse / den 11. Septembr. An. 1697.

Die Donau.

Toͤchter / auff Triumph zu singen!
Hebt eur schilfficht Haubt empor /
Lasst der feuchten Nimphen Chor
Siegs- und Freuden-Lieder klingen!
Lasst eur Silber heller fliessen
Pannons Auen zu begiessen.

Oßmann wagt sich / meinen Flutten /
Welche frey in Thetis Reich
Flossen vor und hinter euch /
Zaum und Faͤssel anzumutten;
Aber deutsche Helden Sinnen
Halten seinen Hochmutt innen.

Die Teiße.

Schwestern / lasst mich in dem Reyhen
An der ersten Stelle seyn!
Dieser Sieges-Tag ist mein /
Der uns alle kan erfreuen.
Von der Türcken Stoltz und Zagen
Kan ich euch am besten sagen.

Meinen Strom hielt fest gezwungen
Mechmets ungestümer Schwarm /
Aber kühner Christen-Arm
Hat den tollen Feind verdrungen:
Seinen unverzagten Streichen
Musten Get und Parthen weichen.

Wall und Gräben sind erstiegen /
Wo der freche Janitschar
Seiner Brust gesichert war /
Sieht man ihn entkräfftet liegen;
So viel Türcken-Köpff als Fische
Schick ich Hecaten zu Tische.

Die Sau.

Theiße / du warst noch zurücke:
Nun dir dieser Türcken-Krieg
Auch gegönnet solchen Sieg /
Wünsch ich dir von Hertzen Glücke:
Was ich sah für etlich Jahren
Laß uns GOtt noch offt erfahren!

Die Drau.

Temes / schicke dich bey Zeiten
Unserm Großem LEOPOLD /
Der die Fässel kehrt in Gold /
Furth und Pforten zu bereiten!

Was vergangnes Jahr verschoben
Ist darum nicht auffgehoben.

Die Donau.

Kommt ihr treuen Reichsgenossen /
Führt zum fernen Pont Euxin
Derer Helden Nachruhm hin /
Die für uns ihr Blutt vergossen.
Last mit unsern frischen Wellen
Stets ihr Lob von neuem quellen.

So viel Tropffen in uns fliessen /
So viel Stauden um uns stehn /
So viel Heyl und Wohlergehn
Soll / der uns befreyt / genüssen!
LEOPOLDS und JOSEPHS Glücke
Geh nicht eh als wir zurücke!

Zeit-Verderber / Ruhe-Stehler /
Thron und Hof / dich geb ich loß:
Frische Wälder / grüne Thäler
Fassen mich in ihre Schoß /
Ich herrsche da und bin gefangen /
Hier kan ich erst die freye Ruh erlangen.

Unter Gold-gewürckten Decken
Liegt die bange Furcht verhüllt:
Die sich dort im Grase strecken
Schüzt der sichern Armutt Schild:
Wer andern herrscht / ist selbst gefangen /
Kan keine Ruh als in der Grufft erlangen.

O schöne Gegend / welche mir
Das alte Deutschland stellet für /
Wie unsrer Tuisconen Schaar
Vorzeiten so vergnüget war /
Wie sie dem linden Strome nach
Der Silber-hellen Spiegel-Bach
In ein begrüntes Thal hinaus
Gebauet manch geringes Hauß /
In welchem sie mit Fried und Ruh
Ihr langes Alter brachten zu /
Und / ohne schnödes Mein und Dein /
Mit dem vergnüget konten seyn /
Was sonder viel-gebrauchte Müh
Darreichte Wiese / Wald und Vieh.
O selig / wer zu dem bereit
Beschlüssen kan den Lauff der Zeit /
In seines Vaterlandes Schoß /
Von gutten Freunden nimmer bloß /
Um Schätz und Gütter unbetrübt /
In keine Pracht der Welt verliebt /
Låst seine beste Lust allein
Freund / Bücher und Gewissen seyn /
Geniest des Orts in stiller Ruh
Der seinen Sitten saget zu.
Ihm zeiget sich der grüne Wald
Nicht minder nütz als wohlgestalt /
Der Glutt und Kühlung bey sich trägt /
Und tausend Sånger in sich hegt.
Da sieht er / wie der klare Fluß
Zum Tranck und Spiegel dienen muß:
Da giebt ihm Ruhe bey der Nacht
Vor Sorgen-voller Bette Pracht /

Die mehr als Bley und Centner schwer /
Das auffgebreitte Blumen-Heer /
Wenn seine Lichter schläffet ein
Der viel beschaute Monden-Schein /
Der Himmel und ein freyer Mutt
Deckt seine Glieder mehr als gutt /
Zur Speise dienet Frucht und Wild /
So den gesunden Magen füllt
Ohn eitle Sorge für den Leib.
Gedancken seyn der Zeit-Vertreib /
Die sich ohn allen Kummer frey
Dem Sternen-Dache schwingen bey /
Und hat er keinen Uberfluß
So ist nichts / was er darben muß.

Bellhumor im Garten begraben.

Wind-Fänger / Steige-Dach / Teich-Meßer / Enten-Fechter /
Lufft-Springer / Wage-Hals; Grund-Fischer / Flutt-Verächter /
Stein-Träger / Büchsen-Hold / Nacht-Wächter / Bettler-Feind /
Zeit-Kürtzer / Stunden-Dieb / Lust-macher / Gäste-Freund /
Bring-wieder / Trage-nach / Post-Renner / Such-verlohren /
Klug von Verstande / zart von Nas' / und schön von Ohren /
Thür-Oeffner / Sperre-Thor / Feld-Mauser / Schüssel-Held.
Wild-Störer / Katzen-Mord / Wett-Lauffer / Spring ins Feld /
Diß war mein wahrer Ruhm; doch werden die mich missen /
Noch mehr von kluger Treu mir nachzusagen wissen.
Als ich von Jahren satt mein müdes Leben schloß /
Gab mir Pomona selbst ein Grab in ihrer Schoß.

Die achte Satyre.
Der Hof.

EIn Schloß, da Circe schertzt mit ihren Gauckel-Possen:
Ein Kercker, da das Glůck die Sclaven hålt verschlossen:
Ein Tollhaus, da man sich durch manche Narren drångt,
Von denen einer singt, der andre Grillen fångt.
Ein Kloster, da man sieht die reichsten Brůder betteln:
Ein Glůckstopff, welcher meist besteht in leeren Zetteln:
Ein Marckt, da Wind und Rauch die besten Waaren sind,
Und wo ein Gauckel-Dieb das meiste Geld gewinnt.
Ein angefůllt Spital, in welches einzutreten,
Ein Krancker sich bemůht den andern todt zu beten.
Ein stetes Fastnacht-Spiel, da Tugend wird verhônt,
Obgleich das Laster selbst von ihr die Maske lehnt.
Denn schmeicheln heißt man hier: sich nach der Zeit bequemen;
Verleumden: ohnvermerckt den Gifft der Schlangen nehmen;
Den Hochmuth: Freund und Feind frey unter Augen gehn;
Den Geitz: Mit Wolbedacht auf seine Wirthschafft sehn;
Die Pracht: den Purpur nicht mit Niedrigkeit beflecken;
Die Falschheit: mit Verstand des andern Sinn entdecken;
Den Soff: ein fremdes Hertz erforschen in dem Wein;
Die Unzucht: recht galant beym Frauenzimmer seyn.
Eins wisse! Welcher denckt, hier tugendhafft zu handeln,
Muß, mit Gefahr und Streit, auf dieser Strasse wandeln,
Worauf in einem Tag mehr Ungeheuer sind,
Als man in Africa im ôdsten Reiche findt.

ICh trachte nicht nach solchen Dingen,
Die hoch und zu gefährlich sind;
Mein Geist sucht nirgend durchzudringen,
Als wo er leichte Bahne findt.
Ich ruhe sanfft biß an den Morgen,
Wenn mancher, welcher voller Sorgen,
Nach eitler Hoffnung ängstlich ringt,
Der blinden Göttin Weyrauch bringt.

Ich mercke, daß in unserm Leben
Was Göttliches mit unter spielt;
Wer sich will zu den Sternen heben,
Und diesen Trieb nicht bey sich fühlt,
Muß endlich gar ein Spott auf Erden,
Ja, sich selbst Höll und Hencker werden:
Weil der, der sich am meisten quält,
Zu erst offt seinen Zweck verfehlt.

Wer will, mag in den Lüfften fliegen,
Mein Ziel erstreckt sich nicht so weit;
Ich lasse mich mit dem begnügen,
Was nicht bemüht, und doch erfreut.
Ein andrer mag sich knechtisch beugen,
Um desto höher aufzusteigen,
Ich neid ihn nicht in meinem Sinn,
Und bleibe gerne wer ich bin.

An Sylvien / über ihre Veränderung.

WEinet ihr betrübten augen!
Weil der mund nicht reden kan.
Sylvia speyt voller wahn /
Da ich ihr doch nichts gethan.
Weinet ihr betrübten augen!

Weinet ihr betrübten augen!
Schmertz und leiden ist zu groß;
Denn der himmel / dessen schooß
Neulich mir mit zucker floß /
Läßt nun alle donner loß.
Weinet ihr betrübten augen!

Weinet ihr betrübten augen!
Und verhüllet euer licht;
Krieg und unruh wird geschlicht /
Marmel / stahl und eisen bricht /
Aber meine schmertzen nicht.
Weinet ihr betrübten augen!

Weinet ihr betrübten augen!
Weinet aber nichts / als blut /
Und bewegt den harten muth;
Denn was meine göttin thut /
Macht kein schlechtes wasser gut.
Weinet ihr betrübten augen!

1.

ACh! wirff doch einen blick auff deine silber-ballen /
Verstockte Sylvia /
Sie sind dem tode nah;
Die spitzen lassen schon die rosen-blůthe fallen /
Die berge ziehn die stoltzen liljen ein /
Und werden bald so gleich wie deine wangen seyn.

2.

Wie / sind wir / schreyen sie / dann darum nur erschaffen /
Daß uns ein blinder groll
In kercker schliessen soll?
Cupido nennet uns ja seine liebes-waffen.
Was kommet dich dann fůr ein eyffer an /
Daß du / o Sylvia! uns in den bann gethan?

3.

Ihr månner helffet uns durch eure macht erretten!
Zerreißt das mőrder-schloß /
Und macht uns wieder loß.
Wir lieben keinen zwang / und leiden keine ketten /
Und Franckreichs mod' und tolle kleider-pracht /
Mag seyn fůr wen sie will / nur nicht fůr uns gemacht.

4.

So klagen / Sylvia / die hart-bedrångten Kinder.
Ach hőre doch ihr schrey'n /
Und hilff sie bald befrey'n /
Wo nicht / so schneid sie ab / und wirff sie vor die rinder.
Dann wenn sie nur im finstern sollen ruhn /
So kan dirs / wann du willst / auch wohl ein schnupftuch thun.

Auff den Koͤnig in Franckreich / als er Straßburg wegnahm.

IHr Deutschen saget doch zu euren nachbarn nicht /
  Daß Franckreichs Ludewig den frieden mit euch bricht /
Indem er Straßburg nimmt. Er spricht: Es ist erlogen /
Ich hab euch nicht bekriegt / ich hab euch nur betrogen.

Auff die kroͤnung des Roͤmischen Koͤnigs Josephi.

EUropa zanckte sich und wolte gerne wissen /
  Wer in Germanien noch wuͤrde koͤnig seyn.
Der stoltze Ludewig war aͤusserst drauff beflissen /
  Wie er das deutsche reich moͤcht auseinander streun:
Drum spahrt' er weder gelt / noch muͤh und schmeicheleyen /
  Und bot sein eignes kind zu einem kaͤyser an:
Wer / sprach er / wird euch mehr als dieser Printz erfreuen /
  Der so / wie ich / die kunst sich zu vergroͤssern kan?
Allein der himmel rieff: Behalte deine Gaben /
Ich will ein Josephs-Hertz und keinen Nero haben.

JOHANN VON BESSER

1.

NIcht schaͤme dich / du saubere Melinde /
  Daß deine zarte reinligkeit
Der feuchte mond verweist in eine binde /
  Und dir den bunten einfluß draͤut.
Der grosse belt hegt ebb' und flut /
Was wunder / wenns der mensch der kleine thut.

2.

Die röthligkeit bei deinen bunten sachen
Hat niemahls deinen schooß versehrt.
Wie muscheln sich durch purpur theuer machen /
So macht dein schnecken-blut dich werth.
Wer liebt ein dinten-meer wohl nicht /
Weil man daraus corallen-zincken bricht?

3.

Nur einmahl bringt das gantze jahr uns nelcken /
Dein blumen-busch bringts monatlich /
Dein rosen-strauch mag nicht verwelcken /
Sein dorn der hält bey dir nicht stich /
Denn was die sanfften blätter macht /
Das ist ein thau von der johannis-nacht.

4.

Kanst du gleich nicht die lenden hurtig rühren /
Lobt man dich doch im stille stehn /
Der augenblau wird leichtlich sich verlieren /
Denn wirst du seyn noch eins so schön.
Man sammlet / spricht die gantze welt /
Viel besser frucht / wenn starcke blüte fällt.

5.

Laß mich darum doch keine fasten halten /
Ein könig nimmt den schranck zwar ein /
Doch muß er fort / wann sich die wasser spalten /
Der geist muß ausgestossen seyn.
Man geht / wie iedermann bekandt /
Durchs rothe meer in das gelobte land.

OTTO CHRISTOPH ELTESTER

Als sie sich mahlen ließ / und es an rother farbe gebrach.

WAs? künstler / fehlt es dir an farben zu dem munde?
  So rieff ich: als zugleich Aurora sich erbot
  Mit morgen-strahlen ihm zu helffen aus der noth.
Man sah' wie Flora sich mit rosen fertig funde:
Die Thetis holete corallen aus dem grunde:
  Die müde sonne gab von ihrem abend-roth:
  Die purpur-schnecke gieng freywillig in den todt /
Und opfferte ihr blut noch zu derselben stunde.
Die berge lieferten den schimmer von rubinen:
Und die granate kam mit ihrem safft zu dienen /
  Sie stellten alle sich dem künstler selbst zur hand;
Ich aber ließ hierbey mein rothes hertz erblicken /
  Und sprach: hier findestu glut / flammen / feur und brandt /
Diß wird am besten sich zu deinen farben schicken.

ANONYMA

Aus der Neukirchschen Sammlung

KOmm braune nacht / umhülle mich mit schatten /
  Und decke den mit deiner schwärtze zu /
Der ungestört sich will mit sonnen gatten /
  Und im bezirck der engel suchet ruh /
Ja hilff mein ach / eh du noch wirst verschwinden /
Mit linder hand von meiner seele binden.

Wie / hör' ich nicht / willkommen mein verlangen!
  Schon im gemach mit leiser stimme gehn?
Fühl' ich mich nicht mit lilien umfangen /
  Und meinen fuß auff diesen grentzen stehn /

Wo mir Celinde wird aus thränen lachen /
Aus flammen eiß / aus bette himmel machen.

So tilge nun / o heldin! meine schmertzen /
  Wirff mit dem flor die leichte zagheit hin /
Laß meine hand mit deinem reichthum schertzen /
  Und mich entzückt das schöne thal beziehn /
Da sich im thau die stummen lüste kühlen /
Und tag und nacht mit ihren farben spielen.

Dein heisser mund beseele mich mit küssen /
  Hilff / wenn ich soll an dieser brust versehrn /
Durch linden biß der flüchtigen narcissen
  Mir ausgestreckt die stille freude mehrn /
Und möchtest du ja deinen krantz verlieren /
Solln perlen doch die schönen haare zieren.

Mein wort erstirbt / die seele will entweichen /
  Ach laß sie doch in enge himmel ein /
Laß schiff und mast in deinen hafen schleichen /
  Und deine hand selbst meinen Leitstern seyn /
Du solt alsbald die eingeladne gaben /
Nebst voller fracht statt der belohnung haben.

An die nacht.

1.

KOmm schwartze nacht! umbhülle mich mit schatten
  Dein flor beziehe meines purpurs glantz /
Weil sich mit mir will eine sonne gatten /
  Vor deren licht erbleicht der sternen krantz /
Laß deinen teppicht meine brust bedecken /
Und meinen sieg in dein gezelt verstecken.

2.

Verbirg in dir den raub geheimer liebe /
Dein dunckel-seyn umbschliesse meine brust;
Ihr wolcken! eilt und macht den himmel trůbe /
Befo̊rdert mir doch meine himmels-lust /
Umbstricket mich geliebte finsternissen
Daß nichts von mir des hofes augen wissen.

3.

Komm Engelsbild! komm laß dich bald umbfangen /
Dein lippen-Julep kůhle meinen brand /
Mein hertze lechst mit feurigem verlangen /
Biß deine kůhlung ihm wird zugesand;
Komm zeuge; daß entzůnden und selbst brennen /
Des himmels wahrer vorschmack sey zu nennen.

Allegorisch Sonnet.

AManda liebstes kind / du brustlatz kalter hertzen /
Der liebe feuerzeug / goldschachtel edler zier /
Der seuffzer blasebalg / des traurens lo̊sch-papier /
Sandbůchse meiner pein / und baum-o̊hl meiner schmertzen /
Du speise meiner lust / du flamme meiner kertzen /
Nachtstůlchen meiner ruh / der Poesie clystier /
Des mundes alecant / der augen lust-revier /
Der complementen sitz / du meisterin zu schertzen /
Der tugend quodlibet / calender meiner zeit /
Du andachts-fackelchen / du quell der fro̊ligkeit /
Du tieffer abgrund du voll tausend guter morgen /
Der zungen honigseim / des hertzens marcipan /
Und wie man sonsten dich mein kind beschreiben kan.
Lichtputze meiner noth / und flederwisch der sorgen.

CHRISTIAN GRYPHIUS
Ungereimtes Sonnett.

OB gleich Cloridalis auf ihre Marmor-Kugeln /
Die / wie ein ieder sagt / der Himmel selbst gewölbt /
Und auf ihr Angesicht / das Sternen gleichet / trozt /
Ob schon / wie sie vermeynt / des Paris goldner Apfel
Vor sie allein gemacht / ob gleich viel altes Silber
In ihrem Kasten ruht / doch ists ein eitler Wurf /
Den sie nach mir gethan; ich bin gleichwie ein Felß /
Und lieb ein kluges Buch mehr als der Venus Gürtel.

Die Liebe reimet sich so wenig mit Minerven /
Als eine Sterbe-Kunst zu Karten und zu Würffeln /
Das Brautt-Bett in die Gruft / Schalmeyen zu der Orgel /
Ein Mägdchen und ein Greiß / als Pferde zu den Eseln /
Als Meßing zum Smaragd / als Rosen zu den Disteln /
Als diese Verse selbst / ja fast noch weniger.

CHRISTIAN HÖLMANN
Abbildungen der Brüste.

AN unsern felsen wetzt Cupido seine pfeile /
Wenn sie der steiffe sinn der Männer stumpf gemacht;
Dadurch wird uns ein ruhm / der ewig grünt / zu theile /
Und der das eigen-lob der vorigen verlacht.
Ist jener ankunfft hoch / so sind wir gleich geschätzet /
Der himmel ist es ja / wo man den Marmel gräbt
Aus welchem die natur hat unser bild gemetzet /
Das sich aus eigner macht bald auff bald nieder hebt.
Wir sind ein Paradieß / wo liebes-äpffel reiffen /
Die süsser noch als die so Abels Mutter aß;
Die Adams-Söhne sind hier meister in dem greiffen /
Und thuns dem Vater nach / da ers verboth vergaß.

Wir sind der schönste brunn / wo kost und nahrung quillet /
Wo milch mit honigseim vermengt nach wunsche fliest /
Womit der jungen welt der hunger wird gestillet /
Wenn ihr noch zarter mund desselben öffnung küst;
Wir sind ein blumen-hauß / wo in den winter-stunden
Narciß' und lilje blühn als wie zur frühlings-zeit;
Ein felß wo Chrysolith und Demant wird gefunden;
Ein fruchtbahr sommer-feld mit hagel überstreut;
Ein berg / auf dem der schnee sich selbst in ballen rollet;
Zwo kugeln / die ein bild des weltgebäudes seyn;
Ein bergschloß / wo man vor gelinde griffe zollet /
Eh' uns die freundligkeit läst in die thäler ein;
Ein atlaß / den kein griff so leichtlich nicht beflecket;
Ein kleinod / das den leib des Frauenzimmers ziert;
Ein thurm / auff dessen höh' ein feuer-zeichen stecket;
Ein briff der allezeit ein rothes siegel führt;
Zwey schilde / deren feld mit lilien beleget;
Ein amboß / wo die macht / so alle lieben heist /
Die pfeil' in grosser zahl geschickt zu schmieden pfleget /
Mit denen sie hernach auch riesen niederschmeist;
Die wolle / draus ihr garn die liebesgöttin spinnet;
Ein netze von der hand der wollust auffgestellt;
Ein Cittadell / das leicht ein lieber feind gewinnet;
Ein schnee der lebend ist und feuer in sich hält;
Die burg die von begier und anmuth auffgebauet /
Und deren wände sind mit marmel überlegt;
Ein stein / den man der milch an farbe gleichen schauet /
Und der dem strahle nach des mondes nahmen trägt;
Ein beete / welches offt mit küssen wird begossen;
Ein bette / wo die lieb auff schwanen federn ligt;
Ein ziel / nach welchem auch mit seufftzen wird geschossen;
Ein bollwerck / dem kein sturm hat schaden zugefügt;
Ein wachhauß / wo nur stets zwo schöne schwestern wachen;
Ein wall / durch den das thal der keuschheit wird beschützt;
Ein heerd / wo lieb und lust nicht selten feuer machen;
Ein doppeltes altan auff zeit und schmuck gestützt;

Ein tisch mit teppichten von atlas überleget;
Ein schönes helffenbein / das alles gold beschämt;
Ein wagen dessen sitz den überwinder träget;
Ein sieger / der die thier' und wilde völcker zähmt;
Ein liebs-gerüst' auff dem man auch zum thale steiget;
Zwo platten die an werth des silbers mächtig sind;
Zwo taffeln welche man nicht leichtlich jedem zeiget;
Zwo trauben / welche man auff keinen stöcken findt;
Die liebe brauchet uns manchmahl zu handgranaten /
Wenn die eroberung durch pfeile mißgelingt /
Und giebt den nahmen uns des werckzeugs ihrer thaten /
Durch die sie alle welt zur übergabe zwingt;
Doch unser ruhm ist schon in Marmel eingegraben /
Und wird durch so ein blat / wie dieses / nur entweiht;
Kein glied des leibes kan vor uns den vorzug haben
Weil keines so wie wir die gantze welt erfreut.
Wie würde deren Creiß noch voller Menschen leben /
Wenn wir als amme nicht dieselbigen getränckt /
Und täglich müssen wir noch diese nahrung geben /
Damit ihr bau sich nicht zum untergange senckt.
Wir sind ein wunderwerck der schönsten liebs-palläste /
Drum geben sich bey uns auch hohe häupter an /
Und bald sind Könige bald Käyser unsre Gäste /
Bald komt ein kluger Kopf bald gar ein unterthan;
Doch dessen dürffen wir uns ebenfals nicht schämen /
Wir thuns dem himmel nach und machens wie die Welt /
Die zwar die niedrigen in ihre gräntze nehmen /
Und doch auch Königen zur wohnung sind bestellt.
Wir sind dem hertzen nicht vergebens beygefüget /
Es hieß uns die natur desselben schilder seyn;
Die brustwehr / wo der zeug zu dem beschützen lieget /
Drum gab sie uns so nah dabey die wohnung ein.
Wir führen wie die welt zwo kugeln in dem Schilde /
Und dieses ists wodurch der mensch das lob erreicht /
Daß er / die kleine welt / der grossen in dem bilde /
Als wie ein Ey dem Ey und in dem wesen gleicht.

Eh nun die grosse welt nach ungewissen Jahren
Mit ihren kugeln wird zerfallen und vergehn /
So wird die liebe vor auff uns zum himmel fahren
Und unsern glantz vielmehr als auff der erd' erho̊hn.

Die Poesie.

ES wird die gantze welt bald ein Parnassus seyn;
Denn aller orten pflegt es verse her zu schnein.

Die Arme Poesie.

DIe reichen ehren wir mit langen lobgedichten /
Warum? Apollo muß sich nach dem beutel richten.

Die bo̊sen Poeten.

AN tichtern fehlt es nicht bey diesen bo̊sen zeiten /
Es fehlt an denen nur / die vor die wahrheit streiten.

Als Zesens Helicon die Måuse zubissen.

IHr tichter laufft herzu! schůtzt euren Helicon /
Die måuse schleppen sonst den gantzen berg davon /
Laufft zu! wo nicht / so sucht denselben und die lieder /
Nach einer kurtzen zeit im måuse-kothe wieder.

Des Des-Cartes.

MEin leser! zweifle nicht: ob diß ein grabmahl sey?
Das cogito macht dich von allem zweifel frey.
Nun percipir auch das noch clarè und distinct:
Vom dritten element liegt Cartes hier umringt.

Der jungferschafft.

HIer liegt die jungferschafft. Dieweil sie nichts gewesen /
So kan man auch allhier von ihr nichts weiter lesen.

JOHANN GOTTLIEB MEISTER

Ego cogito ergo sum.

Ich dencke / drum bin ich / ließ uns des Cartes lesen /
Mops merckte dieses an / und dachte vielerley:
Daß er gelehrt / beliebt / groß / reich und schöne sey:
Denn hätt ers nicht gedacht / so wår ers nicht gewesen.

CHRISTIAN FRIEDRICH HUNOLD

Er ist glůcklich im Schlaffe.

ERwůnschte Nacht! ihr angenehmen Schatten!
Was vor ein Strahl umzircket mein Gezehlt?
Will sich mit mir noch eine Sonne gatten /
Die sich anitzt zu meinem Bette stellt?

Ach Engels-Kind sey tausendmahl willkommen /
Wie bin ich doch so unverhofft beglückt?
Wo hast du denn die Gnade hergenommen /
Daß deine Brust noch meinen Geist erquickt?
Komm lege dich auf dieses sanffte Küssen /
Hier findest du der Liebe Sammel-Platz.
Dein Zucker soll mir alle Quaal versüssen
Vergnüge mich du auserwehlter Schatz.
Umarme doch mit wollen weichen Händen
Den heissen Leib / der sich nach Kühlung sehnt /
Erhebe dich mit deinen zarten Lenden
Schau wie die Lust schon alle Glieder dehnt.
Es sind mein Kind zwar allzu enge Schrancken /
Allein es geht mit süssen Zwang hinein /
Ach Zucker-Kost der kützlenden Gedancken /
Dabey das Marck muß ausgezehret seyn.
Ach laß uns doch die Freude recht geniessen
Bemühe dich und förder ihren Lauff.
Itzt wird sich gleich der süsse Thau ergiessen
Ach Kind! Ach Schatz! thu deine Muschel auf.
Nur noch einmahl. – – Wie bist du gar verschwunden?
Verfluchter Traum / der mich so sehr betrügt!
Wo bleiben nun die Anmuhts-vollen Stunden?
Wo ist mein Schatz / der mir in Armen liegt?
Ach alles ist nur Phantasie zu nennen!
Die führt mich offt auf diese falsche Bahn.
Ach Schönste soll ich stets vergebens brennen?
Was hat dir doch dein treuer Knecht gethan.
Ich seuffze zwar / alleine gantz vergebens /
Was hilfft die Nacht / wenn mich die Sonne quält.
Ich sehe schon das Ende meines Lebens /
Wo mich dein Strahl der Liebe nicht beseelt.

CHRISTIAN WERNICKE

An unsre teutsche Poëten.

IHr Teutschen wenn die Lieb aus eurer Feder quill't /
Ihr eure Buhlschafft wolt mit eurem Vers bedienen /
So kriegt man gleich zu sehn / *ein marmor-weisses Bild;*
Ihr Aug ist von *Achat* / die Lippen von *Rubienen* /
Die Adern von *Tuͤrckies* / die Bruͤst aus *Alabast:*
Die frembde Buhlschafften sind lang nicht so verhaßt.
Der Welsche betet sie als eine Goͤttin an /
Und sucht so offt er immer kan /
Vor ihr auf seinen Knien zu liegen;
Es macht sie der Frantzos von lauter Witz /
Zur Freundschafft faͤhig / ja verschwiegen /
Und folgends ein Gefaͤß ohn eine Ritz;
Der Englische der nichts als was natuͤrlich thut /
Der machet sie von lauter Fleisch und Blut;
Ihr aber woll't *Pigmaljons* alle sein
Und machet sie zu *Bilder* oder *Stein*.

MAGNUS DANIEL OMEIS

Prologus Persii verteutschet.

ES ist kein Tropf aus jenem Pferde-Bronnen /
am Helicon / in meinen Mund geronnen;
ich schlief auch nie auf dem Parnaß erhoͤht /
und kan daher nicht heißen ein Poët.
Ich uͤberlaß die bleiche Hippocrene /
die Musen-Schaar / den Pindus und Pirene /
der Dichter-Zunft / um derer Statuen
die Lorbeer-Zweig' und Epheu praͤchtig stehn.
Ich bring hieher nur halb-gelehrte Lieder /
und lege sie bei den Poëten nieder.

Wer hat doch wol den Papagey gelehrt /
wann in die Stadt Augustus wiederkehrt /
aufs artigste den Keiser zu begrůßen?
Wer hat gemacht / daß Dahlen sich beflißen
zu reden Wort' / als Menschen-Worte sind?
Der hungrend Bauch / der immer was erfindt.
Wann also nur die Hoffnung Geld zu haben
sich sehen låßt / so můßen Dahl' und Raaben
Poëten seyn; und hålt man auch dafůr /
daß ihr Gesang sey voller Kunst und Zier.

Anhang

Zu dieser Ausgabe

Diese Sammlung von Gedichten des 17. Jahrhunderts enthält ungekürzte Texte aus einem Zeitraum, der mit Weckherlins und Opitz' ersten Publikationen beginnt und um 1700 mit der Anthologie Benjamin Neukirchs endet, die die Tendenzen der spätbarocken Lyrik zusammenfasst und zugleich mit Werken anderer zeitgenössischer Autoren in eine neue Epoche der Dichtung überleitet. Ziel der Ausgabe war es einerseits, den wachsenden Formenreichtum und die damit einhergehende Entwicklung der Dichtersprache deutlich zu machen; andererseits sollten auch solche Texte berücksichtigt werden, die literar- oder sozialhistorisch von besonderem Interesse sind. Daher konnten künstlerischer Wert und dichterische Aussage eines Gedichts nicht die einzigen Kriterien für die Aufnahme in eine Anthologie sein, die ein breites Spektrum der lyrischen Produktion abzubilden sucht. Allerdings sind manche Bereiche – wie etwa die gereimte Gebrauchs- und Erbauungsliteratur – gewiss unterrepräsentiert, und auch die Neigung vieler Verfasser zu ›Langgedichten‹ setzte Grenzen. Lateinische Gedichte wurden ausgeklammert, da gerade der Übergang zur deutschen Sprache und die damit verbundene patriotische Aufbruchsstimmung zu den zentralen Antriebskräften der literarischen Entwicklung im Barock gehörten. Beispiele für lateinische Gedichte deutscher Dichter des 17. Jahrhunderts – Jacob Balde, Caspar Barth, Paul Fleming und Johannes Heermann – finden sich in der zweisprachigen Anthologie *Lateinische Gedichte deutscher Humanisten*, hrsg. von Harry C. Schnur, Stuttgart ^{2}1978.

Die Anordnung der Gedichte stellt einen Kompromiss zwischen verschiedenen Möglichkeiten dar, die geschichtliche Entfaltung der deutschen Lyrik des 17. Jahrhunderts zu vergegenwärtigen, zugleich aber auch eine Übersicht über das lyrische Schaffen einzelner herausragender Dichter zu geben und unterschiedliche Gruppierungen und Strömungen voneinander abzuheben. Eine streng chronologische Folge der einzelnen Gedichte bzw. eine Gliederung nach soziologischen Gesichtspunkten, Themen oder Gattungen wäre kaum geeignet gewesen, den historischen Entwicklungsprozess und die angedeuteten Zusammenhänge in – auch pädagogisch – sinnvoller Weise sichtbar zu machen. Insgesamt gilt freilich, dass sich über Auswahl und Ordnungsprinzipien von Anthologien bestens streiten lässt …

Die Wiedergabe der Gedichte erfolgt in der Regel nach Originaldrucken des 17. Jahrhunderts. Die benutzten Vorlagen sind im »Verzeichnis der Autoren, Gedichte und Quellen« aufgeführt. Orthographie und Interpunktion blieben grundsätzlich gewahrt. Offensichtliche Druckfehler wurden jedoch stillschweigend korrigiert und die Druckfehlerverzeichnisse der Vorlagen berücksichtigt. Die Unterscheidung zwischen Fraktur- und Antiquasatz wurde nicht nachgeahmt; die Texte erscheinen im Neusatz einheitlich in Antiqua. Hervorhebungen durch Fettdruck in den Originaltexten sind durch Kursivdruck wiedergegeben; die Überschriften wurden vereinheitlicht.

Die Anthologie unterscheidet zwischen I und J nach Maßgabe der Kleinschreibung und vereinheitlicht die Schreibung von I/J bzw. i/j in den meisten Fällen nach heutigem Gebrauch. Ausgenommen sind Ie/Je bzw. ie/je und die dazugehörigen Zusammensetzungen (z. B. wird *ieder* neben *jeder, ider* oder *jder* verwendet). Vereinheitlicht wurde auch die Schreibung von U und V bzw. u und v (U/u vor Konsonanten, V/v vor Vokalen). Für die Wiedergabe der Umlaute war das Verfahren der Originaltexte bestimmend: In der Regel steht also aͤ, oͤ, uͤ (auch u) bzw. Ae, Oe und U. (Nur bei Fleming, wo in Überschriften zweimal als erstes Wort ein kleingeschriebenes *uͤber* auftaucht, hat der Herausgeber ein Uͤ gesetzt). Wo neuere Ausgaben zugrunde gelegt werden mussten, war deren zuweilen modernisierte Schreibweise maßgebend (z. B. bei Czepko). Die Eigenheiten von Kuhlmanns *Kühlpsalter*, der schon im Original in Antiqua gesetzt ist (kursiv und recte) und neben den heutigen Umlautzeichen auch Ligaturen verwendet, blieben erhalten. Im allgemeinen jedoch wurden Ligaturen ebenso wie Abbreviaturen aufgelöst. In Schefflers *Sinn- und Schlussreimen* wurde die inkonsequente Schreibung von *GOtt/Gott* zu *GOtt* vereinheitlicht. Römische Jahreszahlen im Quellenverzeichnis sind mit den heute üblichen Buchstaben wiedergegeben.

Diese Anthologie erschien zuerst 1980, herausgegeben von dem inzwischen verstorbenen Ulrich Maché und Volker Meid. Die Neuedition beruht auf dieser Ausgabe, verändert aber vielfach die Anordnung der Gedichte, bringt eine Reihe neuer Texte und verzichtet dafür auf andere. Die Wort- und Sacherklärungen wurden überarbeitet und ergänzt, das Nachwort neu geschrieben.

Glossar

Aufgeführt sind häufiger vorkommende Wörter, Begriffe und mythologische Bezeichnungen. Allerdings konnten und sollten nicht alle Abweichungen von den heutigen orthographischen und grammatikalischen Gepflogenheiten berücksichtigt werden. So muss der Leser u. a. darauf vorbereitet sein, dass b und p, c und k, d und t, f und ph oder i und ü bzw. y ausgetauscht werden können, dass Diphthonge und Umlaute in verschiedenen Schreibweisen erscheinen und dass das Reflexivpronomen *sich* im Dativ meist mit *ihm*, *ihr* oder *ihnen* wiedergegeben wird.

Alabaster: dem Marmor ähnliche Gipsart
als: wie
Aphrodite: Göttin der Liebe und der Schönheit; röm. Venus
Apollo: u. a. Gott der Künste, insbesondere der Musik, Führer der Musen, Sonnengott (s. Phoebus)
Aurora: Göttin der Morgenröte; die Morgenröte; griech. Eos
Bacchus: Gott des Weins
bekleiben: wurzeln, anwachsen, zunehmen, fortdauern
Bisam: begehrter Duftstoff
Carthaun: schweres Geschütz
Circe: Zauberin; zeitweilig Geliebte des Odysseus
Cupido: griech. Eros, Sohn der Venus bzw. Aphrodite, Gott der Liebe
Cynthia: Diana, der Mond
dann: denn, als
Demant: Diamant
denn: dann, als
Diana: Göttin des Mondes, der Wälder und der Jagd; der Mond
dichten: trachten
dürfen: müssen
Echo: Nymphe; aus Gram über ihre unerwiderte Liebe zu Narziss in Fels versteinert, nur ihre Stimme blieb lebendig
einig: einzig
erst: zuerst
fast: sehr
Flora: Göttin des Frühlings, der Blumen und Blüten
für, für-: vor, vor-

 gemein: gemeinsam, allgemein, gewöhnlich
Glück: Geschick, Zufall
Gratien: Grazien: die (drei) Göttinnen der Anmut
Grauß: Trümmer, Schutt
Helfenbein: Elfenbein
Helicon: Berg in Böotien; berühmte Kultstätte der Musen
Helle: Hölle
Israel: das auserwählte Volk Gottes
Jupiter: höchster Gott; griech. Zeus
Luna: röm. Göttin des Mondes; der Mond
maßen: zumal da
meinen: lieben, im Sinn haben, denken an
Marmel, Marmol: Marmor
Mars: Gott des Krieges; der Krieg
Minerva: röm. Göttin der Wissenschaften und Künste; der Pallas Athene gleichgesetzt
Mittel: Mitte
Mohn: Mond
Nemesis: Göttin der ausgleichenden Gerechtigkeit; göttliche Gerechtigkeit und Vergeltung
Neptun: Gott des Meeres; griech. Poseidon
Nymphen: Naturgöttinnen; leben u.a. in Bergen (Oreaden), im Meer (Nereiden), in Quellen (Najaden) und in Bäumen (Dryaden)
Orpheus: mythischer Sänger; bezauberte durch seine Kunst selbst wilde Tiere und versuchte vergeblich, seine Gattin Eurydike aus der Unterwelt zu befreien
Pallas: Beiname der Athene, der Schutzgöttin der Wissenschaften und Künste
Pan: Gott der Hügel und Wälder; Schutzgott der Hirten und Herden
Parnass: Gebirgsmassiv in Griechenland; Musensitz; wegen des Apollo-Heiligtums im nahegelegenen Delphi galt der Parnass als heiliger Berg der Dichtkunst
Phaebus, Phoebus: Beiname des Apollo (als Sonnengott), Sonne
Phoenix: sagenhafter Vogel, der sich in bestimmten Zeitabständen selbst verbrennt und aus der Asche verjüngt hervorgeht
Plan: Ebene, Fläche
Pomona: Göttin der reifenden Früchte und des Gartenbaus
Port: Hafen

prallen: prahlen
Schimpf: Scherz
Sion: Zion: Hügel in Jerusalem
sonder: ohne
Syrenen: Sirenen: Mischwesen aus Mädchen- und Vogelleibern, die durch ihren betörenden Gesang Seefahrer anlocken und töten
Thetis: Meeresnymphe, Mutter des Achill
Titan: Beiname des Apollo als Sonnengott
Urlaub: Abschied, Erlaubnis
Venus: s. Aphrodite
vor: für, vorher, ehedem
Vulkan: Gott des Feuers, Schmied der Götter
wann: wenn
weil: während, solange
wenn: wann
Witz: das Vermögen, Beziehungen wahrzunehmen; Verstand, Klugheit
Zefir, Zephyr: Zephir: sanfter Wind, bes. Westwind
zu-: zer-

5 *PostBott*

Buquoy: Karl Graf von Buquoy (1571–1621), kaiserlicher Heerführer, der in der Schlacht am Weißen Berge (8. November 1620) gemeinsam mit Tilly und Maximilian von Bayern den »newen Kônig«, Friedrich V. von der Pfalz (1596–1632), endgültig besiegte. Friedrich V. war 1619 von den böhmischen Ständen zum König von Böhmen gewählt worden. Seine führende Rolle in der deutschen antihabsburgischen Opposition verdankte er nicht zuletzt den verwandtschaftlichen Beziehungen zu bedeutenden europäischen Herrschern: Moritz von Oranien war sein Onkel, Gustav II. Adolf von Schweden sein Vetter und Jakob I. von England und Schottland sein Schwiegervater.

all arm: ital. all'armi: zu den Waffen; Aufruf, sich kampfbereit zu machen.

putzel gsind: Menschenmenge.

Bethlem Gabor: Betlen Gábor (1580–1629), Fürst von Siebenbürgen, unterstützte die böhmischen Landstände im Kampf gegen Kaiser Ferdinand II.

Union: 1609 gegründete Vereinigung protestantischer Fürsten, die bei Ausbruch des Dreißigjährigen Krieges der Katholischen Liga nicht gewachsen war und sich 1621 auflöste.

Hollender Gott: Moritz von Oranien (1567–1625), zu dem Friedrich V. flüchtete.

Heinrich: Prinz Heinrich Friedrich von Oranien (1584–1647).

Winter: Wegen der kaum mehr als einen Winter währenden Regierungszeit (1619–20) wurde Friedrich V. bald als »Winterkönig« verspottet.

Jacobsbrůder: Pilger; insbesondere Wallfahrer nach dem Grab des Hl. Jacob zu Compostela.

Camerari: Ludwig Camerarius (1573–1651), Geheimer Rat am kurfürstlichen Hof, wurde 1619 Leiter der Kriegskanzlei Friedrichs V. in Prag.

Scultet: Abraham Scultetus (1566–1624), calvinistischer Theologe, der ebenfalls im Gefolge des Winterkönigs nach Prag ging.

Fritz: Friedrich V. von der Pfalz.

Der Kônig trinckt: Auch in anderen polemischen Liedern wird darauf verwiesen, dass der »König trinckt« und dass »nach kräfften sauffen« zu

seinen »Tugendten« gehöre. Vgl. Rudolf Wolkan (Hrsg.), *Deutsche Lieder auf den Winterkönig*, Prag 1898, S. 115 und 150.
Franckenthal: Stadt in der Unterpfalz, in der Friedrich V. vor allem Glaubensflüchtlinge aus den Niederlanden unterbringen und ansiedeln ließ.
Bettelrichter: Aufseher über das Bettelwesen.
Hosenbandt: Anspielung auf den Hosenbandorden, der Friedrich von seinem Schwiegervater, König Jacob I. von England und Schottland (1566–1625), verliehen worden war.

9 *Lob-gesang Von meiner gnådigen Landsfůrstin*
Landsfůrstin: Barbara Sophia, Herzogin von Württemberg (1584 bis 1636), Tochter des Kurfürsten Joachim Friedrich von Brandenburg.
gleich-losem: unvergleichlichem.
Delische gőtin: Der Sage nach wurde Artemis, die griechische Göttin des Mondes, auf Delos geboren (röm. Bezeichnung: Delia).
muter-losen gőtin witz: die kluge Einsicht der Pallas Athene; der Mythologie nach entsprang Athene dem Haupt des Zeus.
Paphos: Hafenstadt auf Zypern, Lieblingsaufenthalt der Aphrodite.
Printz: Johann Friedrich, Herzog von Württemberg (1582–1628).

11 *Uber den frůhen tod*
Vgl. S. 43 (Stegmann); S. 121 (Gryphius); S. 159 (Czepko).
Anna Augusta Marggråfin zu Baden: Lebensdaten: 1604–16.
Rőhtin: Morgenröte.

12 *Grabschrifft ... H. Bernharden / Hertzogen zu Sachsen*
Bernharden: Bernhard von Sachsen-Weimar (1604–39), protestantischer Heerführer im Dreißigjährigen Krieg.

12 *An das Teutschland*
freyheit durch sich selbs überwunden: Deutschland hat seine innere Stärke durch innere Zwietracht verspielt und damit die Unterwerfung unter die »Tyranney« des Kaisers, der Katholischen Liga (»falschen brůdern«) und ausländischer Mächte ermöglicht. Die Freiheit ist die der protestantischen Reichsstände.

13 *An den Unůberwindlichen Kőnig von Schweden*

Kőnig von Schweden: Gustav II. Adolf (1594–1632); nach siegreichen Kriegen gegen Dänemark, Russland und Polen griff er 1630 in den Dreißigjährigen Krieg ein und wurde bald als Retter des Protestantismus gefeiert.

wohn: ähnlich dem mhd. *wân:* Hoffnung, unbegründete Meinung; bei Weckherlin auch oft im Sinn von ›Wonne‹.

14 *An H. Martin Opitzen*

Das Gedicht bezieht sich auf Opitz' Zusendung seiner 1637 erschienenen *Psalmen Davids.*

wohn: Vgl. Anm. zum vorhergehenden Gedicht.

14 *Sie ist gantz Lieblich und Lőblich*

geschmőll: Lächeln.

15 *Venedig gegen seiner Liebsten verglichen*

Kreutz-geitzig: nach Leid begierig.

Brent: der norditalienische Fluss Brenta.

Galleen: Galeeren.

Marxenplatz: Markusplatz.

Curtisanen: Höflinge.

Můntz: Münzanstalt.

17 *Ein Rund-umb*

Vgl. S. 149 (Zesen).

Rund-umb: Rondeau.

F.: Fürstin?

18 *Auff Danielis Heinsii Niederlåndische Poëmata*

Heinsii: Daniel Heinsius (1580–1655), Gelehrter und Dichter, dessen *Nederduytsche Poemata* 1616 erstmals erschienen.

Biß: sei.

gelehrte Stadt: Leiden, dessen 1575 gegründete Universität bald zu internationaler Berühmtheit gelangte.

der hohe Geist von Gent: der aus Gent stammende Heinsius.

Tauben … Venus: Von den Tieren waren der Venus die Tauben wegen ihrer Fruchtbarkeit gewidmet (Benjamin Hederich: *Gründli-*

ches mythologisches Lexikon. Leipzig 1770 [Reprogr. Nachdr. 1996]. Sp. 2445.
Zeitung: Nachricht.
von der Does: Janus Dousa (1545–1604), in dessen neulateinischen Gedichten Ida als Geliebte besungen wird. – In den folgenden Versen Anspielung auf Dousas Stellung als Festungskommandant von Leiden (1574) während der spanischen Belagerung sowie auf die gezielte Überschwemmung des Landes zur Vertreibung der spanischen Belagerer.
Gegentheil: die spanischen Belagerer.
Brennus: Name gallischer Heerführer im 4. und 3. Jahrhundert v. Chr.
Scaliger: der Franzose Joseph Justus Scaliger (1540–1609); Leiden wurde durch seine Übersiedlung zum Zentrum der Philologie.
Mantua: Geburtsort des römischen Dichters Vergil (70–19 v. Chr.).
Tullius: Marcus Tullius Cicero (106–43 v. Chr.), römischer Staatsmann und Schriftsteller.
prallte: prahlte.
Geschrey: Ruf.
Sonn' ... mit ihren Pferden: Der Sonnengott Helios (oft auch mit Apollon gleichgesetzt) fährt am Tag auf einem von vier Flügelrossen gezogenen Wagen über den Himmel.

19 *Echo oder Wiederschall*
Vgl. S. 144 (Zesen).

20 *Ein Gebet*
Opitz nahm das 1624 ohne seine Zustimmung veröffentlichte Gedicht wohl aus politischen Gründen nicht in seine späteren Gedichtsammlungen auf.
Spanier: Als Verbündete des Kaisers besetzten die Spanier unter Spinola im Herbst 1620 große Teile der Pfalz.
Maranen: Spanier (eigentlich die spanischen Mauren und Juden).
eisernen Ballonen: Kugeln. – Ballon: eigentlich ein kopfgroßer, luftgefüllter Lederbeutel, der mit Faust oder Schläger geschlagen wurde.
ungenossen: ungestraft.

21 *Elegie*
Delia: Beiname der auf der Insel Delos geborenen Diana (griech. Artemis), u.a. Göttin des Mondes.
laß: müde, matt.

22 *Sechstine*
Aus Opitz' *Schäfferey Von der Nimfen Hercinie* (1630): Opitz und seine Mitschäfer Buchner, Venator und Nüßler kommen beim Abstieg vom Kamm des Riesengebirges an einen locus amoenus, in dessen Bäumen sie diese Sestine und das auf S. 28 abgedruckte Sonett eingeschnitten finden. – Vgl. S. 291 (Mühlpfort).
reiger: Reiher.
Pales: italische Hirtengöttin.
Lucifer: Morgenstern.

24 *Ach Liebste / laß uns eilen*
Umformung des anonymen französischen Liedes »Ma belle, je vous prie« (vgl. George Schulz-Behrend: M. Opitz: Gesammelte Werke. Bd. II/2. Stuttgart 1979. S. 666 f.). – Vgl. S. 91 (Dach); S. 106 (Homburg); S. 115 (Greflinger).
Zeit: geeigneter Zeitpunkt, zu dem etwas geschehen kann oder soll.

24 *Ihr schwartzen Augen / ihr*
Vgl. S. 194 (Gläser); S. 199 (Schirmer).
Parcen: Schicksalsgöttinnen.

25 *Ich empfinde fast ein Grawen*
Das Gedicht erschien zuerst 1624 im *Buch von der Deutschen Poeterey* (Studienausgabe, hrsg. von Herbert Jaumann, Stuttgart 2005, 33 f.) als Musterbeispiel einer Ode, die »zue der frôligkeit« anregen soll. Nach Ronsards »J'ai l'esprit tout ennuyé ...«. – Vgl. S. 198 (Schirmer).
Clotho: Schicksalsgöttin, Spinnerin des Lebensfadens.
krencken: krank machen.
letzen: vergnügen.

27 *Francisci Petrarchae*

Nach Francesco Petrarcas (1304–74) Sonett »S'amor non è« (*Canzoniere* 132). – Vgl. S. 99 (Schwarz); S. 106 (Homburg); S. 200 (Schirmer).
Vesperzeit: abends, nach der abendlichen Gebetszeit.

27 *Aus dem Italienischen der edelen Poetin Veronica Gambara*

Veronica Gambara: italienische Dichterin (1485–1550).
vertäufft: vertieft.
Fortun: Glück.
trawe: vertraue.

28 *Sonnet ůber die augen der Astree*

Aus der Schäferei *Hercinie* (s. Anm. zu S. 22). Das Sonette beruht auf einer französischen Vorlage von Honorat de Laugier de Porchères (abgedr. in: M. Opitz: *Weltliche Poemata 1644*. Tl. 2. Hrsg. von Erich Trunz. Tübingen 1975. S. 79*). – Vgl. S. 102 (Finckelthaus); S. 143 (Zesen); S. 277 (Hoffmannswaldau).
Astree: Titelheldin des im 17. Jahrhundert vielgelesenen Schäferromans (1607–27) von Honoré d'Urfé (1567–1625).

28 *Ihr / Himmel / Lufft und Wind*

Nach Ronsards Sonett »Ciel, air et vents ...«.

29 *Vom Wolffesbrunnen bey Heidelberg*

unsres Landes Kron' und Haupt: Der Brunnen lag auf dem Besitz der pfälzischen Kurfürsten.

29 *Ich bin nur Haut und Bein*

Das Sonett in Opitz' *Trostschrifft: An Herrn David Müllern* beruht auf Ronsards Sonett »Je n'ai plus que les os«. Er führt es mit den folgenden Bemerkungen ein: »Dieses faule Kleyd das wir tragen ist eine Zusammenflickung der Unwissenheit / eine steiffe [Stütze] deß Muthwillens / ein Band der Verwesung [...]. Ich schåme mich zu dencken / vielmehr zu sehen / was das jenige sey mit dem wir groß zu thun und zu prangen pflegen. Peter Ronsard / der gelehrte Frantzősische Edelmann unnd Poet / hat es kurtz für seinem Tode [1585] an sich selbst am besten zu beschreiben wissen; Dann folgendes Sonnet ist fast sein Schwanengesang gewesen [...]. – Vgl. S. 126 (Gryphius).

 Bein: Knochen.
außgewacht: auswachen: die ganze Nacht wach bleiben; im frz. Text drücken alle vier Partizipien drastisch körperlichen Verfall aus.

30 *Auff des Petrarchen Katze*
Noch zu Opitz' Zeiten zeigte man den Besuchern des Hauses in Arquà, wo Petrarca 1374 verstorben war, neben anderen Sehenswürdigkeiten auch »seiner Katze gerippe«. Darauf verweist auch Opitz im Anschluss an die Wiedergabe der lateinischen Vorlage (»In felem Petrarchae«), die der deutschen Fassung vorausgeht. Das lateinische Epigramm soll an einer Wand dieses Hauses gestanden haben.
Laura: Frau, die Petrarca in seinen Dichtungen besang.
kundte bleiben: bewahrt werden konnte.

30 [*Über die Eroberung der Stadt Magdeburg*]
Magdeburg: Magdeburg wurde am 20. Mai 1631 von den kaiserlichen Truppen unter Johann Tserclaes, Graf von Tilly (1559–1632), erobert. Vgl. auch die Gedichte S. 47 (Werder); S. 49 (Gloger).
Carl: Karl V. (1500–58), römisch-deutscher Kaiser von 1519 bis 1556, bemühte sich im Schmalkaldischen Krieg (1546/47) vergeblich, Magdeburg einzunehmen.
Marg-Graf: Christian Wilhelm von Brandenburg (1587–1665) verließ die Stadt 1625, als Wallenstein in das Gebiet des Stiftes Magdeburg einrückte. Im Sommer 1630 kehrte der Administrator mit schwedischer Hilfe nach Magdeburg zurück und wurde bei der Eroberung der Stadt gefangengenommen.
Gesell: Tilly, der zeitlebens Junggeselle blieb.

31 *Der CXXX. Psalm*
Vgl. S. 65 (Fleming); S. 181 (Bucholtz); S. 243 (Hohberg).

32 *Salomons hohes Lied. Das Siebende Liedt*
Vgl. Hoheslied 7,1 ff. – Vgl. S. 139 (Zesen).
geilem: mutwilligem.
Wůste: Einsamkeit.
Hesbons ... Reiche: Hesbon: berühmte Stadt im Lande Gilead. »Am Bathrabs Thor'« sollen zwei Teiche gelegen haben. – Armon: Sohn des jüdischen Königs Saul.

Libans Thurn: Einige Ausleger des Hohenliedes vermuten, auf dem Libanon habe ein Turm gestanden.
Karmel: Vorgebirge an der Mittelmeerküste Palästinas.
Mittelsee: Mittelmeer.
Sulamithinn: Name der Braut im Hohenlied.
feister: ungestörter.

34 *An Herrn Heinrich Schůtzen*
Heinrich Schütz (1585–1672), der bedeutendste deutsche Musiker des 17. Jahrhunderts, verlor seine Frau am 6. September 1625. Opitz übersetzte für ihn das Libretto der ersten deutschen Oper (*Dafne*, 1627).
Thalia: eine der neun Musen; u. a. galt sie als Erfinderin der Komödie; Muse der heiteren Dichtkunst.
Eågers Sohn: Orpheus.

35 *HORATII: EXEGI monumentum*
EXEGI: Ode 3,30 von Quintus Horatius Flaccus (65–8 v. Chr.).
Aufides: Fluss in Apulien, der Heimat des Horaz.
Daunus: sagenhafter König Apuliens. Text von Opitz ungenau übersetzt: »[...] qua violens obstrepit Aufidus et qua pauper aquae Daunus agrestium regnavit populorum [...]« (»wo der Aufidus wild braust und, an Quellen arm, Einst ob ländlichem Volk Daunus geherrscht«; Horaz: *Sämtliche Werke.* Lat.-dt., hrsg. von Hans Färber. Neuausg. München 1967. S. 177).
Melpomene: eine der Musen, meist der Tragödie und klagenden Gesängen zugeordnet.

36 *Uberreime*
Uberreime: Widmungsverse, Epigramm.

36 *An die Teutschen*
Lufftpferdts Herberge: Pegasus fand im Palast des Zeus seine »Herberge«, nachdem er diesem Donner und Blitz gebracht hatte. Olymp und Helikon scheinen in Zincgrefs Vorstellung nicht klar geschieden.
hon: Unehre.

36 *Epigramma Vom Thurn zu Straßburg*
Thurn: Turm des Straßburger Münsters.
eingestelt: verhindert.

37 *Teutschland. Emblema*
Aeoli: Aeolus: Beherrscher der Winde.
Castor und Pollux: Söhne des Zeus und der Leda, die – an den Himmel versetzt – zu Schutzherren der Seefahrer wurden.

37 *Von der Zeit*
Neptuns Frewd: Neptun: Gott des fließenden Wassers, später auch des Meeres.

38 *MEin Schifflein lieff im wilden Meer*
vovir: gelobe, weihe.

39 *Gleich wie ein armes Hirschelein*
salviren: in Sicherheit bringen, retten.
abelahn: ablassen.
Das ich: Dass ich.

40 *JErusalem du hochgebawte Stadt*
Der Text veranschaulicht die Funktion des Kirchenlieds im protestantischen Gottesdienst. Im Original steht das Lied am Ende einer Predigt über die Freuden der ewigen Seeligkeit.
blache: flache, ebene.
Eliae Wagen: In einem feurigen Wagen fuhr der Prophet Elias gen Himmel (2. Kön. 2,11 f.).
ferre: fern.

43 *Kurtze Reimen / Von Eitelkeit des menschlichen Lebens*
Vgl. S. 11 (Weckherlin); S. 121 (Gryphius); S. 159 (Czepko).

45 *Der Mitternåchtische Lewe*
Mitternåchtische Lewe: König Gustav II. Adolf von Schweden (1594–1632).
PfaffenGasse: Wegbezeichnung für Gustav Adolfs triumphalen Zug durch die Bistümer Bamberg und Würzburg den Main abwärts zum

Mittelrhein. – Pfaffengasse: eigentlich (seit Maximilian I.) Bezeichnung für das linksrheinische Gebiet mit seinen zahlreichen Bistümern.

schnarchen: schmähen, lästern.

Hell-: Höllen-.

Baalspfaffen: einem falschen Gott dienende Priester.

entraffen: zurückgeben.

weils: solange es.

Adler: der Kaiser.

Beer: Maximilian I. (1573–1651), seit 1597 Herzog von Bayern, seit 1623 auch pfälzischer Kurfürst.

46 *Eingang. Sonnet*

auff das [dass] der Krieg: im Original »den Krieg«.

47 *TrawerLied*

Vgl. S. 30 (Opitz); S. 49 (Gloger).

Magdeburg: Siehe Anm. zu S. 30.

Clio: Muse der Geschichtsschreibung.

ungeschwächt: nicht vergewaltigt.

drey HöllHuren: die drei Erinyen, Rächerinnen von Bluttaten: Tisiphone, Alekto, Megaira.

Plutons Weib: Persephone, die von Pluton gewaltsam in die Unterwelt entführt wurde.

ALTER KAHLKOPF: Tilly (1559–1632), kaiserlicher Feldherr.

Schiff Charontis: das Boot des Charon, in dem dieser die Toten über die Ströme Acheron und Styx in die Unterwelt fuhr.

Tutten: Zitzen.

Mahlschatz: Verlobungsgeschenk.

Parcae: die Parzen (Schicksalsgöttinnen).

Falckenberg: Dietrich von Falkenberg (1580–1631), seit 1630 schwedischer Kommandant der Stadt Magdeburg.

49 *Generals Tylli drey Tugenden in Laster verkehret*

Vgl. S. 30 (Opitz); S. 47 (Werder).

Tylli: Tilly: Siehe Anm. zu S. 30.

beschryen: bekannt, berühmt.

der Sachsen Magd: Magdeburg; siehe S. 47 (Werder).

50 *Wallensteins Epitaphium*

Seine militärischen Erfolge als kaiserlicher Feldherr im Dreißigjährigen Krieg ermöglichten Albrecht Eusebius von Wallenstein (geb. 1583) den Aufstieg zum Herzog von Friedland (1625) und Mecklenburg (1627). Unstimmigkeiten mit Spanien, den Jesuiten und Maximilian von Bayern führten zu seiner vorübergehenden Absetzung 1630. Unter der Beschuldigung des Hochverrats wurde er 1634 in Eger ermordet. – Vgl. S. 75 (Rist); S. 163 (Czepko); S. 281 (Hoffmannswaldau).
Sporn Kirrn: Wallensteins Überempfindlichkeit gegen Geräusche war den Zeitgenossen allgemein bekannt.
bandisirt: verbannt.
losirt: wohnt.

50 *Die gesponß Jesu klaget ihren hertzenbrand*

gesponß Jesu: die nach ihrem himmlischen Bräutigam Jesus schmachtende menschliche Seele. – gesponß: Braut.

53 *Liebgesang der Gesponß Jesu*

nåst: Äste.
verhalt: zurückhält, aufhält.
Sampt: als ob.
schwanck: schwankend, sich hin und her bewegend.
gespreitet: ausgebreitet.
zuhandt: sofort.
berisen: berieselt.
peen: auferlegte Strafe oder Buße.

57 *Ein kurtz Poëtisch Christ-Gedicht*

Vgl. S. 122 (Gryphius); S. 263 (Rettenpacher).
gleich: Gelenk.
bescheiden: erprobt, erfahren.
brauchet: nützlich macht.

59 *Lob-Liedlein Zu Ehren der Schwedischen Cronen*

GOTT ... HERRN: Akrostichon.
KÖNIGIN: Christina, Königin von Schweden (1626–89); nach dem Tod ihres Vaters Gustav II. Adolf (1632) lagen die Regierungsgeschäfte zunächst in den Händen eines Regentschaftsrates unter der Führung

Oxenstiernas. Im Entstehungsjahr dieses Gedichts übernahm Christina selbst die Regierung. 1654 entsagte sie dem Thron.

62 *Herrn Pauli Flemingi ... Grabschrifft*
Fleming starb am 2. April 1640 auf der Rückreise von Leiden (Promotion zum Dr. med.) nach Reval.
verstǒren: zerstören.
Klarien: Musen.

63 *Gedancken / ůber der Zeit*
zweifeln alle: ist allen zweifelhaft.
Wie der itzt ... ein!: etwa: wie derjenige (der stirbt) jener Zeit gleich wird, die keine Zeit mehr ist.

64 *LAß dich nur nichts nicht tauren*
tauren: gereuen.

65 *Der CXXX. Psalm*
Die Zahlen am Rand bezeichnen die Bibelverse. – Vgl. S. 31 (Opitz); S. 181 (Bucholtz); S. 243 (Hohberg).
auff eins: auf einmal.
Jacob: einer der Erzväter Israels; steht für Israel.

66 *Auff die Italiǎnische Weise: O fronte serena*
O fronte serena: O heitere Stirn.
růhren: berühren.

67 *Wie Er wolle gekůsset seyn*
Adonis: Geliebter der Venus.

68 *AUrora schlummre noch*
Akrostichon: ANNA. – Zur Erläuterung des biographischen Hintergrunds der Liebesgedichte siehe Paul Flemings *Deutsche Gedichte,* hrsg. von J. M. Lappenberg, Stuttgart 1865. Neudr. Darmstadt 1965. Bd. 2. S. 881–886.
Korilen: Anna Niehusen.
Eas: Eos: Göttin der Morgenröte.

69 *EIN getreues Hertze wissen*
Akrostichon: ELSGEN; vgl. Lappenberg, Bd. 2, S. 882.
seelig: als selig.
vergnůgen: inneres Genügen, Zufriedenheit.

70 *ES ist ůmmsonst*
Akrostichon: ELSABE; vgl. Lappenberg, Bd. 2, S. 882.

72 *Ůber Gedåchtnůß seiner ersten Freundinn*
massen: mäßigen.

73 *Er redet die Stadt Moskaw an*
Nach dem Bericht von Adam Olearius (1603–71) hielten sich die Vertreter der holsteinischen Gesandtschaft auf ihrer Reise nach Persien vom 29. März bis zum 30. Juni 1636 und auf der Rückreise vom 2. Januar bis zum 15. März 1639 in Moskau auf (*Vermehrte Newe Beschreibung Der Muscowitischen vnd Persischen Reyse,* Schleswig 1656. Hrsg. von Dieter Lohmeier. Tübingen 1971).
Ruthenen: hier: Russen (eigentlich ›Ukrainer‹).
Basilenen: Basilene: Anagramm für Elsabe Ni(ehusen). Vgl. Anm. zu S. 68.
Außzug: Extrakt, Quintessenz.

74 *Auff den lustigen Flecken Rubar*
lustigen: ergötzlichen.
Rubar: Flemings Gedicht und eine genauere Beschreibung des Ortes bei Olearius (siehe Anm. zu S. 73), S. 698.
Gilan: persische Provinz am Südende des Kaspischen Meeres.
Taurus: Gebirgskette im Süden der Türkei.
Nais: Wassernymphe.
die gůlden heist und ist: bezieht sich auf einen Fluss, über den Fleming in einem anderen Sonett schreibt, dass er »Gold heißt / und Gold führt im Schutze seines Standes« (Sonett III, 56; Teütsche Poemata. Lübeck [1646.]. S. 192). Anmerkung bei Olearus (s. Anm. zu S. 73), S. 699: »Kisilhosein fl. [flumen] Kisil. i. aurum«.
Chloris: Göttin der Vegetation, insbesondere der Blumen; daher mit Flora gleichgesetzt. Personifizierung des Frühlings.
Dryaden: Baumnymphen.

Silenus: Satyr, Mischwesen aus Mensch und Pferd.
Osyris: Osiris: ägyptischer Gott, u.a. Gott der Fruchtbarkeit des Landes.
Oreaden: Bergnymphen.

74 *Uͤber Herrn Martin Opitzen … sein Ableben*
Ableben: Opitz starb im August 1639 in Danzig an der Pest; das Gedicht war jedoch schon früher entstanden: Die falsche Todesnachricht hatte Fleming im Juni 1638 in Astrachan erhalten.
Elyserfeld: Elysium: Gefilde der Seligen.
Maro: Vergil.

75 *Als die wunderbahre … Zeitung erschallete*
Vgl. S. 50 (Anonym); S. 163 (Czepko); S. 281 (Hoffmannswaldau).
Hertzog von Friedland: Siehe Anm. zu S. 55.
FERDINAND: Ferdinand II. (1578–1637), von 1619 an römisch-deutscher Kaiser.

82 *An Johann Risten*
Tichter gekroͤnt: Als Nachfolger der römischen Imperatoren nahmen die deutschen Kaiser seit Karl IV. (1355) Dichterkrönungen vor. Rist wurde 1644 von Ferdinand III. (1608–57, Kaiser seit 1637) zum Dichter gekrönt.
wán: Wahn: Vermutung, Meinung.
wafen: Waffen.
Ohn ablaß: unablässig.
verhaͤngt: zulässt, gestattet.
keinsen: keines Menschen.
Adlars: Adlers, d.h. Kaisers.

84 *Letterwexel*
Anagramm. Die spielerische Verwendung der in Namen liegenden anagrammatischen Möglichkeiten stellt eine beliebte Technik der Gelegenheitsdichtung des 17. Jahrhunderts dar. – Vgl. S. 97 (Kaldenbach).

85 *Auff Hn. Johann Mochingers geliebten Soͤhnleins … Begraͤbnuͤß*
begeben: aufgeben.
masirten: bunt gefleckten.

 Aeol: griech. Aiolos, Beherrscher der Winde.
stertzen: stürzen, eilen.

88 *Klage der Gőtter*
Durch deß Icarus Geflűgel: durch die Luft.
Ambrosinen Brod: Götterspeise; metaphorisch für Dichtung, die ebenfalls Unsterblichkeit verleiht.
Buchner: Siehe Anm. zu S. 138.
Bober-Sőhne ... gedrittes Lorber-Blat: Buchner und die beiden in Bunzlau am Bober geborenen Dichter Opitz und Tscherning.
jenem Alten: dem Götterschmied Vulkan.
Marsyas: phrygischer Flussgott (Silen), Meister des Flötenspiels.

89 *Horto recreamur amoeno*
Wir erholen uns im lieblichen Garten. – Gemeint ist der vor dem Honigtor gelegene Garten des Komponisten Heinrich Albert (1604–1651) auf der Lomse-Insel im Pregel, wo sich die Königsberger Dichter oft trafen.
Hauß der Reyme: die in Alberts Garten erbaute Hütte.

91 *Mey-Liedchen*
Vgl. S. 24 (Opitz); S. 106 (Homburg); S. 115 (Greflinger).
Festinetur ... juventae: Heirate möglichst früh (»Der Gott der Ehe eile, solange du in der Blüte der Jugend stehst«).
Gelegenheit Forn ergreiffen: Occasio, röm. Gottheit der Gelegenheit, hatte »die Haare vorn űber der Stirn fliegen [...], weil man sie bey ihrer Ankunft ergreifen muß; hingegen [war sie] im Nacken kahl, weil sie nicht wieder zu fassen steht, wenn sie einmal vorbey ist« (Benjamin Hederich: *Gründliches mythologisches Lexikon.* Leipzig 1770 [Reprogr. Nachdr. 1996]. Sp. 1757).

92 *Perstet amicitiae semper venerabile Faedus*
Der verehrungswürdige Freundschaftsbund bleibe immer bestehen.

93 *Trewe Lieb'*
Das 1637 entstandene Hochzeitslied galt lange als Werk des Komponisten Heinrich Albert, in dessen *Arien* es 1642 veröffentlicht wurde. Die Überschrift ist ein Zitat aus Dachs Lied »Nimfe, gieb mir selbst den

Mund« (*Simon Dach und der Königsberger Dichterkreis*. Hrsg. von Alfred Kelletat. Stuttgart 1985. S. 21 f.). Johann Gottfried Herder übersetzte das Lied ins Hochdeutsche: »Annchen von Tharau ist, die mir gefällt; Sie ist mein Leben, mein Gut und mein Geld. Annchen von Tharau hat wieder ihr Herz Auf mich gerichtet in Lieb' und Schmerz. Annchen von Tharau, mein Reichthum, mein Gut, Du meine Seele, mein Fleisch und mein Blut! Käm' alles Wetter gleich auf uns zu schlahn, Wir sind gesinnet bei einander zu stahn. Krankheit, Verfolgung, Betrübniß und Pein Soll unsrer Liebe Verknotigung seyn. Recht als ein Palmenbaum über sich steigt, Je mehr ihn Hagel und Regen anficht; So wird die Lieb' in uns mächtig und groß Durch Kreuz, durch Leiden, durch allerlei Noth. Würdest du gleich einmal von mir getrennt, Lebtest, da wo man die Sonne kaum kennt; Ich will dir folgen durch Wälder, durch Meer, Durch Eis, durch Eisen, durch feindliches Heer. Annchen von Tharau, mein Licht, meine Sonn, Mein Leben schließ' ich um deines herum. Was ich gebiete, wird von dir gethan, Was ich verbiete, das läst du mir stahn. Was hat die Liebe doch für ein Bestand, Wo nicht Ein Herz ist, Ein Mund, Eine Hand? Wo man sich peiniget, zanket und schlägt, Und gleich den Hunden und Kazen beträgt? Annchen von Tharau, das woll'n wir nicht thun; Du bist mein Täubchen, mein Schäfchen, mein Huhn. Was ich begehre, ist lieb dir und gut; Ich laß den Rock dir, du läßt mir den Hut! Dies ist uns Annchen die süsseste Ruh, Ein Leib und Seele wird aus Ich und Du. Dies macht das Leben zum himmlischen Reich, Durch Zanken wird es der Hölle gleich. (»Stimmen der Völker in Liedern«. Volkslieder. Zwei Teile 1778/79. Hrsg. von Heinz Rölleke. Bibl. erg. Aufl. Stuttgart 2001. S. 48–50)

95 *Unterthänigste letzte Fleh Schrifft*
Churfürsten: Friedrich Wilhelm von Brandenburg, der »Große Kurfürst« (1620–88).
Seiten: Saiten.
Huben: Feldmaß unterschiedlicher Größe von ½ bis zu 20 Hektar. – 1657 erhielt Dach ein Stück Land von 10½ Huben (Hufen).

96 *Vivam dum mihi vita datur*
Ich will leben (das Leben genießen), solange mir Leben gegeben ist.
abgeredeten: reiflich überdachten.

 97 *Hn. Valentin Baumgarten*
Vgl. S. 84 (Schneuber).

98 *Preussisches Valet*
Abschied: Im Jahr 1656 folgte Kaldenbach einem Ruf als Professor für Beredsamkeit, Dichtung und Geschichte an die Universität Tübingen. Sein Abschied von Königsberg, wo er als Professor für griechische Sprache gewirkt hatte, fällt zeitlich mit dem Ausbruch des Schwedisch-Polnischen Krieges und dem drohenden Einfall der Schweden in Ostpreußen zusammen (vgl. V. 2).
Churfůrst: Friedrich Wilhelm von Brandenburg, der »Große Kurfürst«.
Nachtheil: Innerhalb von drei Monaten hatten die Schweden ganz Polen besetzt.
Trůbeln: Verwirrungen, Kriegswirren.
verholen: verborgen.

99 *ISt Lieb ein Feur*
Vgl. S. 27 (Opitz); S. 106 (Homburg); S. 200 (Schirmer).
Loorberblätter ... Donnerkeil: Lorbeerblätter standen in der Antike in dem Ruf, vor Blitzstrahl zu schützen.

101 *Die berůhmte Poetinn Sappho*
Rohr: Flöte: metonymisch für Dichtung.
Lesboer-Land: die Insel Lesbos, auf der Sappho um 600 v. Chr. lebte.
Andromede: das Sternbild der Andromeda am nördlichen Himmel.
Lausenitz: die Lausitz.

102 *Uber Die treffliche Poetinn / Johannam Elisabetham Westonien*
Elizabeth Jane Weston (1582–1612), neulateinische Dichterin, die von Scaliger, Lipsius, Heinsius und Melissus Schede aufs höchste bewundert wurde. Die Tochter eines englischen Emigranten lebte meist in Böhmen. Erstausgabe ihrer Gedichte 1602.
Pindus: Gebirgszug in Griechenland, Apollo und den Musen gewidmet; steht hier für das Reich der Dichtung.
Laelia ... Arete: In einer Anmerkung verweist Sieber auf die Römerin Laelia, deren Reden von ihrem Vater in öffentlichen Versammlungen verwendet worden seien; ferner zitiert er eine lateinische Grabschrift, in der die Griechin Arete verherrlicht wird.

102 *Uber die Hand der Astree*
Vgl. S. 28 (Opitz); S. 143 (Zesen); S. 277 (Hoffmannswaldau).

104 *Der Soldate*
Kneiff: krummes Schustermesser.

106 *Epigramma*
Vgl. S. 27 (Opitz); S. 99 (Schwarz); S. 200 (Schirmer).

106 *Auff die besagte Sylvia*
Vgl. S. 24 (Opitz); S. 91 (Dach); S. 115 (Greflinger).
Des Westen: des Westwinds.

108 *Der Autor kans Niemand zu Danck machen*
Momus: personifizierte Tadelsucht. Momus platzte vor Ärger darüber, dass er an Aphrodite nichts auszusetzen fand.
liegen: Lügen.
weissen: unterweisen.
Kalb ins Aug geschmissen: Unwillen erregt.
Fuchs gestrichen: geschmeichelt, geheuchelt.
Ich henge ... Schelle: der Katze die Schelle anhängen: sich zu einem Wagnis hergeben.
laß er mich unaußgerichtet: verspotte, tadle er mich nicht.

110 *Ihm vergnüget nichts denn seine Liebste*
Scharmutzirer: leichtbewaffnete Soldaten.
Castors und Pollux Zunfft: Seefahrer, deren Schutzherren die Dioskuren waren.
Mercurium: Merkur: u. a. Gott des Handels.
Ceres: Göttin des Wachstums und der Ackerfrüchte.
Martis: des Kriegsgottes Mars.

112 *Der Mars ist nun im Ars*
Lex und Ars: Gesetz und Kunst.
getrillt: gequält, misshandelt.
scheust: schießt.

115 *Laß der Jugend brauchen*
Vgl. S. 24 (Opitz); S. 91 (Dach); S. 106 (Homburg).
tawen: tränen, triefen.
verziehen: hinausziehen, verzögern, warten.

116 *Hylas wil kein Weib nicht haben*
fechten: kämpfen.
kiest: wählt.
Covent: Kofent: Dünnbier.
misten: das Haus sauber halten.
Brug: Hose.
noch Bier / noch …: weder … noch.

118 *Wider-Ruff*
noch Gott noch …: weder … noch.
vierdthalb: ein Achtel.
Flor: dünnes Gewebe.
Favore: Schleife, die als Zeichen der Gunst (meist am rechten Ärmel) getragen wurde.

120 *Uber die Nacht meiner Geburt*
hora XII. p. m.: Mitternacht. – Gryphius wurde am 2. Oktober 1616 geboren.

121 *Eitelkeit Menschlichen Lebens*
Vgl. S. 11 (Weckherlin); S. 43 (Stegmann); S. 159 (Czepko).

122 *Uber die Geburt JEsu*
Vgl. S. 57 (Spee); S. 263 (Rettenpacher).

123 *VANITAS, VANITATUM, ET OMNIA VANITAS*
Der Fassung von 1637 folgt anschließend die von 1663 (»Es ist alles Eitel«).
Eccl[esiastes]: Prediger Salomo.
pocht: sich mit übertriebenem Selbstgefühl behauptet (Jacob und Wilhelm Grimm, *Deutsches Wörterbuch,* Leipzig 1854 ff., Bd. 7, Sp. 1955).

124 *Thrånen in schwerer Kranckheit*
durchbrandter Grauß: ausgebrannte Trümmer.
der schwartze Tod: die Pest.
sonder Mauß: ohne Muskel(n).

124 *Menschliches Elende*
Ball des falschen Glücks: die Kugel ist eines der Attribute der Fortuna.
aus der Acht hinfällt: nicht mehr beachtet wird.
verscheust: dahinschießt.

125 *Trawrklage des verwůsteten Deutschlandes*
Der Fassung von 1637 folgt anschließend die von 1663 (»Thrånen des Vaterlandes«).
frechen: ›frech‹ vielleicht noch in der älteren Bedeutung ›kühn‹.
Vǒlcker schar: Heerscharen.
Korben: aus Körben und Korbgeflecht hergestellte bewegliche Schanze.
Straßburg: Straßburgs Rücktritt aus der protestantischen Union (1621) führte zu einer vorübergehenden Belagerung.
Seelen-Schatz: Hinweis auf erzwungenen Konfessionswechsel.

126 *An sich selbst*
Vgl. S. 29 (Opitz).
Brand: Zersetzung einer Körperstelle.
Fell': Haut.
Bein: Knochen.

127 *Morgen Sonett*
dreymal hǒchste Macht: Trinität.

127 *Mittag*
richt: richtet.

128 *Mitternacht*
schitternden: schütternden: funkelnden (im 17. Jahrhundert oft bei der Beschreibung von Metall und Diamanten gebraucht).
der plǒtzliche Tag: der Jüngste Tag.
Sonder vermånteln: offen, ohne Verbergen.

129 *Einsamkeit*
Zum Petrarca-Bezug (»Solo et pensoso i più deserti campi«, *Canzoniere* 35) vgl. Thomas Borgstedt in: A. Gryphius: Gedichte. Stuttgart 2012. S. 216 f.).
des Pövels: des einfachen Volks.
Hől': Höhle.
Bein: Knochen, Gebeine.
Mutt: Gemüt, Geist.

130 *Als Er aus Rom geschidn*
Gryphius' Rom-Aufenthalt fällt in die erste Hälfte des Jahres 1646.
Begriff: Inbegriff.
starck bewehrte Fest: die Engelsburg.
Nadeln: Obelisken.

130 *Der Tod*
Stårcke: im Sinn von Beständigkeit, Constantia.
Hutt und Krone: Zeichen geistlicher und weltlicher Herrschaft.
feilt: fehlt, schlägt fehl, erreicht nicht ihre Absicht.
Tagus: Tajo (span.) bzw. Tejo (portugiesisch), größter Fluss der iberischen Halbinsel; in der antiken Literatur wegen seines Goldsandes berühmt; steht für Reichtum.
verstellte: (durch den Tod) veränderte, entstellte.
zeucht: zieht.

131 *Das Letzte Gerichte*
hilt zu Pfande: als Pfand hieltet.
verkracht: geht unter.
Pontus: Schwarzes Meer.

133 ANDREAS GRYPHIUS. *Uber seine Sontag- und FeyrtagsSonnette*
Abas: Schah von Persien, Gegenspieler der Titelheldin in Gryphius' Trauerspiel *Catharina von Georgien* (1657).
Leo: Leo Armenius, Kaiser von Byzanz in Gryphius' gleichnamigem Trauerspiel (1650).

133 *Ruhe des Gemůhtes*
steiffen: festen.

pocht: trotzt.
hochbegreißten: längst vergangenen.
erkist: erkiest, erwählt.

135 *Psal. LXX. v. 20*
Quantas ... me: »Denn du lessest mich erfaren viel vnd grosse Angst / Vnd machst mich wider lebendig [...]« (Ps. 71 bei Luther, dessen Übersetzung hier zitiert ist).
Ihr immerlichten ... Himmel: etwa: ihr immer hellen Lichter des gleichbleibenden (unveränderlichen) Himmels.

137 *Uber Nicolai Copernici Bild*
Nikolaus Kopernikus (1473–1543) verdankt die Astronomie die wissenschaftliche Begründung des heliozentrischen Weltsystems.
pochen: vernichten.

138 *MEin liebster Opitius růhrte die Seiten*
Im Garten ihres Vorwerks spricht die Erzählerin der *Poetischen Gedanken* (siehe S. 409) mit ihrer dichtenden Freundin über die jüngste Entwicklung in der deutschen Literatur und fasst ihre Gedanken in dem hier abgedruckten Gedicht zusammen.
Opitius: Opitz.
Caesius: Philipp von Zesen hatte als Schüler Buchners in seiner 1640 und 1641 erschienenen Poetik den Gebrauch daktylischer und anapästischer Verse gefordert.

138 *Dactylisch Sonnet an ... Herrn August Buchnern*
Buchnern: Als Professor an der Universität Wittenberg lehrte Buchner (1591–1661) bereits in den dreißiger Jahren den Gebrauch daktylischer und anapästischer Verse; damit setzte er sich über Vorbehalte der Fruchtbringenden Gesellschaft hinweg.
Cicero: M. Tullius Cicero (106–43 v. Chr.), röm. Schrifsteller, Redner und Politiker.

139 *Salomons ... Hohes Lied. Die Siebende Abtheilung*
Vgl S. 32 (Opitz).
Heßbon ... Karmel: Siehe Anm. zu S. 32.
verzihen: zögern, warten.

141 *Lied / von helden-reimen*
von helden-reimen: in Alexandrinern.
nach-hal: Widerhall, Echo.
mand: Mond.
kůssen: Kissen.
lust-kind: Amor.

143 *Auf di Augen seiner Liben*
Aus dem Roman *Adriatische Rosemund:* Ehe Rosemund morgens erwacht, heftet Markhold seine vier neuesten Gedichte »der Rosemund zu ehren« an einige Linden hinter ihrem Garten. Das hier abgedruckte Gedicht ist das dritte dieser »tichtlinge«. – Vgl. S. 28 (Opitz); S. 102 (Finckelthaus); S. 277 (Hoffmannswaldau).
karfunkel: Edelstein, der angeblich die Fähigkeit besaß, im Dunkeln hell zu strahlen.
tahlen: dahlen: scherzen, spielen, verliebt tändeln.

144 *Ein Jambisch Echonisch Sonnet*
Vgl. S. 19 (Opitz).
keichen: keuchen.
ablaß: Unterlass.

144 *Meien-Lied*
Im Frühjahr 1653 wurde Zesen auf dem Reichstag zu Regensburg von Kaiser Ferdinand III. geadelt.
Eleonoren: Eleonora (1630–86), Tochter Karls II. von Mantua; sie heiratete 1651 Kaiser Ferdinand III.
letzen: erfreuen, vergnügen.

147 *Siegeslied der himmelsflammenden Deutschen Dichtmeister*
Palme: Die durch ein Gewicht beschwerte Palme gilt in der Emblematik als Sinnbild für Stärkung durch Widerstand. Auch das Bild vom Adler (4. Strophe), der als einziger Vogel in die Sonne zu schauen vermag, stammt aus der emblematischen Tradition und steht für Tugend und angeborenen Adel. Zu diesen und anderen emblematischen Zügen des Textes vgl. Volker Meid: Barocklyrik. Stuttgart/Weimar [2]2008. S. 59 ff.).
entpőhret: emporstreckt.
Neidhart: missgünstiger Mensch, personifizierter Neid.

149 *Ringel-gedichte*
Überschrift im Original: »Ein anderes ůblichers Ringel-gedichte …«
Vgl. S. 17 (Weckherlin).
Ringel-gedichte: Rondeau.
gemeiner ahrt reimen: vers communs (fünfhebige Jamben mit Zäsur).
Hollåndisch: Zesen lebte viele Jahre in den Niederlanden.
zinken: Blasinstrument aus Horn oder lederüberzogenem Holz.
Rosemund: Der Name hat bei Zesen eine smbolische Dimension und steht auch für seine Bemühungen um die deutsche Sprache und Dichtung.

150 *Palm-baum der hŏchst-lŏblichen Frucht-bringenden Geselschaft*
Figurengedichte: S. 174 (Helwig); S. 193 (Steinmann); S. 235 (Greiffenberg).
Palm-baum: Sinnbild der Fruchtbringenden Gesellschaft, der ersten und bedeutendsten deutschen Sprachgesellschaft.

151 *Newe Bauren-Klag*
Bruder Veit: Bezeichnung für Landsknecht.
drůber schmiert: dafür beschimpft (oder schlägt).
dummelt: tummeln: lebhaft bewegen.
Bůchsenschåfft: Büchsenschaft: Schulterstütze des Gewehrs.
grosse arbeit thun: sich abmühen.
das lang-geborgte: das lange verborgen gehaltene.
Breůel: Prügel.
Trŏscher pflegel: Dreschflegel.

153 *Eines Schlesischen Bauers vermessene reden*
laustern: lauern.

155 *Hofe-Regel*
Non … Sacerdos: Mir diene kein Arzt, kein Prophet, kein Priester.

155 *Eines Fůrsten Amt*
Rieß: sich für den Riss stellen: schützend vor eine Bresche treten, schützend eintreten, schützend wachen für jemanden oder etwas (Grimm, *Deutsches Wörterbuch,* Bd. 8,1, Sp. 1048).
nimmt allen Anlauff an: wehrt jeden Angriff ab.

158 *Vom Kőnige in Engeland*

drey der Kronen: die Kronen von England, Schottland und Irland, die Karl I. 1649 durch seine Enthauptung verlor.

159 *Wende dich zum Beständigen*

Vgl. S. 11 (Weckherlin); S. 43 (Stegmann); S. 121 (Gryphius).
Blast: Hauch, Blähung, Blase, Wind.
gewinnet ab: trägt den Sieg davon über.

160 *Sexcenta Monodisticha Sapientum*

Sexcenta ... Sapientum: Sechshundert Monodistichen der Weisen.
Gemeinte: gemeinen: sich in Gemeinschaft einlassen.
I.: Iehova.
ausgelaßne: (aus dem Leichnam) entwichene.
reist: zerreißt.
Kreistende: kreisten: vor Angst oder Schmerz stöhnen.

163 *Ehrsucht nechster Todtengräber*

Vgl. S. 50 (Anonym); S. 75 (Rist); S. 281 (Hoffmannswaldau).
Wallsteinischer Tod: Siehe Anm. zu S. 50.
erhaben: erhoben.
la raison d'Estat: die Staatsräson.

164 *Lobgesang ...* HERRN CARL GUSTAV WRANGEL *... gesetzet*

Lobgesang: Als dieses Gedicht auf den schwedischen Reichsmarschall Carl Gustaf Wrangel (1613–76) ohne Genehmigung der Nürnberger Zensurbehörde erschien, griff der Rat der Stadt ein: Der Drucker musste zwei Tage in einem Gefängnis verbringen, Harsdörffer wurde unter Hausarrest gestellt. Von dem Gedicht, durch das der Rat seine Neutralitätspolitik gefährdet sah, sind nur noch wenige Exemplare vorhanden. Als Druckvorlage diente das Exemplar der Ratsschulbibliothek Zwickau.
růllt: brüllt, schreit.
Femern: die Insel Fehmarn.
Lalandischen Stranden: die dänische Insel Lolland.
daß meinste geblieben: das meiste (auf der Strecke) geblieben.
Sieg: Wrangel, der 1644 zum Admiral befördert worden war, errang im gleichen Jahr einen entscheidenden Sieg über Dänemark.
Brix ... Bregnitz: In der Schlussphase des Dreißigjährigen Krieges er-

oberten die Schweden unter der Führung Wrangels u. a. Brix und Teplitz in Böhmen und die anschließend genannten Städte und Gebiete Deutschlands. – Bregnitz: Bregenz.
Stůcke: Kanonen.
hermen: trauern, betrübt sein.
erstaunen: bedeutet auch: sich fürchten.
Die Donau … Ulmische Lied: Im März 1647 zwangen Wrangel und die Franzosen den Kurfürsten von Bayern in Ulm zum Abschluss eines Waffenstillstands.
Schweinfurt / und Eger: Schweinfurt fiel am 16. April, Eger am 7. Juli 1647.
der Kåiser: Zur Hebung der Kampfmoral hatte sich der Kaiser zu den Truppen nach Böhmen begeben, wurde aber am 20. Juli 1647 von den Schweden unter Wrangel aus seinem Lager vertrieben.
Bellona: Kriegsgöttin der Römer.
Holtzapffel: Peter Melander Graf von Holzappel (1585–1648) wurde 1647 kaiserlicher Generalfeldmarschall; durch seine Differenzen mit dem bayerischen Feldmarschall Gronsfeld verscherzte er möglicherweise den Sieg, »den Bairischen Krantz«.
Lech … Ammer: Nach Holzappels Niederlage und Tod bei Zusmarshausen (17. Mai 1648) war der Lech als Verteidigungslinie nicht mehr zu halten.
Christina: Königin von Schweden (1626–89); sie übernahm 1644 die Regierung, dankte jedoch 1654 ab und trat zum Katholizismus über.

167 *Die Welt*
Urania: Muse der Astronomie.
sic vos non vobis: so ihr, nicht für euch. – In einem der Manuskripte der Donatus-Vita des Vergil wird von einem Dichterling berichtet, der Vergil-Verse als die seinen ausgab. Diesen stellte Vergil angeblich vor die Aufgabe, den zitierten Halbvers zu vollenden. Vgl. *Vitae Vergilianae recensuit Iacobus Brummer,* Leipzig 1912, S. 30 f.

168 *An die Stadt Nůrnberg*
Aus dem *Pegnesischen Schåfergedicht* (1644) von Harsdörffer und Klaj: Der durch den Krieg aus Meißen vertriebene Schäfer Klajus (Klaj) nähert sich der Stadt Nürnberg und singt, beeindruckt von der Schönheit der Stadt, dieses Sonett.

Nordenheld: Gustav II. Adolf von Schweden (1594–1632). Auf seinem Siegeszug durch Deutschland war er 1631 von den Nürnbergern begeistert empfangen worden.

168 *Hellglåntzendes Silber*
Aus dem *Pegnesischen Schåfergedicht*: Vor den Toren Nürnbergs begegnet Klajus dem berühmten Schäfer Strefon (Harsdörffer). Während sie die mit schattigen Linden bepflanzte Hallerwiese überqueren, singt Klajus ein Lied beim Anblick dreier Springbrunnen.
verführt: verrückt, stört.

169 *Vorzug deß Frůlings*
Schmerlen: Grundeln, karpfenartige Fische.
Reissen: Reusen.
Haberrohr: Hirtenflöte.
Eiter: Euter.

169 *Vorzug deß Sommers*
Lauer: betrogener Schelm.
Altan: Balkon, erhöhter offener Saal.

170 *Vorzug deß Herbstes*
Wåldner: Waldbewohner.
falbigen: fahlen, vergilbten.

172 *Pegnitzlob*
Aus der *Fortsetzung Der Pegnitz-Schåferey* (1645) von Birken: Nachdem die Schäfer sich unter einer Linde am Ufer der Pegnitz niedergelassen haben, erinnern sie sich an einen Besuch der Quelle dieses Flusses; diese ergießt sich, wie Floridan (Birken) bemerkt, »unter der Rechten eines alten Steingreisses / (deme die viele der Jahre / und Långe der Zeit / Haar und Bart in Mos und Riedgras verwandelet) aus eines Felsens kleinem Hůgel / der in Form eines Krugs ausgehauen / worauf diese nachdenkliche Worte [...] geschrieben: *Ich netze und nůtze*« (S. 81). Auf Drängen der Mitschäfer wiederholt Floridan seine damals entstandenen Verse.
Gespőr: Pfad, Weg (vgl. ›Spur‹).
strampfet: stößt, stampft.

172 *Jezt / da die Morgenröt'*
Aus *Der Pegnitz-Schäfere Frülings-Freude* (zuerst 1645) von Klaj, Harsdörffer und Birken. Hier zitiert nach dem Druck in Birkens *Pegnesis* (Tl. 1. 1673). Floridan (Birken), erfreut über die schöne Frühlingszeit, verfasst in dieser Stimmung u. a. dieses Sonett.
Tellus: röm. Erdgöttin, Erde.

173 *Sonnet. Der Norische Parnaß*
Aus der Schäferei *Der Norische Parnaß* (1677) von Sigmund von Birken: Nachdem Floridan (Birken) im Gespräch mit anderen Pegnitzschäfern den griechischen Parnass als eine Schöpfung Luzifers, als ein teuflisches Gegenstück zum biblischen Musenberg Sion entlarvt hat, schlägt er vor, den Moritzberg bei Nürnberg, auf dem sich die Schäfer gerade befinden, als »neuen Parnaß« zu betrachten. Dort singt Palämon, Johann Gabriel Maier, »wie der Virgilische Tityrus« dieses Sonett.
Norische: Nürnbergische.
Nordgau: das Gebiet zwischen Ingolstadt und Bamberg mit Nürnberg als Mittelpunkt.
Granadill: Grenadille, Frucht der Passionsblume. Sie gehörte neben der Pansflöte zu den Symbolen des Pegnesischen Blumenordens, der unter Birkens Leitung verstärkt religiös-erbauliche Tendenzen annahm.

174 *Eine Sanduhr*
Aus der Schäferei *Die Nymphe Noris* (1650) von Johann Helwig: Die Pegnitzschäfer beschließen, »etwas sonders« zu ersinnen (S. 82). So entstehen nach dem Vorbild griechischer Bildgedichte u. a. ein Turm, ein Reichsapfel, eine Orgel, ein Röhrenbrunnen und auch die hier abgedruckte Sanduhr. – Figurengedichte: S. 150 (Zesen); S. 193 (Steinmann); S. 235 (Greiffenberg).
Bund: Druckfehler für »Rund«.
risch: munter, flott.
Zwier: zweifach, zweimal.

176 *Der menschlichen Håndel erkundigung im Himmel*
Marginalie: Job (Hiob) 37,18.

179 *Ode*

Glyconischen: Glykoneus: Vers in der Form ⏓⏓|–⏑⏑–|⏑⏓.
Ityphallischen: Ithyphallikus: ein in phallischen Kultliedern üblicher Vers: –⏑––.
Phaleucischen: nach dem Dichter Phalaikos benannte elfsilbige Verszeile (Hendekasyllabus) von verschiedenartiger Form, u.a.: –⏓–⏑⏑–⏑–⏑–⏑.
Cymbalen: Zimbeln.

180 *Sapphische Ode*

Steure: steuern: Einhalt gebieten.
Blut-Getichte: Getícht (Gedicht) im Sinn von Erfindungen, Lügen.
Policey: weltliche Obrigkeit.

181 *Der CXXX. Psalm*

Vgl. S. 31 (Opitz); S. 65 (Fleming); S. 243 (Hohberg).
ferren: fern.

191 *Wintergesang*

Überschrift im Original: »Das ander Wintergesang«.
scheucht: flieht, scheut.

193 *Das Horn der Glůkkseligkeit*

Figurengedichte: S. 150 (Zesen); S. 174 (Helwig); S. 235 (Greiffenberg).

194 *Ode*

Aus der *Elmen-Schåferey*: Nachdem der Schäfer Filodorus die Braunschweiger Herzöge als Gründer und Gönner der Universität Helmstedt gefeiert hat, singt der Schäfer Amyntas die hier abgedruckte Ode »zu Ehren der berůhmten Julien«, der von Herzog Julius 1576 gegründeten Universität. – Vgl. S. 24 (Opitz); S. 199 (Schirmer).
dein Cohr: die Musen.

196 *Uber seine Verse*

Månaden: ekstatische Frauen im Gefolge des Weingottes Dionysos.
Othrys: Gebirgszug im südlichen Thessalien.

197 *Sie Liebet Ihn*
berǻumet: macht frei.
Hinde: Hirschkuh.
beschǻnden: beschämen.

198 *Marnia und ein Buch*
Vgl. S. 25 (Opitz).

199 *Seine Schwartze*
Vgl. S. 24 (Opitz); S. 194 (Gläser).

200 *Uber seine Trǻume*
Vgl. S. 27 (Opitz); S. 99 (Schwarz); S. 106 (Homburg).
heint zu Nacht: vergangene Nacht.

202 *An seine Verse*
Rapier: Fechtwaffe.
Gemerck: Spur, besonders Blutspur des angeschossenen Wildes.
Kautz: häufig als Lockvogel verwendet.
Kloben: Vorrichtung zum Fangen kleinerer Vögel (im Original »Kolben«).

202 *An sein Vaterland / als Er bey Candien*
Meissen: Zwischen 1640 und 1644 verließ die heimische Bevölkerung wiederholt die Stadt beim Herannahen schwedischer Truppen.
schmeissen: schlagen.
Losament: Wohnung.
Patrol: Patrouille
durch Acord: in gegenseitiger Übereinstimmung.

203 *An die Stadt Wittenberg*
Najadinnen: Najaden: Wassernymphen.

203 *Ein jeder / was ihm gefǻllet*
Ilium: Troja.
Ulyssens Wizz: die Klugheit des Odysseus.
Hektors tapfre Tahten: Hektor, trojanischer Königssohn.
beschrieen: gerühmt.

 Empusen: Empusa: griech. Schreckgestalt mit der Fähigkeit, sich zu verwandeln; hier wohl ironisch für ›Amor‹.

205 *Der Haß kůsset ja nicht*
ro̊ßlichte: mit Rosen besetzten.
Vorraht Eufrates: der sprichwörtliche Überfluss Mesopotamiens.
Kapitolin: Mons Capitolinus, der Berg Roms, auf dem die Triumphzüge der in die Stadt zurückkehrenden Sieger endeten.
Tyrischen Purpur: die besonders kostbaren Purpurstoffe aus Tyros.
Pegasus Flůssen: Durch den Hufschlag des Flügelrosses Pegasus entstanden viele Quellen, u. a. auch die Musenquelle Hippokrene auf dem Helikon.
Myrten: u. a. Attribut der Venus.

207 *Nacht-last / Tages-lust*
Pafos-kind: Amor (nach Paphos, dem Kultort der Venus auf Zypern).
Hesperus: Abendstern.
in Thetis Schoße: im Meer.
Laton': Latona: Göttin der Nacht.
Erebinnen: zu Erebos: die finsteren Tiefen unter der Erde, in die die Verstorbenen gelangen; Finsternis.
Lucifer: Morgenstern.

208 *Nacht-Glůkke*
Priapus Plazz': Garten (Priapus: Gott der Gärten).
Bronteus Wolken-dach': Himmel (Brontes war einer der drei Kyklopen, die für Zeus die Donnerkeile schmiedeten).
Ro̊ht': Morgenröte.

210 *Der Reinsche Wein tantzt gar zu fein*
rantzt: schwappt.

212 *Ein Abriß der Scho̊nheit selber*
Vgl. S. 270 (Kongehl).
stutzet: stößt, auch: prunkt.
Scho̊psenfleisch: Hammelfleisch.
Hund im Borne: etwa: einem nassen Hund.
Leder-Flaschen: Brüste.

Kirschner Fleck: Stück Leder.
Flederwisch: Gänseflügel zum Abkehren.

216 *Der Drache*
Vgl. S. 218 (Seyffart).
J. U. Lic.: juris utriusque licentiatus: Lizentiat beider Rechte.
Saltz-Junckers: Besitzers eines Salzwerkes.
Cōlln: Kölln an der Spree.
Fuhr: Wagenladung.
Hall: Halle an der Saale.
Friede: Die Niederlage Mehmeds IV. bei Sankt Gotthart an der Raab (1. August 1664) führte zehn Tage später zum Friedensschluss von Vasvár.

218 *Hochzeit-Schrifft*
Vgl. S. 216 (Peucker).
Hn. M.: Herrn Magister.
heinte: in dieser Nacht.

220 *Auff das Begråbnůß eines vornehmen Cavalliers*
Eysen-fresser: Prahler, Großsprecher.
Kraut und Loth: Pulver und Blei.
pastant: von ital. *bastante:* ausreichend, genug.
Scipio: Scipio Africanus besiegte Hannibal 202 v. Chr. bei Zama.
Hector: trojanischer Königssohn, von Achill getötet.

221 *Joseph und Maria fliehen mit dem Jesu Kindlein in Egypten*
Planeten: Den Planeten wurden zahlreiche Eigenschaften zugeschrieben, u. a. Hitze oder Kälte. Als heiß galt z. B. Mars, Saturn als kalt.
den Paß zunemmen ein: den Weg zu verlegen.
in der Schossen: im Schoß.
nider: die Nidere: Erde (im Gegensatz zur Höhe, dem Himmel), Niederung.
Phaëton: Sohn des Sonnengottes Helios; stürzte mit dem Sonnenwagen vom Himmel. Hier ist wohl Phoebus gemeint.
ringes: leichtes.
Comitat: Gefolge, Schar.
unbeschayd: Unklugheit, Grobheit.

 Basilisken: Fabelwesen mit tödlichem Blick und Gifthauch.
krachen: lärmen, rasseln.
Schwebel: Schwefel.
Pan: Bahn, Weg.
Engaddi: Oase westlich des Toten Meeres, bekannt durch ihre Palmen und Weingärten.
losier uns ein: bringe uns unter.
Burd: ›das Geborene‹.
Pfleg ... raths: sorge ich weiter für dich.

224 *Geistreiche Sinn- und Schlussreime*
stůpffchin: Pünktchen.
Thaul.: Johannes Tauler (gest. 1361), Mystiker. Gemeint ist wohl die (wahrscheinlich nicht von ihm stammende) Schrift *Divinae institutiones.*
nach der verneinenden Beschawung ... Bey den Mijsticis: Scheffler bezieht sich hier auf Maximilianus Sandaeus (*Pro Theologia mystica clavis*, 1640); vgl. den Kommentar in: Angelus Silesius [Johannes Scheffler]: *Cherubinischer Wandersmann.* Krit. Ausg. Hrsg. von Louise Gnädinger. Stuttgart 1984. S. 326).
Vorrede: Hier zitiert Scheffler u. a. aus einer Predigt Taulers: In der Vereinigung mit Gott und der »einsenckung in GOtt« werde die Seele »űber sich selbst in GOtt gefűhrt / und GOtte so gleich / daß wann sie sich selber såhe / sie sich fűr GOtt wűrde schåtzen: [...] Sinthemal GOtt und die Seele in solcher Vereinigung eines sind« (in der oben zit. Ausgabe S. 15).
blik: Augenblick.
Vid[*e*]: Siehe.
Denotatur ... 3.: Hierdurch wird die Rede des Schweigens bezeichnet; hierüber siehe Maximilianus Sandaeus, *Theologia Mystica,* Buch 2, Komment. 3, [1627].

228 *Sie fraget bey den Creaturen nach ihrem Allerliebsten*
Sie: die nach der Liebesvereinigung mit ihrem himmlischen Bräutigam schmachtende Seele.
Quall: Quell.
Plan: ebene Fläche, Feldflur.
Pelican: Dem griechischen *Physiologus* zufolge konnte der Pelikan seine

von ihm getöteten Jungen nach drei Tagen mit seinem eigenen Blute wieder zum Leben erwecken. Diese Vorstellung wurde in der christlichen Symbolik auf den Opfertod Christi bezogen.

231 *Gott lobende Welt-Music*
suspiriren: holen tief Atem, seufzen.
Anstellung: Ausführung.
gewohnet: zur Gewohnheit gemacht.

233 *Auf meinen bestůrmeten Lebens-Lauff*
fug: Recht, Befugnis, auch: passende Gelegenheit.

233 *In åusserster Widerwårtigkeit*
brast: schwerer Kummer, Sorge.
feinen: veredeln.
Halt ... still: erdulde Gottes Willen.

234 *Auf GOttes Herrliche Wunder Regirung*
scheuchten: scheuten.
vorsicht: Vorsehung.
ringe spǒrk: das Geringste (kleine Unreinigkeit).
der Engel feur-verstånd: Die Engel-, Feuer- (und Geist-)Metaphorik gehört in den Bereich der für Greiffenberg zentralen Inspirationspoetik, die mit diesen Bildfeldern und Komposita wie ›Feuergeist‹ oder ›Feuerverstand‹ die Erfahrung des Göttlichen und das Verlangen nach göttlicher Inspiration, vermittelt durch die Engel, auszudrücken sucht.

235 *Uber den gekreutzigten JESUS*
Figurengedichte: S. 150 (Zesen); S. 174 (Helwig); S. 193 (Steinmann).

236 *Auf die ... Auferstehung Christi*
Überschrift im Original: »Auch auf dieselbige«.

236 *Verlangen / nach der herrlichen Ewigkeit*
unverdrungen: ohne gedrängt zu werden, frei.

237 *GOtt-lobende Frůlings-Lust*
Tråid: im Halm stehendes Getreide.

238 *Auf die Fruchtbringende Herbst-Zeit*
Zeitung-Ziel: Zeitung: Zeitigung, Reifung.
zeitig: zeitigen: zur Reife bringen.

242 *KOmm Trost der Nacht / O Nachtigal*
Lied des Einsiedlers aus dem *Simplicissimus*.

243 *Der CXXX. Psalm*
Vgl. S. 31 (Opitz); S. 65 (Fleming); S. 181 (Bucholtz).
vulgatâ: die in der katholischen Kirche maßgebliche lateinische Bibelübersetzung.

244 *Sturm-Lied*
Batrien: Geschützhügel.
Pastey: Bollwerk.
gefasten: gerüsteten.

246 *Denck-Tåffelchen*
Das »Denck-Tåffelchen« steht im Vorspann des Erstlingswerks des Erbauungsschriftstellers Abraham Kiesel (1636–1702). – Vgl. S. 266 (Schade).

247 *Abends-Andacht*
Conterfet: Contrefait: Abbild, Ebenbild.
Mohn-Safft: Opium; seit der Antike in der Medizin u. a. als Schlafmittel und zur Schmerzstillung verwendet.
Camisol: Hemd, Unterhemd.

249 *Grab Friedrichs von Logau*
Martialens: Martial: der Klassiker des lateinischen Epigramms (gest. bald nach 100 n. Chr.).
Musen-Printz: Apollo.

250 *Der Wechsel Menschlicher Sachen*
Unter der Überschrift des Gedichts steht folgendes Zitat des griechischen Kirchenlehrers Gregor von Nazianz (gest. um 390) aus der Rede über die Armen, die man lieben solle: »Gregor. Nazianzenus in Oration. de Pauperibus amandis. Nihil est in rebus humanis Naturâ stabile,

nihil aequabile, nihil sufficiens, nihil in eodem statu permanens: sed omnia quadam veluti rotâ circumvolvuntur, diversas saepe diebus singulis, atque etiam horis vicissitudines afferente.« (»Nichts ist von Natur aus dauerhaft in menschlichen Dingen, nichts gleichförmig, nichts hinreichend, nichts bleibt in demselben Zustand, sondern alles dreht sich wie ein Rad, das gegensätzliche Veränderungen oft am gleichen Tag und sogar in derselben Stunde bringt.«) – In einer fünfseitigen Anmerkung zu diesem »Wechselsatz« erklärt Kuhlmann, dass sich die »funffzig Wo̊rter« der ersten vier Zeilen – nach Athanasius Kircher – mehr als 127×10^{64} Mal versetzen lassen, dass er »mit den gro̊sten Leuten anmerke«, wie »das gro̊ste Theil der Menschen Weißheit in der Verwechselung verborgen« liege. Er stützt seine Behauptung u. a. durch ein Zitat aus Platons *Timaios*: »*Verstehst du di Zahlen* / (nemlich ihr innerliches Wesen) *so verstehest du alles.*« Ferner weist er darauf hin, dass mehr als »ein grosser Hauptband« benötigt würde, um die »Schåtze« dieses Sonetts zu »erőffnen« und es zu »zerglidern«. – Vgl. Walter Dietze, *Quirinus Kuhlmann. Ketzer und Poet. Versuch einer monographischen Darstellung von Leben und Werk,* Berlin 1963, S. 87–89.
Glimpf: Ehre, Ansehen.
Glunst: glimmende Asche, Funke.

252 *Uber den Thrånen-wůrdigen Tod des Sohnes Gottes / JEsus*
ΑΛΗΘΩΣ ... ΟΥΤΟΣ: Wahrlich, Gottes Sohn war dieser (Matth. 27,54).
Kreis: Erdkreis.
Salem: Jerusalem.
entstekket: zündet an.

252 *Der 15. Gesang*
Dieser Gesang wurde später als 15. Kühlpsalter verwendet. Mystische Gedankengänge, verflochten mit religiös-politischen Ideen von einem neuen Weltreich Kuhlmannscher Prägung, verhinderten bereits im 17. Jahrhundert weitgehend den Zugang zur Dichtung dieses genialen Schwärmers. Bis heute hat sich an dieser Situation wenig geändert. Das bisher aufschlussreichste Werk ist die Monographie Dietzes (vgl. die Anm. zu S. 250).
zu pfeilen: Liebespfeile abzuschießen.
Jesuel: Jesus-Gott (hebr. *el:* Gott).

254 *Des 117. Kühlpsalmes* I. HAUPTSCHLUS
verhischst: verhießest, versprachst.
19980: Der dreiteilige *Kühlpsalter* ist mit einer durchgehenden Verszählung versehen; der dritte Teil, dem der 117. Kühlpsalm entnommen ist, hat außerdem noch seine eigene Zählung.
fodre: fördere, unterstütze.

255 *II. HAUPTSCHLUS*
Kotterischem Friedrichswunder: Kuhlmann bezieht sich auf den Visionär Christoph Kotter (1585–1647); er sieht sich als den von Kotter und anderen erwarteten Jüngling, der den Antichrist stürzen und zum Tausendjährigen Reich überleiten werde.
sententz: Urteil.

256 *Clorinda bejamert die abschewliche Finsternuß Ihres Hertzens*
Kath: Kot.
Underschlauff: Unterschlupf.
ruchtbare: bekannte, berühmte.
Schattåchtige: wohl: im Halbdunkel lebenden.
důnsteren: dunster: dunstig (dünstern: ausdünsten) und düster.
Schwůrmische: in Schwärmen umherziehende.
Důrmisch: grimmig.
timmer: dunkler, dumpfer.
Maeotische: Maeotis palus: antiker Name des Asowschen Meeres.

263 *Christi Reich und Geburt*
Das Gedicht ist der »Zugab etlicher so wol Geistlichen als Weltlichen Gedichten« entnommen, die der Neulateiner Rettenpacher als Anhang seines einzigen deutschen Dramas veröffentlichte (*Frauen-Treu / Oder Hertzog Welff Auß Beyern*, 1682). – Vgl. S. 57 (Spee); S. 122 (Gryphius).
Chaldeer: hier: Untertanen der Semiramis, einer legendären Königin von Assyrien, die gewaltige Bauten in Babylon und Ekbatana errichtet haben soll.
Juliern: Julier: römisches Patriziergeschlecht, das seine Abstammung auf den mythischen Äneas-Sohn Julus zurückführte; bekannt vor allem durch Gajus Julius Cäsar.
Fåschen: Windeln.

bochen: pochen: trotzig behandeln, plagen.
David vor der Lade: die Überführung der israelitischen Bundeslade nach Jerusalem (2. Sam. 6,12–17).

266 [*Über die Anfangsworte des 63. Psalms*]
Die Überschrift ist den Bemerkungen zu Leben und Schaffen in der Trauerschrift auf Schade entnommen (S. 39). Jacob Spener machte die Anfangsworte des 63. Psalms zum Thema der Leichenpredigt. – Vgl. S. 246 (Klesel).

268 *Auff die Zeitung-Schreiber*
Zeitung: Nachricht.

268 *Auff Marculum*
Marculus: deutsch: Hämmerlein; Meister Hämmerlein: inkompetenter Kunstrichter, Gaukler, Hanswurst.
Pritzschemeister: Reimschmied, Dichterling.
Fůsse: Versfüße.

269 *Auff den Palm-Baum*
Palm-Baum: s. Anm. zu S. 147.

269 *An die Soldaten*
Grossen Fůhrer: Friedrich Wilhelm I. von Brandenburg (der ›Große Kurfürst‹).

270 *Die verkehrte Schǒne*
Vgl. S. 212 (Weise)
Camǒnen: altrömische Quellgöttinnen, später den griechischen Musen gleichgesetzt.
stuzet: stößt, auch: prunkt.
Lasur: lasurblau.
Ophir: nicht lokalisierbares Land in Afrika oder Asien, aus dem Salomon Gold und Edelsteine holen ließ (1. Kön. 9,26–28).
Alecto: eine der Erinnyen, der griechischen Rachegöttinnen.
Mobs: grober, träger Mensch; Klotz.

271 [*An eine Braut*]
Das Gedicht dient Rotth als Musterbeispiel dafür, wie ein Verlobter seine Braut durch ein dichterisches Liebesbekenntnis erfreuen könne. Die Randbemerkungen sind ein augenfälliges Zeugnis für den Einfluss der Rhetorik auf Poetik und Dichtung des 17. Jahrhunderts.
Blődigkeit: Scheu, Schüchternheit.
narratio: Darlegung des Sachverhalts.
Rat[*io*] *1.:* hier: Motiv der Handlungsweise.
falbes: fahles, blassgelbes.
Propositio: Formulierung des gedanklichen Kerns der narratio.
explicatio prop[*ositionis*] *per synon*[*yma*]: Erklärung der propositio durch Synonyme (sinnverwandte Beispiele).
Ratio expl[*icationis*]: die sich aus der explicatio ergebende Schlussfolgerung.
Ratio 2.: Folgerung aus Ratio 1.

274 *ALbanie gebrauche deiner zeit*
nieren: Die Nieren galten, u.a. in der Bibel, als Sitz der Gemütsbewegungen.

275 *WO sind die stunden*
zeitlich: als Gegensatz zu ewig (im christlichen Sinn).
krǻncken: krank machen.
Ambrirter: ambriert: mit Duftstoff angereichert (vgl. Anm. zu S. 280).

277 *Auff den mund*
alikant: süßer spanischer Wein.
der Inden: bezieht sich sowohl auf Amerika als auch auf Indien.

277 *Auff ihre schultern*
Vgl. S. 28 (Opitz); S. 102 (Finckelthaus); S. 143 (Zesen).
Atlas: der den Himmel tragende Titan.

278 *Sonnet. Beschreibung vollkommener schőnheit*
Berenice: Berenike II., Gemahlin des ägyptischen Königs Ptolemäus III. Euergetes, weihte für die glückliche Heimkehr ihres Gatten aus einem Krieg gegen die Syrer (246–241 v. Chr.) der Aphrodite ihr schönes

Haupthaar. Das im Tempel verwahrte Haar wurde der Sage nach von den Göttern in den Himmel entführt (Sternbild der Berenike).

278 *An Lauretten*
schlechten: u. a. glatten, einfachen.
haut: in der Handschrift M 216 (Sächsische Landesbibliothek Dresden): »hand«.

279 *Auf die bitterkeit der liebe*
Garamanten: nomadische Bewohner der mittleren Sahara.
neuen Zembles: Nowaja Semlja, Inselgruppe im Nordpolarmeer.
Scythen: eurasisches Volk, das als tapfer, aber auch als grausam galt.

280 *Opitzens*
ein kleiner Ort: Bunzlau in Schlesien.

280 *Des Ritters Marini*
Giambattista Marino (1569–1626), italienischer Dichter.
Amber: fettige Darmausscheidung des Pottwals, als Duftstoff verwendet.

280 *Marien Stuarten*
Maria Stuart (1542–87) floh 1568 nach ihrer Niederlage im schottischen Bürgerkrieg nach England. Dort wurde sie ohne förmliches Urteil gefangengesetzt, beschuldigt, an der Vorbereitung eines Attentats auf Elisabeth I. beteiligt gewesen zu sein, und schließlich enthauptet.

281 *Königin Elisabeth*
Elisabeth I. von England (1533–1603), die ›jungfräuliche Königin‹.

281 *Grabschrifft Henrici IV, Königs in Franckreich*
Heinrich von Navarra (1553–1610), seit 1562 König von Navarra, wurde 1589 König von Frankreich und beendete mit seinem Übertritt zum Katholizismus (›Paris ist eine Messe wert‹) 1593 die französischen Religionskriege. Von dem religiösen Fanatiker François Ravaillac wurde er im offenen Wagen in Paris erdolcht.

 281 *General Wallensteins*
Vgl. S. 50 (Anonym); S. 75 (Rist); S. 163 (Czepko).
Wallensteins: s. Anm. zu S. 55.

282 *Mariae Magdalenae*
Huren-Orden: In der christlichen Tradition wurde Maria Magdalena (Luk. 8,2) oft mit der namenlosen »Sünderin« (Luk. 7,37–50) gleichgesetzt.

282 *Gedancken bey Antretung des funffzigsten Jahres*
Zeug: Stoff, Materie.
Adlern: Man glaubte, dass die Adler ihre Nestlinge nicht schutzlos im Nest ließen, sondern sie auf ihren Flügeln mit sich führten (Johann Heinrich Zedler, *Grosses vollständiges Universal Lexicon Aller Wissenschafften und Künste.* Halle/Leipzig 1732 ff., Bd. 1, Sp. 518).

284 *Verachtung der Welt*
Irrwisch: Irrlicht.
Wolfskraut: Name verschiedener Pflanzen, die wegen ihrer Ungenießbarkeit oder Schädlichkeit diesen Namen tragen.
Syrten: Teile der nordafrikanischen Küste, die ihrer Sandbänke wegen gefürchtet waren.
Amber: s. Anm. zu S. 280.
Steller: Vogelsteller, -fänger.
leidet: zulässt.
Zeug: Stoff.
Trůbesand: Treibsand, Mahlsand.

287 *Thrånen Der Maria Maglalena*
bissen: büßen.
eingebisamt: mit Duftstoff (Moschus) behandeltes.
Beschein: bescheinen.
heischer: Druckfehler für ›heißer‹?, oder: ›heischender‹, verlangender?

289 *Aus dem Marino*
Die Überschrift wurde verbessert; sie lautet bei Lohenstein »Donna bella c. crudele, p. 2.« Das Sonett aus dem Zyklus *Amori* findet sich in der Tat auf S. 2 des dritten Teils einer Marino-Ausgabe von 1625, die Lo-

henstein vorgelegen haben könnte: *Rime dal Signor Cavalier Marino. Parte terza.* Appresso Nicolò Pezzana. Venetia, M. DC. LXXV.
Ist Schlang- und Rosen gleich / die Ros' und Dorn hůllt ein: Bei Marino heißt es deutlicher: »E qual vipera in rosa, ò rosa in vipera.« Das Bild von Schlange und Rose bezieht sich auf eine Fabel Äsops: Zur Vermählung Jupiters brachten alle Tiere Geschenke; Jupiter nahm sie an, bis auf das der Schlange, die eine Rose im Mund trug. Der Bildkomplex Rose/Dornen ist in der Metaphortik und Emblematik der Frühen Neuzeit weit verbreitet.

289 *An die Abgebrandte Stadt Londen*
in Londen: Haugwitz hielt sich Ende 1668 oder Anfang 1669 in London auf. Das Gedicht bezieht sich auf den großen Brand von 1666.
Tempel: In einer Anm. schreibt Haugwitz: »Massen über den damahl in Londen abgebrannten 30 000. Häusern auch 90. Kirchen / unter welchen auch die in der gantzen Welt gröste Kirche S. Pauli genannt / im Rauche auffgegangen waren.«
Ketzer ... Secten: richtet sich gegen die reformierten religiösen Gruppen.

290 *An Paris*
Luvers: Louvres.

291 *Sechstinne*
Vgl. S. 22 (Opitz).

293 *Sieghaffte Bestůrm- und Eroberung des Tůrckischen Lagers*
Pannons Auen. Pannonien, römische Provinz zwischen Ostalpen, Donau und Save. – Theiß, Drau und Sau (Save) sind Nebenflüsse der Donau.
Oßmann: Personifizierung des türkischen (osmanischen) Reiches.
Mechmets: Mehmed IV. Während seiner Regierungszeit (1648–87) kämpften die Türken mit wechselndem Erfolg auf dem Balkan und in Ungarn.
Get und Parthen: eigentlich Volksstämme des Altertums an der unteren Donau bzw. im Iran; hier die muslimischen Feinde bezeichnend.
Janitschar: Angehöriger der Kerntruppe des türkischen Heeres.

 Hecaten: Hekate: hier Königin der Unterwelt (häufig gleichgesetzt mit Persephone).
Temes: Temes oder Temesch: linker Nebenfluss der Donau, entspringt nahe der Porta Orientalis, einer Passstraße nach Osten.
LEOPOLD: Leopold I. (1640–1705, deutscher Kaiser seit 1658).
Pont Euxin: Pontos Euxeinos: das Schwarze Meer.
JOSEPHS: Joseph I. (1678–1711, Sohn Kaiser Leopolds I., römisch-deutscher König seit 1690, Kaiser seit 1705).

296 *Thůringer Wald*
Tuisconen: Tuiscon galt der humanistischen deutschen Geschichtsschreibung als Stammvater der Deutschen mit biblischer Genealogie.

298 *Die achte Satyre. Der Hof*
Glůckstopff: Los-, Lotterietopf.
lehnt: leiht.

299 *Zufriedenheit im niedrigen Stande*
Wer will, mag in den Lůfften fliegen: Die ersten vier Zeilen dieser Strophe sind ein wörtliches Zitat aus Martin Opitz' Lied »Wol dem der weit von hohen dingen | Den Fuß stellt auff der Einfalt Bahn« (Opitz, *Gesammelte Werke.* Krit. Ausg., hrsg. von George Schulz-Behrend. Bd. II/2, Stuttgart 1979, S. 664.)

301 *An Sylvien*
Überschrift im Original: »Ein anders«.
gleich: bleich?

302 *Auff den Kônig in Franckreich*
Ludewig: Ludwig XIV. (1638–1715, seit 1643 König von Frankreich) ließ im Zuge der ›Reunionen‹ am 30. September 1681 Straßburg besetzen.

302 *Auff die krônung des Rômischen Kônigs Josephi*
1690 wurde Joseph I. (1678–1711) zum römisch-deutschen König gewählt.
eignes kind: Ludwig XIV. von Frankreich versuchte vergeblich, den Dauphin auf den römisch-deutschen Königsthron zu bringen.

302 *NIcht schåme dich / du saubere Melinde*

schnecken-blut: kostbarer Farbstoff der Purpurschnecke.
thau von der johannis-nacht: galt in der Volksüberlieferung als stärkendes Mittel.
augenblau: blutunterlaufenes Auge. »Bisweilen entstehet solches [...] von innerlichen Ursachen, als Vollblütigkeit, scharffen, hitzigen und wallenden Geblüte [...] und andern grossen Leibes-Bewegungen« (Zedler [s. Anm. zu S. 282], Bd. 40, Sp. 1791).
schranck: Schranke, Absperrung.
zwar: noch in der älteren Bedeutung: in der Tat, ja bereits.

304 *Als sie sich mahlen ließ*

purpur-schnecke: Schnecke, aus deren Drüsenabsonderung die hochgeschätzte Purpurfarbe gewonnen wurde.
granate: Granatapfel.

304 *KOmm braune nacht*

braune: noch im 17. Jahrhundert in der Bedeutung ›violett‹ verwendet; ›braune Nacht‹ ist eine häufig gebrauchte Formel.

305 *An die nacht*

Julep: (pers.) Rosenwasser; kühlender Trank, Arzneitrank.

306 *Allegorisch Sonnet*

Über mögliche Vorlagen für das parodistische Sonett vgl. Claus Conermann: Metamorphosen eines Hochzeitsgedichts, in: *Wolfenbütteler Barock-Nachrichten* 2, H. 2 (1975), S. 123f.
baum-öhl: Olivenöl, das auch für Arzneizwecke verwendet wurde.
alecant: süßer spanischer Wein.
quodlibet: willkürliche Zusammenstellung, Mischmasch.
Lichtputze: Licht(putz)schere zum Beschneiden des Kerzendochtes.
flederwisch: Gänseflügel zum Abkehren.

307 *Ungereimtes Sonnett*

des Paris goldner Apfel: Im Streit um den Preis der Schönheit zwischen Hera, Athene und Aphrodite entschied sich Paris für Aphrodite, der er den goldenen Apfel überreichte.

der Venus Gůrtel: In ihrem Gürtel besitzt Venus magische Kräfte, sich die weisesten Männer und selbst Götter gefügig zu machen.
Sterbe-Kunst: Erbauungsbuch, das auf ein gottgefälliges Ende vorbereiten sollte.

307 *Abbildungen der Brůste*
Es handelt es um den dritten Texte eines Zyklus von vier Ikon-Gedichten mit »Abbildungen« der Augen, Lippen, Brüste und »der Schooß«.
der vorigen: das vorangehende Gedicht.
ankunfft: Herkommen, Abkunft.
gemetzet: gebildet (›in Stein gehauen‹).
Abels Mutter: Eva (1. Mose 3,6).
Chrysolith: als Amulett geschätzter Schmuckstein.
atlaß: Gewebe mit glatter Oberfläche, oft aus Seide.
Ein stein … mondes nahmen trågt: Mondmilch (*lac lunae*), ein Feldspat von Edelsteinqualität.
altan: Balkon, erhöhter offener Saal.
handgranaten: Granate: aus dem Italienischen ›granata‹, zunächst Granatapfel, dann miltärisch auch ›Sprengkapsel‹.
zeug: Kriegsmaterial.

310 *Als Zesens Helicon die Måuse zubissen*
Zesens Helicon: eine in vier deutschen und zwei lateinischen Ausgaben (1640–56) erschienene Poetik des Dichters Philipp von Zesen.
zubissen: zernagten.

311 *Des Des-Cartes*
cogito: In der Philosophie des René Descartes (1596–1650) gilt nur der Satz »Cogito, ergo sum« (»Ich denke, also bin ich«) als unbezweifelbar. Nur das, was so »clarè und distinct« wie jener Satz erkannt werden kann, ist wahr.
Vom dritten element: Erde. – Descartes ließ nur drei der vier Elemente gelten.

311 *Ego cogito ergo sum*
Mops: grober, dummer Mensch.

313 *An unsre teutsche Poëten*
Witz: *esprit.*
Pigmaljons: Der sagenhafte zyprische König (andere Überlieferung: Bildhauer) Pygmalion verliebte sich in eine selbstgefertigte Statue, die Aphrodite auf sein Bitten hin belebte.

313 *Prologus Persii verteutschet*
Aulus P. Flaccus Persius (gest. 62 n. Chr.) hinterließ sechs einflussreiche Satiren im Geiste stoischer Moralphilosophie, denen der hier abgedruckte Prolog vorausgeht.
Hippocrene: eine der Quellen, die ihren Ursprung dem Hufschlag des Dichterrosses Pegasus verdankt.
Pindus: Gebirgszug in Griechenland, Apollo und den Musen gewidmet.
Pirene: Peirene: Wasseranlage in Korinth, deren Hauptquelle durch den Hufschlag des Pegasus entstanden sein soll.
Dahlen: Dohlen.

Um die Wende zum 17. Jahrhundert setzte sich unter deutschen Humanisten, aber auch an einigen kulturinteressierten Höfen allmählich die Erkenntnis durch, dass die deutsche Literatur, genauer: die Literatur in deutscher Sprache, im europäischen Kontext hoffnungslos zurückgeblieben war. Denn während in der italienischen Renaissance die Rückbesinnung auf die antike Tradition und das klassische Latein auch auf die Dichtung in der Volkssprache ausstrahlte und das italienische Vorbild in den folgenden Jahrhunderten die volkssprachlichen Literaturen Frankreichs, Spaniens, Englands und der Niederlande inspirierte, verlief die Entwicklung in Deutschland anders: Die deutschen Humanisten verschrieben sich in ihrer Rezeption des italienischen Humanismus seit dem Ende des 15. Jahrhunderts weitgehend der neulateinischen Sprachkultur. Latein war die Sprache der bedeutendsten deutschen Lyriker im 16. Jahrhundert, und in lateinischer Sprache wurden Leistungen von europäischem Rang erreicht, wie sie im Deutschen noch lange nicht möglich waren.[1]

Eine der ersten Forderungen nach einer neuen deutschen Dichtung und Poetik ist in Sprache und Form selbst noch Ausdruck der Problematik eines elitären humanistischen Bildungssystems, in dem die deutsche Sprache sich selbst überlassen wurde:

Warumb sollen wir den vnser Teutsche sprachen,
In gwisse Form vnd Gsatz nit auch moͤgen machen,
Vnd Deutsches Carmen schreiben,
Die Kunst zutreiben,
Bey Mann vnd Weiben.[2]

1 Vgl. die Anthologie *Lateinische Gedichte deutscher Humanisten*, lat./dt., ausgew., übers. und erl. von Harry C. Schnur, Stuttgart ²1978.

2 Theobald Hock, *Schoenes Blumenfeldt*, Abdruck der Ausgabe von 1601, hrsg. von Max Koch, Halle/Saale 1899, S. 31. Der Titel des zitier-

Verfasser war Theobald Hock, humanistisch gebildeter Sekretär eines böhmischen Magnaten, der in einer Zeit der Liederbücher von Musikerdichtern wie Jacob Regnart und anderen 1601 die einzige Gedichtsammlung in deutscher Sprache veröffentlicht hatte. Nach derartigen vereinzelten Stoßseufzern und ebenso wirkungslosen frühen Nachahmungen romanischer Vers- und Gedichtformen[3] kam es kurz vor Ausbruch des Dreißigjährigen Krieges zu den ersten nachhaltigen Bestrebungen, die deutsche Sprache und Literatur nach dem Vorbild der europäischen Renaissancedichtung auf eine neue Grundlage zu stellen: 1617 erschien Martin Opitz' Reformschrift *Aristarchus sive de contemptu linguae Teutonicae*, die – in lateinischer Sprache, aber mit deutschen Mustergedichten – vom Niedergang des Lateinischen und der großen Zukunft der deutschen Sprache und Literatur spricht; 1617 gilt auch als Gründungsjahr der Fruchtbringenden Gesellschaft, der ersten und bedeutendsten deutschen Sprachgesellschaft, die sich die »erbawung wolanstendiger Sitten« und die Pflege der deutschen Sprache und Literatur zur Aufgabe machte; und 1618–19 veröffentlichte Georg Rodolf Weckherlin, inspiriert vor allem von der französischen Dichtung, mit den zwei Bänden seiner *Oden und Gesänge* die erste repräsentative Gedichtsammlung des Barock.

Während Weckherlin durch seine Übersiedlung nach England (1619) kaum Einfluss auf die weitere deutsche Entwicklung nehmen konnte, setzte Martin Opitz konsequent und mit großem diplomatischem Geschick die Reformbestrebungen

ten Gedichts lautet *Von Art der Deutschen Poeterey*. An welchen anspruchsvollen Vorbildern sich dieses noch unbeholfene Plädoyer für eine moderne Kunstdichtung in deutscher Sprache orientierte, zeigen manche der Texte, die Gedichte Petrarcas paraphrasieren und Themen der petrarkistischen Kunstlyrik aufnehmen.

3 Vgl. zusammenfassend über die frühen Versuche und die weitere Entwicklung Volker Meid, *Die deutsche Literatur im Zeitalter des Barock. Vom Späthumanismus zur Frühaufklärung 1570–1740*, München 2009, S. 102 ff.

 fort. Im *Buch von der Deutschen Poeterey* (1624) fasste er sein Programm der »Nationalisierung der humanistischen Poesie« zusammen[4] und stellte in zahlreichen weiteren Publikationen Musterbeispiele der verschiedenen Gattungen vor: eigene Versuche ebenso wie zahlreiche Übersetzungen und Bearbeitungen von Werken der Antike und der Renaissance, mit denen er die Möglichkeiten einer neuen deutschen Kunstdichtung demonstrieren und zur Nachahmung anregen wollte. Damit hatte er durchschlagenden Erfolg, jedenfalls in den protestantischen Territorien. Noch Gottsched nannte Opitz in seiner Gedächtnisrede 1739 den »Vater unsrer Dichtkunst«.[5] Allerdings dauerte es auch diese hundert Jahre, bis sich der katholische Süden den von Protestanten initiierten Reformen anschloss.

Die deutsche Literaturreform des 17. Jahrhunderts war weitgehend ein Projekt der humanistisch gebildeten Gelehrtenschicht in den protestantischen Territorien. Die Gelehrtendichter, in der Regel bürgerlicher Herkunft, verstanden sich als geistige Elite, als *nobilitas litteraria*, die sich in Konkurrenz mit dem Geburtsadel auch als eigener sozialer ›Stand‹ zu etablieren suchte und daher auf deutliche Abgrenzung nach unten, zur Masse der nicht humanistisch Gebildeten, bedacht war. Diese Kluft blieb bestehen. Das Deutsche trat zwar an die Stelle des Lateinischen, doch die poetologisch-rhetorischen Voraussetzungen und das humanistisch-gelehrte Arsenal der Dichtersprache mit ihrer Bildlichkeit und ihrem mythologischen Apparat blieben die gleichen. Dichtung, wenn auch jetzt in der Volkssprache, war weiterhin Reservat einer elitären Schicht. Es führt kein Weg von Hans Sachs zu Martin Opitz.

Das heißt aber nicht, dass es keine Kontinuitäten gegeben hätte; doch sie waren nicht an die Sprache gebunden. Vielmehr

4 Richard Alewyn, *Vorbarocker Klassizismus und griechische Tragödie. Analyse der Antigone-Übersetzung des Martin Opitz* [1926], Darmstadt 1962, S. 12.

5 Johann Christoph Gottsched, *Schriften zur Literatur*, hrsg. von Horst Steinmetz, Stuttgart 1972, S. 236.

bleibt die neulateinische Literaturtradition des Humanismus
»eine wesentliche Basis, auf der die deutschsprachige Lyrik des sog. Barockjahrhunderts ruht«.[6] Opitz formuliert es, gekleidet in eine Abgrenzungsstrategie, mit dem Selbstbewusstsein eines Poeta doctus so:

> Vnd muß ich nur bey hiesiger gelegenheit ohne schew dieses erinnern / das ich es fu̍r eine verlorene arbeit halte / im fall sich jemand an vnsere deutsche Poeterey machen wolte / der / nebenst dem das er ein Poete von natur sein muß / in den griechischen vnd Lateinischen bu̍chern nicht wol durchtrieben ist / vnd von jhnen den rechten grieff erlernet hat; das auch alle die lehren / welche sonsten zue der Poesie erfodert werden / [...] bey jhm nichts verfangen können.[7]

Diese poetologische Argumentation berührt sich mit einem weiteren Thema, dem der ›Verteidigung und Rechtfertigung der Dichter und der Dichtkunst‹, das im Rahmen der Literaturreform und der sozialen Aufstiegsbestrebungen der Gelehrtenschicht eine beträchtliche Rolle spielte. Die vehemente Distanzierung von der vergangenen Literaturepoche gehört ebenso in diesen Kontext wie die Auseinandersetzung mit der weit verbreiteten Praxis der Gelegenheitsdichtung, die gerade wegen ihrer Massenhaftigkeit Zweifel an der Würde der Poesie wecken musste. »Es wird kein buch / keine hochzeit / kein begra̍bnu̍ß ohn vns gemacht; vnd gleichsam als niemand ko̍ndte alleine sterben / gehen vnsere gedichte zuegleich mit jhnen vnter«, klagt Opitz über die Zwänge der Gelegenheits- und Auftragsdichtung. Des »na̍rrischen ansuchens« sei kein Ende: »Mussen wir also entweder durch abschlagen jhre feind-

6 Karl Otto Conrady, *Lateinische Dichtungstradition und deutsche Lyrik des 17. Jahrhunderts*, Bonn 1962, S. 243.

7 Martin Opitz, *Buch von der Deutschen Poeterey (1624)*, Studienausgabe, hrsg. von Herbert Jaumann, Stuttgart 2005, S. 25

 schafft erwarten / oder durch willfahren den wůrden der Poesie einen mercklichen abbruch thun. Denn ein Poete kan nicht schreiben wenn er wil / sondern wenn er kan / vnd jhn die regung des Geistes welchen Ovidius vnnd andere vom Himmel her zue kommen vermeinen / treibet.«[8]

Dem Ansehen der Poeten schadet anspruchslose Vielschreiberei, nicht das der Barockdichtung zugrunde liegende Konzept einer im gesellschaftlichen Leben verankerten Dichtungspraxis selbst. Es erhält seine Berechtigung durch Texte, die sich durch formales Können und produktive Anverwandlung der literarischen Tradition auszeichnen und mit der Würde des Anlasses und der Adressaten verbinden. Die zahlreichen Berufungen auf die himmlische Inspiration oder den göttlichen Wahnsinn besitzen allerdings eher topischen Charakter und haben wenig mit der barocken dichterischen Praxis zu tun, abgesehen allenfalls von den Inspirationslehren Johann Klajs, Catharina Regina von Greiffenbergs oder Quirinus Kuhlmanns. Casualcarmina repräsentativen Charakters finden sich in dieser Anthologie ebenso wie Texte, die nach konventionellen rhetorischen Rezepten verfertigt sind. Die Massenhaftigkeit des Phänomens können sie aber nur andeuten.[9]

Die Reformdiskussion musste von Anfang an mit einem Paradox fertigwerden. Seit der Entdeckung der Handschrift der *Germania* des Tacitus im Humanismus und der humanistischen Geschichtsschreibung des 16. Jahrhunderts gehörte der Hinweis auf die eigene ruhmreiche Vergangenheit zu den Topoi der nationalen bzw. kulturpatriotischen Argumentation. Doch um die frühere Größe wiederherzustellen und die deutsche Kultur an den internationalen Standard heranzuführen, sah man in der Orientierung an den Leistungen der Antike und

8 Ebd. S. 18f.

9 Vgl. die grundlegende Darstellung von Wulf Segebrecht, *Das Gelegenheitsgedicht. Ein Beitrag zur Geschichte und Poetik der deutschen Lyrik*, Stuttgart 1977.

der Renaissanceliteraturen der Nachbarländer (einschließlich der neulateinischen Dichtung) den einzig erfolgversprechenden Weg. Hier hatte man seit Petrarca konsequent die volkssprachlichen Literaturen auf humanistischer Grundlage reformiert, sich also die poetologisch-rhetorischen Grundlagen und das Formen-, Bilder- und Stilrepertoire der Antike in vorbildlicher Weise angeeignet und weiterentwickelt: »Wir Teutschen allein vndanckbar gegen vnserm Lande / vndanckbar gegen vnserer alten Sprache / haben jhr noch zur Zeit die Ehr nicht angethan / daß die angenehme Poesie auch durch sie hette reden mögen«, heißt es 1624 bei Opitz in der Vorrede zu den *Teutschen Poemata*.[10] Und er fügt hinzu: »Vnd weren nicht etliche wenig Bücher vor vilen hundert Jahren in Teutschen reimen geschrieben / mir zu handen kommen / dörffte ich zweiffeln / ob jemahls dergleichen bey vns vblich gewesen. Dan was ins gemein von jetzigen Versen herumb getragen wirdt / weiß ich warlich nicht / ob es mehr vnserer Sprache zu Ehren / als schanden angezogen werden könne.« Die Hinweise auf alte deutsche Literaturwerke (mit einem Walther von der Vogelweide-Zitat) haben vor allem ideologischen, beschwörenden Charakter und dienen zusammen mit der Abgrenzung von der nachmittelalterlichen Verfallsepoche als Ansporn, sich den Alten würdig zu erweisen: Hatte es einst eine hochstehende Dichtung in deutscher Sprache gegeben, so konnte sie es auch wieder geben – wenn man die entsprechenden Lehren zog und die gegenwärtige Überlegenheit der europäischen Renaissanceliteraturen anerkannte, ihrem Vorbild nacheiferte, um sie dann womöglich zu übertreffen.

Opitz' *Prosodia Germanica* – so lautete der Obertitel des *Buchs von der Deutschen Poeterey* seit der zweiten Auflage (1634) – enthielt außer den auf die deutsche Sprache und Verskunst bezogenen Vorschriften nichts, was nicht schon in den vorhergehenden Poetiken des Humanismus und der Renais-

10 Opitz (s. Anm. 7), S. 96; das folgende Zitat ebd.

 sance zu finden gewesen wäre. Und diese metrischen Grundsätze wurden entscheidend für die deutsche Entwicklung. Während Opitz noch in seiner ersten Reformschrift ebenso wie Georg Rodolf Weckherlin, Tobias Hübner und andere für den rhythmisch flexiblen ›Renaissancevers‹ nach französischem Vorbild plädiert hatte – feste Silbenzahl mit gewissen Regeln bei der Besetzung von Zäsur und Reim –, formulierte er nun nach niederländischem Vorbild ein Betonungsgesetz mit regelmäßigem Wechsel von Hebung und Senkung bei Beachtung des ›natürlichen‹ Wortakzents.[11] Damit verpflichtete er die deutsche Versdichtung auf alternierende Verse, Jamben und Trochäen, eine Einschränkung allerdings, die bald aufgegeben wurde.

Angeregt von dem einflussreichen Wittenberger Professor Augustus Buchner führten Philipp von Zesen, Georg Philipp Harsdörffer und andere experimentierfreudige Dichter daktylische und anapästische Verse ein und versuchten sich in frei erfundenen Mischformen und der Nachahmung antiker Odenstrophen, allerdings ohne auf den Reim zu verzichten. Die neue Versregulierung hatte bei allen theoretischen und praktischen Schwierigkeiten etwa hinsichtlich der Gewichtung von Silben und der Vielzahl von einsilbigen Wörtern den entscheidenden Vorteil der Simplizität, einer Einfachheit, die in einer Aufbauphase nur von Vorteil sein konnte. Sie trug wesentlich zur Akzeptanz der Versreform und dem raschen Aufschwung der poetischen Produktion in deutscher Sprache bei.

Besondere Bedeutung für die Lyrik[12] hatte in der Phase der

11 Vgl. Christian Wagenknecht, *Weckherlin und Opitz. Zur Metrik der deutschen Renaissancepoesie*, München 1971.

12 Die deutsche Barockpoetik kennt keine ›Naturform‹ oder einen Oberbegriff Lyrik. Erst Charles Batteux gelang es, Lyrik – verstanden als Nachahmung von Empfindungen – als eigene Hauptgattung neben Epik und Dramatik in das Gattungssystem einzufügen (*Les beaux-art réduits à une même principe*, 1746). Bis dahin blieb es bei einer Aneinanderreihung einzelner Gattungen und Formen im An-

Neuorientierung der deutschen Literatur neben der Aneignung der sprachlich-metrischen Fertigkeiten die Adaption des umfangreichen Bild- und Motivvorrats der antiken Literatur und Mythologie und des modernen Petrarkismus sowie der Themen und der Formen der modernen europäischen Dichtung. Das Formenspektrum reicht vom einfachen Lied (›Ode‹) über Epigramm und Sonett bis hin zu komplexen Großformen wie Sestine und Pindarische Ode und spielerischen bzw. manieristisch-kombinatorischen Kunststücken wie Echogedicht oder ›Wechselsatz‹.[13] Opitz wählte seine Vorlagen ganz in diesem Sinn, und der Erfolg bestätigte sein Verfahren. Seine Übersetzungen und Bearbeitungen von Texten der Antike und der Renaissanceliteraturen Frankreichs, Italiens und der Niederlande boten seinen deutschen Zeitgenossen die Modelle und Muster, auf denen sich aufbauen ließ: Nachahmung (*imitatio*) und Wetteifer (*aemulatio*) nun auf nationaler Ebene.

Dabei zeigt sich, wie die Anthologie an einer Reihe von Beispielen belegt, dass viele Gedichte und Lieder geradezu zur Nachahmung herausforderten und zu zahlreichen, eng an das Original angelehnten Umdichtungen (›Parodien‹) führten. Dazu gehören Texte wie das an Pierre de Ronsard anknüpfende Lied »Ich empfinde fast ein Grawen | Daß ich / Plato / für und für | Bin gesessen uber dir«, das ebenfalls von einem französischen Beispiel angeregte Lied »Ach Liebste / laß uns ei-

schluss an die antiken Muster und die humanistischen Poetiken der Renaissance. Üblich war eine Einteilung der Texte »nach ihrer Materie« und »nach ihrer Form«, wie sie beispielsweise Georg Neumark in seinem Lehrwerk *Poetische Tafeln / Oder Gründliche Anweisung zur Teutschen Verskunst* (1667; reprograf. Nachdruck Frankfurt a. M. 1971) schematisch durchführt und damit zusammenfasst, was Gemeingut der Poetiken der Zeit war.

13 Vgl. Christian Wagenknecht, »Proteus und Permutation. Spielarten einer poetischen Spielart«, in: *Text + Kritik*, H. 30: Konkrete Poesie, München ²1975, S. 1–10.

 len / | Wir haben Zeit« oder eine Reihe rhetorisch besonders kunst- und effektvoll strukturierter Sonette nach französischen und italienischen Vorbildern.[14]

1634 und 1635 erlebte das *Buch von der Deutschen Poeterey*, zehn Jahre nach Erstauflage, in Breslau, Danzig und Wittenberg vier Neuauflagen: Zeichen dafür, dass die Literatur- und Versreform sich in den protestantischen Territorien durchzusetzen begann. Opitz war es mit seinem Organisations- und Kommunikationstalent gelungen, eine Reihe von einflussreichen Anhängern und Freunden zu gewinnen, die für die Verbreitung seiner Vorstellungen unter den akademischen Eliten sorgten. Zu ihnen gehörten Christoph Köler (Colerus) und Augustus Buchner, die als Professoren am Elisabeth-Gymnasium in Breslau bzw. an der Universität Wittenberg einige der bekanntesten deutschen Dichter des 17. Jahrhunderts zu ihren Schülern zählten.

Johann Rist in Wedel bei Hamburg, die aus Schlesien stammenden Andreas Tscherning und Johann Peter Titz in Rostock bzw. Danzig, Simon Dach und seine Freunde im preußischen Königsberg stehen für den Erfolg der Reform im Norden und Nordosten; in Leipzig orientierten sich Paul Fleming und andere Studenten an Opitz' Beispiel, wobei Flemings bedeutendste Leistungen erst später, abseits vom Literaturbetrieb, während der Jahre dauernden Russland- und Persienreise entstanden. Und obwohl es im Südwesten im Umkreis der Straß-

14 Beispiele sind seine Fassung des in ganz Europa vielfach nachgeahmten Petrarcasonetts »S' amor non è« (»Ist Liebe lauter nichts / wie daß sie mich entzündet«), das »zum theil von dem Ronsardt« entlehnte Sonett »Ihr / Himmel / Lufft und Wind / ihr Hůgel voll von Schatten«, dessen Aufbau auf dem sogenannten Konklusions- oder Summationsschema basiert, oder der mit ›antithetischer Steigerung und Correctio‹ bezeichnete Gedichttyp, den Opitz nach einem französischen Vorbild mit dem *Sonnet ůber die augen der Astree* in die deutsche Literatur einführte und dem noch Hoffmannswaldau neue Seiten abgewann (*Auff ihre schultern*).

burger Aufrichtigen Tannengesellschaft[15] gewisse Vorbehalte gab – Jesaias Rompler von Löwenhalt spielte Weckherlin gegen Opitz aus –, setzten sich letztlich die Opitzianer durch, die auch in der Schweiz u. a. mit Johann Wilhelm Simler Anhänger fanden.

Noch während der Konsolidierungsphase stießen einige Poeten neue Entwicklungen an. Ohne die Grundlagen der Reform in Frage zu stellen, brachen sie mit manchen ihrer Vorgaben und ihrer klassizistischen Enge. Die Zeit der bloßen Einübung einer neuen Dichtersprache ging ihrem Ende entgegen. So setzte Andreas Gryphius dem opitzianischen Klassizismus ein in der deutschsprachigen Lyrik bisher unerhörtes Pathos der Rede entgegen. Mit großer Wucht, mit dem ganzen affekterregenden Repertoire der Rhetorik konfrontierte er den Leser mit der Vergänglichkeit alles Irdisch-Menschlichen, seinem durch die Not und das Leiden im Dreißigjährigen Krieg aktualisierten zentralen Thema, und verweist damit zugleich auf den Weg zum ewigen Leben, der über das Leiden führt.

Während Gryphius bis auf gelegentliche Daktylen an formalen Neuerungen weniger interessiert war, ging es anderen Dichtern darum, die formalen Möglichkeiten der Versdichtung zu erweitern und die Sprache der Dichtung ästhetisch zu sensibilisieren. Philipp von Zesen griff Buchners Plädoyer für daktylische und anapästische Verse noch vor Ende seines Studiums in Wittenberg im *Deutschen Helicon* von 1640 auf, der ersten deutschsprachigen Poetik nach Opitz. Er experimentierte darüber hinaus mit metrischen Mischformen und steigerte die Wirkung der Neuerungen durch die Musikalität sei-

15 Die 1633 gegründete Aufrichtige Tannengesellschaft ist nach der Fruchtbringenden Gesellschaft die zweite deutsche Sprachgesellschaft des 17. Jahrhunderts. Diese Gesellschaften – es kamen u. a. noch Philipp von Zesens Deutschgesinnete Genossenschaft (1642/1643), der Nürnberger Pegnesische Blumenorden (1644) und Johann Rists Elbschwanorden (1658) hinzu – spielten eine wichtige Rolle als Vermittler der Reformideen.

 ner Sprache, durch eine entschiedene Betonung ihrer Klangwirkungen. Seine Dichtung berührt sich in manchem mit der Lyrik der Nürnberger Poeten des Löblichen Hirten- und Blumen-Ordens an der Pegnitz. Die führenden Köpfe der Dichtergesellschaft waren Georg Philipp Harsdörffer, der Buchner-Schüler Johann Klaj und Sigmund von Birken, die sich ebenfalls mit den Variations- und Kombinationsmöglichkeiten verschiedener Versmaße und Strophenformen beschäftigten und die Klangmöglichkeiten der Sprache durch die gehäufte Verwendung von Alliteration, Assonanz und Binnenreim auszuschöpfen suchten. Lautmalerei war ihr Markenzeichen.

Aus dieser Situation heraus wird die übersteigerte Selbsteinschätzung der neuen Dichtergeneration begreiflich, einer Gruppe avantgardistischer Talente, die glaubte, mit ihrem souveränen Spiel mit dem Sprachmaterial die dichterischen Leistungen der Antike überflügelt zu haben. Philipp von Zesen schreibt im *Deutschen Helicon*:

Nun möcht ihr klugen Griechen
und ihr aus Latien euch ingesambt verkriechen /
Es geht euch allen vor die deutsche Nachtigall /
Die nun so lieblich singt / daß auch ihr sůßer schall
Die andern ůbertrift.[16]

Und Johann Klaj nutzt seine Übertragung einer Ode Jacob Baldes, des bedeutendsten neulateinischen Lyrikers der Zeit, um auch die zeitgenössischen Neulateiner in ihre Schranken zu verweisen. Es handelt sich um die Ode *Ad Valerium Adonem Laurentii Adonis Fr. Musae Cingarae. Sive artium & scientiarum de regno in regnum migratio* (*Silvae* V,19), die von der Wanderung der von den Türken vertriebenen Musen nach Wes-

16 Philipp von Zesen, *Sämtliche Werke*, Bd. 9, bearb. von Ulrich Maché, Berlin / New York 1971, S. 22.

ten und Norden handelt und in einen Preis der Wissenschaften und Künste in den Niederlanden und in Deutschland mündet.[17] Klajs Version trägt den Titel *Die Ziegeunerische Kunstgöttinnen / oder Der freyen Künste und Wissenschaften Reisefahrt aus eim Königreiche in das ander*. Sie erweitert Baldes Text nicht nur, sondern biegt ihn am Schluss auch um: Wo Balde mit Hugo Grotius und Matthias Casimir Sarbiewski (Sarbievius) Neulateiner als Zeugen für die Blüte der modernen Literatur nennt, setzt sich Klaj nach einer Aufzählung neulateinischer Dichter und Gelehrter von diesen wie von der gesamten griechischen und lateinischen Tradition mit nationalliterarischer Emphase ab:

> […] die Teutschgelehrte Schaar
> Spricht: Römer komm / komm Griech / Wir wollen eines wagen /
> Was du kanst / kan ich auch / Ich kan dich schlagen / jagen.
> Gib mir die Palmen her / was ich kan / kanst du nicht /
> Der Worte Zierlichkeit / die Reimart dir gebricht.
> Herr Harßdorf fahre fort / mit andern Teutschen Helden […].[18]

17 Diese Vorstellung steht in einem geschichtsphilosophischen Kontext, in dem die alte Lehre von den einander ablösenden Weltreichen anklingt, die bereits Conrad Celtis in der Ode *Ad Apollinem* (1486) auf die Poesie übertragen hatte, auf die Wanderung der Musen vom griechischen Parnass nach Rom und dann über die Alpen in die deutschsprachigen Länder (Text und Interpretation in: Eckart Schäfer, »Conrad Celtis' Ode an Apoll. Ein Manifest neulateinischen Dichtens in Deutschland«, in: *Gedichte und Interpretationen 1: Renaissance und Barock*, hrsg. von Volker Meid, Stuttgart 1982 [u.ö.], S. 81–93). Vgl. auch das Gedicht *Der Norische Parnaß* Johann Gabriel Maiers in dieser Anthologie (S. 173).

18 Georg Philipp Harsdörffer, *Frauenzimmer Gesprächspiele*, hrsg. von Irmgard Böttcher, Tl. 6 [1646], Tübingen 1969, S. 67f.

 Mit den Texten Zesens, Harsdörffers und Klajs waren Versgebilde von einer Lebendigkeit, Klangfreude und rhythmischen Beweglichkeit entstanden, die die deutsche Literatur bis dahin nicht gekannt hatte. Diese Tendenzen setzten sich fort in der formalen Meisterschaft der Lieder der *Geharnschten Venus* Kaspar Stielers, der Sonett- und Liedkunst Catharina Regina von Greiffenbergs mit ihrer ans Manieristische grenzenden Metaphorik und Wortkombinatorik, der paradoxen mystischen Epigrammatik Johannes Schefflers, dem ebenso ekstatisch-prophetischen wie rational kalkulierten *Kühlpsalter* des Chiliasten Quirinus Kuhlmann und schließlich der scharfsinnigen und dekorativen Metaphorik der Lyrik des Spätbarock.

Seit der Mitte des Jahrhunderts zeigt sich so eine allmähliche Abkehr vom opitzianischen Klassizismus und seinen Forderungen nach Klarheit und Reinheit der Sprache, einem angemessenen Verhältnis von ›Sachen‹ und ›Wörtern‹ und einer maßvollen Bildersprache: Die Metaphern dürften, hatte es noch bei Augustus Buchner geheißen, »nicht zu dunckel / und allzuweit hergenommen« sein.[19] Doch nun verloren die auf einem klassizistischen Rhetorikkonzept beruhende Harmonievorstellung und mit ihr Kriterien wie Angemessenheit und Deutlichkeit an Rückhalt, während die artistische Form und der rhetorische Ornatus an Bedeutung gewannen. Hatte sich Opitz die Renaissancepoesie der west- und südeuropäischen Länder zum Vorbild genommen, traten nun vor dem Hintergrund elaborierter Theorien der ›Scharfsinnigkeit‹ (Argutia) die ›barocken‹ und ›manieristischen‹ Tendenzen der Literaturen Italiens und Spaniens zunehmend, aber keineswegs durchgehend und überall, an ihre Stelle.

Diese Veränderungen vollzogen sich wiederum mit beträchtlicher Verspätung und größeren zeitlichen Verschiebungen. So wurde die sensualistische Kunst Giovan Battista Mari-

19 Augustus Buchner, *Anleitung zur deutschen Poeterey. Poet*, hrsg. von Marian Szyrocki, Tübingen 1966, S. 67.

nos, des Verfassers des *Adone* (1623), erst Jahrzehnte nach seinem Tod in Deutschland fruchtbar. Das lag auch daran, dass es der deutschen Dichtersprache zunächst noch an der erforderlichen Geschmeidigkeit und Biegsamkeit fehlte, an der Fähigkeit, den auf verblüffende Wirkungen zielenden metaphern- und anspielungsreichen Stil des Italieners angemessen wiederzugeben. Erst mit dem Schaffen Zesens und der Nürnberger wurde eine Stufe erreicht, von der aus eine Imitatio der ›marinistischen‹ italienischen Dichtung möglich wurde.

Das war der Ausgangspunkt Hoffmannswaldaus, der schon früh die »gutten Erfindungen« der »Welschen« zu schätzen wusste.[20] Seine Dichtungen entstanden zu einem großen Teil bereits in den 1640er Jahren, blieben jedoch ungedruckt und damit einer größeren Öffentlichkeit unbekannt. Ihre Wirkung setzte erst mit der dem Druck einer Auswahlausgabe von 1679 (*Deutsche Vbersetzungen Und Getichte* bzw. *Gedichte*)[21] und den ersten beiden Bänden von Benjamin Neukirchs Anthologie *Herrn von Hoffmannswaldau und andrer Deutschen auserlesene und bißher ungedruckte Gedichte* (1695, 1697) ein. Neukirchs Sammlung enthielt dann auch die zahlreichen »Lust-Getichte«, die Hoffmannswaldau nicht für die Öffentlichkeit bestimmt hatte[22] und die später für ein höchst einseitiges Hoffmannswaldau-Bild in der Literaturgeschichte sorgten.

Angesichts ihrer Publikations- und Wirkungsgeschichte gehören Hoffmannswaldaus Gedichte eher der Spätphase der barocken Lyrik an, in der Lohenstein und andere ›Schlesier‹ die manieristische Sprachkunst weiterführten und zugleich mit der ebenfalls auf Hoffmannswaldau zurückverweisenden sogenannten galanten Dichtung eine allmähliche Abkehr von

20 Christian Hoffmann von Hoffmannswaldau, *Deutsche Übersetzungen und Getichte*, hrsg. von Franz Heiduk, Hildesheim [u.a.] 1984, Tl. 1, S. [34].

21 Es erschienen mehrere Drucke mit der Jahresangabe 1679; daher die Alternativschreibweise des Titels.

22 Hoffmannswaldau (s. Anm. 20), S. [41].

 den Extremen des scharfsinnigen und dekorativen Metaphernstils einleiteten. Parallel dazu setzte gegen Ende des Jahrhunderts eine klassizistische Gegenbewegung gegen den manieristischen Metaphernstil ein, die an den opitzianischen Klassizismus anknüpfen konnte, der ohnehin nie gänzlich verschwunden war. Verstärkt wurden diese Tendenzen durch die Rezeption des französischen klassizistischen Stilideals, »wo Vernunfft und Reim gern bey einander steht«, wie es Friedrich Rudolph Ludwig von Canitz nach Nicolas Boileau (*L'Art poétique*, 1674) in einer Versepistel formulierte.[23]

Allerdings beschreibt diese verkürzte Rekonstruktion der Geschichte der deutschen Lyrik nur einen Teilbereich eines wesentlich komplexeren Bildes. Die Erweiterung der Ausdrucksmöglichkeiten des lyrischen Sprechens ist kein kontinuierlicher, linearer Prozess, der vom klassizistischen Stil opitzianischer Prägung über einen rhetorisch sich steigernden oder experimentellen, spielerisch-artistischen Stil zu einer Spätphase führt, in der Artistik Selbstzweck ist und schließlich wieder zurückgenommen wird. Zu einem Gesamtbild gehören auch gattungs- und funktionsbedingte Restriktionen, die etwa beim protestantischen Kirchenlied nur wenig Raum für eine gesteigerte Artistik lassen. Hier bleibt die Bindung an die Reformation mit ihrer Betonung des Bibelworts eng, d.h. die Lieddichtung schließt sich in der Regel weiterhin an den Wortlaut der Bibel an und kombiniert, paraphrasiert und deutet je nach Anlass Bibelworte in erbaulicher und belehrender Absicht. Ihre Funktion verlangt den niederen Stil. Erst im Lauf des Jahrhunderts lockern sich die stilistischen Vorgaben etwas, auch unter Berufung auf die Bibel, »angesehen die Psalmen selbst nichts anders als Gedichte / derer etliche ůbermassen

23 Friedrich Rudolph Ludwig Freiherr von Canitz, *Gedichte*, hrsg. von Jürgen Stenzel, Tübingen 1982, S. 237. – Die erst postum gedruckte Epistel schickte Canitz am 7. Juli 1676 von Lyon aus an einen Adressaten in Jena.

hoch vnd mit den schönesten Arten zu reden / die himmlichen Geheimnüß außdrucken«.[24]

Außerdem stieß die Literaturreform an soziale und konfessionelle Grenzen. Von vornherein ausgeschlossen war die nichtakademisch gebildete Bevölkerung, denn hier fehlte es an den für die gelehrte Kunstdichtung erforderlichen Voraussetzungen. Dafür aber lebten die älteren deutschen Traditionen weiter. Die Ausdrucksformen der deutschsprachigen Dichtung des 16. Jahrhunderts – Volkslied, Kirchenliedstrophen, Knittelverse, Meistergesang – wurden weiter gepflegt, wenn sie auch ohne Einfluss auf die literarische Entwicklung blieben und von der sich elitär abgrenzenden Bildungsschicht mit Verachtung gestraft wurden. Daneben gab es aber auch auf andere Art unzeitgemäße Autoren wie die spiritualistischen Kreisen nahestehende, humanistisch gebildete Anna Ovena Hoyers, die zwar die opitzschen Regeln kannte, sie aber in ihren vielfach an Reformationspolemiken erinnernden Texten weitgehend ignorierte und häufig auf den Knittelvers zurückgriff. Zugleich zeigte sie jedoch eine durchaus zeitgemäße Vorliebe für Akrosticha, Chronogramme und Anagramme mit religiösem, mystischem oder politischem Hintersinn.

Ein folgenschweres Hindernis für eine einheitliche, für eine ›gesamtdeutsche‹ Literaturentwicklung war die konfessionelle Spaltung des Deutschen Reiches. Die katholischen Territorien West- und Süddeutschlands bzw. ihre Autoren verschlossen sich weitgehend der protestantisch dominierten Sprach- und Literaturreform und führten eigene Traditionen weiter. Dabei setzten sie auf eine Doppelstrategie. Im Gegensatz zu den protestantischen Literaturreformern, die bei grundsätzlicher Zweisprachigkeit das Lateinische auch aus patriotischen Grün-

24 Andreas Gryphius in der Vorrede zu seiner Liedersammlung *Thränen über das Leiden JEsu Christi* [1652], in: *Gesamtausgabe der deutschsprachigen Werke*, Bd. 2, hrsg. von Marian Szyrocki, Tübingen 1964, S. 98.

 den allmählich in den Hintergrund drängten, hielten die katholischen Autoren grundsätzlich am Vorrang des Lateinischen für den Diskurs unter den Gebildeten fest und führten zur gleichen Zeit im Einklang mit ihrem missionarischen Auftrag die Tradition einer nichtelitären Literatur für alle, Gebildete und Ungebildete, in der Volkssprache fort. Von einigen Autoren wie dem protestantisch sozialisierten Angelus Silesius (Johannes Scheffler) oder dem Benediktiner Simon Rettenpacher abgesehen, verweigerten sie sich den Normierungstendenzen der Opitzianer und der Fruchtbringenden Gesellschaft. Sie bauten auf eigene, oberdeutsche Sprach- und Literaturkonventionen, behielten volkstümliche Sprach- und Stilelemente bei und bestanden auf der in »disen Landen vblichen Sprach«.[25]

Die deutschsprachige katholische geistliche Lyrik entstand im Dienst der katholischen Reform und der Volksmission und hatte, anders als das protestantische Kirchenlied, keine liturgische Funktion im Gottesdienst als Ersatz für die lateinischen Gesänge. Die katholischen Lieder fanden Verwendung bei Laienunterweisungen, Bruderschaften, Prozessionen und Wallfahrten und erforderten dabei wie der protestantische Gemeindegesang den niederen Stil, nun aber im Rahmen der oberdeutschen Sprach- und Literaturtradition bzw. bei Friedrich Spee in der eigenen rheinischen Mundart. Volkstümliche Stilelemente blieben so erhalten, auch in den zahlreichen Übersetzungen lateinischer Hymnen- und Liedtexte, die in die Gesangbücher eingegangen sind.

Den propagandistischen Erfolgen des lutherischen Kirchenlieds und der Übersetzungen des sogenannten Hugenottenpsalters suchte vor allem der Jesuitenorden dadurch entgegenzuwirken, dass er eigene Gesangbücher herausgab und die Produktion neuer, den Katechismusunterricht stützender Lieder förderte. Bedeutendster Liederdichter des Ordens war

25 Albert Curtz, *Harpffen Dauids Mit Teutschen Saiten bespannet*, Augsburg 1659, Vorbericht § 8.

Friedrich Spee, der sich anonym mit Liedern zur Kinder- und Volkskatechese an dem gegenreformatorischen Programm beteiligte.[26] Davon unterscheidet sich jedoch sein lyrisches Hauptwerk, *Trvtz Nachtigal* (entstanden seit etwa 1630, Druck postum 1649).

Der Unterschied zu den frühen Liedern besteht nicht in der geistlichen Wirkungsabsicht, sondern in den Adressaten seiner Dichtung: »Allen geistlichen, gottliebenden Seelen, vnd sonderlich der poëtischen Kunst gelehrten Liebhabern zur Erquickung«, heißt es im Autograph der Trierer Handschrift von 1634 auf dem Titelblatt.[27] In den einleitenden »Merckpünctlein für den Leser« argumentierte er wie die protestantischen Literaturreformer für die Eignung der deutschen Sprache zur höheren Poesie, dass Gott auch »in Teutscher Spraach seine Sänger, vnd poëten hette, die sein Lob, vnd Namen eben also künstlich, vnd poëtisch als andere in anderen Spraachen, singen, vnd verkünden köndten«.[28] In dem an die Musen gerichteten lateinischen Distichon auf der Rückseite des Titelblatts, dessen Anfangsworte der vierten Ekloge Vergils entnommen sind, unterstreicht Spee seinen doppelten Anspruch auf Dichterruhm – als geistlicher wie als moderner Dichter deutscher Sprache: »Sicelides Musae Sacrum decorate Poëtam | qui vos Germano nunc facit ore loqui«[29] (»Sizilianische Musen, bekränzt den geistlichen Dichter, der euch nun auf Deutsch sprechen lässt«).

Eher beiläufig nennt Spee in den »Merckpünctlein« einige Regeln für die von ihm vertretene deutschsprachige geistliche Kunstpoesie. Seine metrischen Empfehlungen beschränkt er

26 Vgl. Friedrich Spee, *Die anonymen geistlichen Lieder vor 1623*. Mit einer Einleitung hrsg. von Michael Härting, Berlin 1979.

27 Friedrich Spee, *Trvtz-Nachtigal*. Kritische Ausgabe nach der Trierer Handschrift, hrsg. von Theo G. M. van Oorschot, Stuttgart 1985, S. 3.

28 Ebd. S. 5.

29 Ebd. S. 4.

 wie Opitz auf Jamben und Trochäen. Zugleich formuliert er wie der protestantische Reformer ein auf dem Wortakzent (nach »gemeiner außspraach«) beruhendes Betonungsgesetz, das unabdingbar für die »Lieblichkeit« der Verse sei (und dem bereits seine vor der opitzianischen Reform verfassten Lieder im Wesentlichen entsprochen hatten).[30]

Spees Anspruch, die Gebildeten mit künstlerischen Mitteln, »auff recht Poëtisch«, zu erreichen, fand Nachfolger in der späteren katholischen Lieddichtung. Die Autoren reagierten damit auf die Bedürfnisse und Erwartungen eines gehobenen Publikums, das mit der modernen europäischen Dichtung und ihren Stilmitteln vertraut war und dessen Interesse an geistlicher Poesie in deutscher Sprache durch den verstärkten Einsatz poetischer und rhetorischer Mittel erhalten bzw. zurückgewonnen werden sollte. So entstand bis hin zu Laurentius von Schnüffis eine vielseitige katholische Lieddichtung, bei der sich der erbauliche Zweck eindrucksvoll mit Bilderreichtum und Klangfreude verbindet. Es sind Texte, bei denen der durch manche regionale Sprachformen hervorgerufene Eindruck der ›Volkstümlichkeit‹ durchaus täuschen kann, Texte auch, die mit ihrer sinnlichen Bildsprache und ihrer Musikalität an Werke mancher protestantischer Dichter und Dichterinnen aus Süddeutschland und Österreich wie Johann Klaj oder Catharina Regina von Greiffenberg erinnern.

Diese Annäherungen ändern jedoch nichts an der grundsätzlichen Kritik an der jeweiligen sprachlichen und poetischen Praxis der anderen konfessionellen Seite. Für die nord- und mitteldeutschen protestantischen Dichter war das Beharren auf den oberdeutschen Sprachformen befremdlich, unverständlich und in poetischer Hinsicht indiskutabel. Der Kieler Polyhistor und klassizistische Opitzianer Daniel Georg Morhof steht nicht allein, wenn er schreibt: »Die Bayern / Tyroler und Oesterreicher haben keine sonderliche Art im Poeti-

30 Ebd. S. 6.

siren / und weiß ich deren keine zu nennen. Denn ihre Sprache und Mundart ist unfreundlich / deßhalben die Tichterey frembde und unlieblich.«[31] Auf der anderen Seite betont der Jesuit Albert Curtz seine Distanz zu den sprachlichen und poetischen Reformen der Fruchtbringenden Gesellschaft und stellt zugleich ihre Berechtigung in Frage. In der Vorrede seiner Psalmenübersetzung, die er »zu Geistlichem Nutz / vnd Trost deß Oesterreichischen / Bayrisch: vnd Schwäbischen Frawenzimmers« in der »in disen Landen vblichen Sprach« verfasst habe, heißt es:

> Absonderlich ist auch hier zu bedeuten / daß wir vns in vbersetzung dises heyligen Psalters / keines weegs der newgeteutschten / vnd an etlichen Orthen eingeführten Worten gebrauchen wollen; diß seynd Bemühungen etlicher sinnreicher Geister / mit welchen die Einfalt deß heyligen Lieds nichts zuschaffen hat. Ist auch ohne daß zweiffelhafftig / ob diser newe fruchtbringende Baum / in dem richtig teutschen Garten geduldet werden wolle?[32]

Die sprachliche und literarische Teilung Deutschlands als Folge der Reformation, gefördert durch eine rigide konfessionell geprägte Zensurpolitik der Territorien und Reichsstädte, dauerte bis weit ins 18. Jahrhundert hinein.[33]

31 Daniel Georg Morhof, *Unterricht Von der Teutschen Sprache und Poesie / Deren Ursprung / Fortgang und Lehrsätzen*, Lübeck/Frankfurt 1700, S. 394 f. – Selbst die führenden Nürnberger Poeten (Johann Klaj, Georg Philipp Harsdörffer, Sigmund von Birken) stießen wegen ihrer regionalen Eigenheiten bei Morhof auf Kritik (»ist doch etwas frembdes darbey / daß in den Ohren der Schlesier und Meißner nicht wohl klinget«, ebd. S. 394).

32 Curtz (s. Anm. 25), Vorbericht § 8

33 Zu diesem Komplex vgl. Dieter Breuer, *Oberdeutsche Literatur 1565–1650. Deutsche Literaturgeschichte und Territorialgeschichte in frühabsolutistischer Zeit*, München 1979.

[Matthäus Apelles:] SYMBOLA Oder Gedenck-Sprůche [...]. Zusam̃t noch etlichen / absonders beygesetzten Geistlichen Oden. [...] o. O., o. J. (1–2; Bl. (2.) 8r f., Bl. (3.) 5v – (3.) 6v)

AUGUSTUS AUGSPURGER
1620 (Prag) – 1675 (Weißenfels)

Augusti Augspurgers Reisende Clio. Abgetheilet In Drey Bůcher. Dreß-den / Gedruckt vnd vorlegt durch Gimel Bergens S. Erben / 1642. (Bl. C 6r)

JOHANN VON BESSER
1654 (Frauenburg, Kurland) – 1729 (Dresden)

Benjamin Neukirchs Anthologie. Herrn von Hoffmannswaldau und andrer Deutschen auserlesene und bißher ungedruckte Gedichte. Tl. 1. Hrsg. von Angelo George de Capua und Ernst Alfred Philippson. Tübingen: Niemeyer, 1961. (Neudrucke deutscher Literaturwerke. N. F. 1.) (S. 69 f.)

SIGMUND VON BIRKEN
1626 (Wildstein bei Eger) – 1681 (Nürnberg)

[Birken:] Fortsetzung Der Pegnitz Schåferey / behandlend / unter vielen andern rein-neuen freymuhtigen Lust-Gedichten und Reimarten / derer von Anfang des Teutschen Krieges verstorbenen Tugendberůmtesten Helden Lob-Gedåchtnisse [...] Nůrnberg / In Verlegung Wolffgang Endters. Im Jahr M. DC. XXXXV. (1; S. 82)
[Birken:] PEGNESIS: oder der Pegnitz Blumgenoß-Schäfere FeldGedichte in Neun Tagzeiten: meist verfasset / und hervorgegeben / durch Floridan. Nürnberg / Gedruckt und verlegt von Wolf-Eberhard Felseckern. A. MDCLXXIII. (2; S. 59 f.)

ANDREAS HEINRICH BUCHOLTZ
1607 (Schöningen, Braunschweig) – 1671 (Braunschweig)

ANDR. HENR. Bucholtz Geistliche Teutsche Poëmata in zween Theile gefasset. Vor diesem absonderlich heraußgegeben / jetzo von neuen übersehen / verbessert und theils vermehret / Auch auff Begehren andåchtiger Hertzen zum andern Druk befodert. Braunschweig / Bey Christoff-Friederich Zilligern Im Jahr M DC LI. (S. 267 f.)

FRIEDRICH RUDOLPH LUDWIG VON CANITZ

1654 (Berlin) – 1699 (Berlin)

Friedrich Rudolph Ludwig Freiherr von Canitz: Gedichte. Hrsg. von Jürgen Stenzel. Tübingen: Niemyer, 1982. (1–2; S. 294, S. 248 f.)

CASPER: siehe LOHENSTEIN

DANIEL CZEPKO VON REIGERSFELD

1605 (Koischwitz bei Liegnitz) – 1660 (Wohlau, Schlesien)

Daniel von Czepko: Geistliche Schriften. Hrsg. von Werner Milch. Breslau: Priebatsch's Buchhandlung, 1930. (1–2; S. 20 f., S. 220 f., S. 276 f.)

Daniel von Czepko: Weltliche Dichtungen. Hrsg. von Werner Milch. Breslau: Priebatsch's Buchhandlung, 1932. (3; S. 367)

SIMON DACH

1605 (Memel) – 1659 (Königsberg)

L. H. Fischer (Hrsg.): Gedichte des Königsberger Dichterkreises aus Heinrich Alberts Arien und musicalischer Kürbshütte (1638–1650). Halle: Niemeyer, 1883. (Neudrucke deutscher Literaturwerke des 16. und 17. Jahrhunderts. Nr. 44–48.) (1–4; S. 212 f., S. 130 f., S. 49 f., S. 178 f.)

Simon Dach: Gedichte. Bd. 2: Weltliche Lieder. Gedichte an das kurfürstliche Haus. Dramatisches. Hrsg. von Walther Ziesemer. Halle: Niemeyer, 1937. (5; S. 262)

JOHANN MICHAEL DILHERR

1604 (Themar, Thüringen) – 1669 (Nürnberg)

[Dilherr:] Augen- und Hertzens-Lust. Das ist / Emblematische Fůrstellung der Sonn- und Festtåglichen Evangelien. [...] In Verlegung Johann Andreas Endtern / und Wolffgang deß Jůngern Seel. Erben. M. DC. LXI. (2; S. 208)

[Dilherr:] Heilig-Epistolischer Bericht / Licht / Geleit und Freud. Das ist: Emblematische Fürstellung / Der Heiligen Sonn- und Festtåglichen Episteln [...]. Nürnberg / In Verlegung Johann Andreas Endtern / und Wolffgang deß Jůngern Seel. Erben. M. DC. LXIII. (1; S. 131)

OTTO CHRISTOPH ELTESTER

1666 (Kleve) – 1738 (Berlin)

Benjamin Neukirchs Anthologie. Herrn von Hoffmannswaldau und andrer Deutschen auserlesene und bißher ungedruckte Gedichte. Tl. 2. Hrsg. von Angelo George de Capua und Ernst Alfred Philippson. Tübingen: Niemeyer, 1965. (Neudrucke deutscher Literaturwerke. N. F. 16.) (S. 37)

GOTTFRIED FINCKELTHAUS

1614 (Leipzig) – 1648 (Bautzen)

Gottfriedt Finckelthausens Deutshe [!] Gesänge. [...] HAMBURG. Beÿ Tobias Gunderman. [um 1640.] (1–3; Bl. H 6^{v} f., G 1^{r} – G 2^{r}, H 6^{v})

G. F. Dreyssig Teutsche Gesånge / Zum dritten mahl ůbersehen vnd auffgelegt. Leipzig / Bey Heinrich Nerlichen. 1642. (4; Bl. B 1^{r} f.)

PAUL FLEMING

1609 (Hartenstein, Sachsen) – 1640 (Hamburg)

Davids / Des Hebreischen Kônigs vnd Propheten Buszpsalme / Vnd Manasse / des Kônigs Juda Gebet / als er zu Babel gefangen war. Durch Paull Flemmingen in deutsche Reyme gebracht. [*am Ende:*] Leipzig / In Verlegung Elias Rehefelds / Gedruckt bey Friederich Lanckischen sel. Erben. Im Jahr 1631. (5; Bl. B 3^{v} f.)

D: Paul Flemings Teütsche Poemata. Lübeck In Verlegung Laurentz Jauchen Buchhl. [1646.] (1–4, 6–17; S. 670, S. 32 f., S. 576, S. 283, S. 492 f., S. 535 f., S. 487 f., S. 532 f., S. 531 f., S. 173, S. 604, S. 609, S. 633, S. 616 f., S. 191 f., S. 188)

PAUL GERHARDT

1607 (Gräfenhainichen, Sachsen) – 1676 (Lübben an der Spree)

PAULI GERHARDI Geistliche Andachten · Bestehend in hundert und zwantzig Liedern / Auff Hoher und vornehmer Herren Anfoderung in ein Buch gebracht [...]. Hervor gegeben und verlegt Von JOHAN GEORG EBELING [...]. BERLIN / Gedruckt bey Christoff Rungen / ANNO M DC LXVII. (1–3; S. 20 f., S. 108 f., S. 202 f.)

ENOCH GLÄSER

1628 (Landeshut, Schlesien) – 1668 (Helmstedt)

 Geistliche Sonnette / Lieder und Gedichte / zu Gottseeligem Zeitvertreib / erfunden und gesetzet durch Fråulein Catharina Regina / Fråulein von Greiffenberg / geb. Freyherrin von Seyßenegg: Nunmehr Ihr zu Ehren und Gedåchtniß / zwar ohne ihr Wissen / zum Druck gefórdert / durch ihren Vettern Hanns Rudolf von Greiffenberg [...]. Nůrnberg / In Verlegung Michael Endters. Gedruckt zu Bayreuth bey Johann Gebhard. Im M. DC. LXII. Jahr. (1–9; S. 58, S. 62, S. 16, S. 403, S. 170, S. 248, S. 225, S. 243, S. 359 f.)

HANS JACOB CHRISTOFFEL VON GRIMMELSHAUSEN
1621/22 (Gelnhausen, Hessen) – 1676 (Renchen, Baden)

[Grimmelshausen:] Der Abentheurliche SIMPLICISSIMUS Teutsch / Das ist: Die Beschreibung deß Lebens eines seltzamen Vaganten / genant Melchior Sternfels von Fuchshaim / wo und welcher gestalt Er nemlich in diese Welt kommen / was er darinn gesehen / gelernet / erfahren und außgestanden / auch warumb er solche wieder freywillig quittirt. [...] Monpelgart / Gedruckt bey Johann Fillion / Im Jahr M DC LXIX. (S. 26 f.)

JOHANN GROB
1643 (Enzenschwyl, Schweiz) – 1697 (Herisau, Schweiz)

[Grob:] Dichterische Versuchgabe Bestehend In Teutschen und Lateinischen Aufschriften / Wie auch etlichen Stimmgedichten oder Liederen. [...] Gedrukt zu Basel / Bei Johann Brandmůller / Im Jahr 1678. (1–2; S. 91, S. 54)

[Grob:] Reinholds von Freientahl Poetisches Spazierwåldlein / Bestehend in vielerhand Ehren- Lehr- Scherz- und Strafgedichten. Gedrukt im Jahr 1700. (3; S. 97)

ANDREAS GRYPHIUS
1616 (Glogau) – 1664 (Glogau)

ANDREAE GRYPHII, Sonnete. [*am Ende:*] Gedruckt zur Polnischen Lissa / durch Wigandum Funck. [1637.] *Zitiert nach:* Andreas Gryphius: Sonette. Hrsg. von Marian Szyrocki. Tübingen: Niemeyer, 1963. (Gesamtausgabe der deutschsprachigen Werke. Bd. 1.) (5, 9; S. 7 f., S. 19)

ANDREAE GRYPHII Freuden und Trauer-Spiele auch Oden und Sonnette. In Breßlau zu finden Bey Veit Jacob Treschern / Buchhåndl. Leipzig / Gedruckt bey Johann Erich Hahn. Im Jahr 1663. (4, 6–8, 10–25; S. 664, S. 666 f., S. 667, S. 668, S. 676 f., S. 681, S. 686 f., S. 691, S. 691 f., S. 692, S. 692 f., S. 694, S. 713, S. 715 f., S. 716, S. 716 f., S. 717 f., S. 776 f., S. 564–566, S. 547 f.)

ANDREAE GRYPHII EPIGRAMMATA Oder Bey-Schrifften. Breßlau / Bey Veit Jacob Dreschern / Buchhåndl. Im Jahr M. DC. LXIII. (1–2, 26; S. 12, S. 15, S. 19 f.)

Himmel Steigente HertzensSeüfftzer Ubersehen und mit newen Reimen gezieret von ANDREA GRYPHIO. Breßlau bey Veit Jacob Treschern. ANNO 1665. (3; S. 916–918)

CHRISTIAN GRYPHIUS
1649 (Fraustadt, Schlesien) – 1706 (Breslau)

Christiani Gryphii Poetische Waͤlder. […] Franckfurt und Leipzig / Verlegts Christian Bauch. Anno 1698. (S. 866)

ISAAC HABRECHT
1589 (Straßburg) – 1633 (Straßburg)

MARTINI OPICII. Teutsche Pöemata vnd ARISTARCHVS Wieder die verachtung Teutscher Sprach, Item Verteutschung Danielis Heinsij Lobgesangs Iesu Christi, vnd Hymni in Bachum Sampt einem anhang Mehr auserleßener geticht anderer Teutscher Pöeten. Der gleichen in dieser Sprach Hiebeuor nicht auß kommen. Straszburg In verlegung Eberhard Zetzners. Anno 1624. (S. 162)

GEORG PHILIPP HARSDÖRFFER
1607 (Nürnberg) – 1658 (Nürnberg)

Lobgesang Dem Hoch- Wolgebornen HERRN HERRN CARL GVSTAV WRANGEL / HERRN zu SchogKloster und Roßtorp / etc. Der Koͤnigl. Majest und Reiche Schweden Reichsraht / Generaln und Feld-Marschalln in Teutschland / etc. Seinem gnaͤdigen HERRN / Zu unterthaͤniger Ehrbezeugung gesetzet von Georg Philip Harsdoͤrffern. und in die Music gebracht durch Sigmund Theophilum Staden Nuͤrnberg / Gedruckt durch Heinrich Pillenhofer. M. DC. XLVIII. (1)
[Harsdörffer:] NATHAN und JOTHAM: Das ist Geistliche und Weltliche Lehrgedichte / Zu sinnreicher Ausbildung der waaren Gottseligkeit / wie auch aller loͤblichen Sitten und Tugenden / vorgestellet […]. Zweyter Theil […]. Gedruckt zu Nuͤrnberg / in Verlegung Michael Endters. Im Jahr 1651. (2; Bl. N 1^{r})

AUGUST ADOLPH VON HAUGWITZ
1647 (Uebigau bei Bautzen) – 1706 (Uebigau)

[Haugwitz:] PRODROMUS POETICUS, Oder: Poetischer Vortrab / bestehende aus unterschiedenen Trauer- und Lust-Spielen / Sonnetten / Oden / Elegien / Bey- oder Uberschrifften und andern Deutschen Poetischen Gedichten [...]. M DC LXXXIV. DRESDEN / Druckts und verlegts Christian Bergen. (1–4; S. 22 f., S. 35 f., S. 53, S. 127)

JOHANNES HEERMANN

1585 (Raudten, Schlesien) – 1647 (Lissa)

[Heermann:] DEVOTI MUSICA CORDIS. Hauß- vnd Hertz-Musica. Das ist: Allerley geistliche Lieder [...]. In Verlegung David Müllers Buchhändlers zu Breßlaw [...] / Im Jahr MDCXXX. (S. 140 f.)

JOHANN HELWIG

1609 (Nürnberg) – 1674 (Regensburg)

[Helwig:] Die Nymphe NORIS IN Zweyen Tagzeiten vorgestellet; DArbey mancherley schöne Gedichte / und warhafte Geschichte / nebenst unterschiedlichen lustigen Rätzeln / Sinn- und Reimenbildern / auch artigen Gebänden mitangebracht [...]. Nürnberg. Gedrukt und verlegt bey Jeremia Dümler. Im Jahr 1650. (S. 90)

CHRISTIAN HÖLMANN

1677 (Breslau) – 1744 (Breslau)

Benjamin Neukirchs Anthologie. Herrn von Hoffmannswaldau und andrer Deutschen auserlesene und bißher ungedruckte Gedichte. Tl. 4. Hrsg. von Angelo George de Capua und Erika A. Metzger. Tübingen: Niemeyer, 1975. (Neudrucke deutscher Literaturwerke. N. F. 24.) (1, 5; S. 20–22, S. 298)

 Benjamin Neukirchs Anthologie. Herrn von Hoffmannswaldau und andrer Deutschen auserlesene und bißher ungedruckte Gedichte. Tl. 5. Hrsg. von Erika A. Metzger und Michael M. Metzger. Tübingen: Niemeyer, 1981. (Neudrucke deutscher Literaturwerke. N. F. 29.) (2–4; S. 361, S. 370, S. 370)

Benjamin Neukirchs Anthologie. Herrn von Hoffmannswaldau und andrer Deutschen auserlesene und bißher ungedruckte Gedichte. Tl. 6. Hrsg. von Erika A. Metzger und Michael M. Metzger. Tübingen: Niemeyer, 1988. (Neudrucke deutscher Literaturwerke. N. F. 38.) (6–7; S. 132, S. 133)

CHRISTIAN HOFFMANN VON HOFFMANNSWALDAU

1616 (Breslau) – 1679 (Breslau)

[Hoffmannswaldau:] C. H. V. H. Deutsche Vbersetzungen Und Gedichte. Mit bewilligung deß Autoris. In Breßlau / Verlegts Esaias Fellgibel Buchhåndl. daselbst / 1679. – *Diese Sammlung enthält u. a. (mit jeweils eigener Blatt- bzw. Seitenzählung):* Begråbnůß Gedichte. – Vermischte Gedichte. – Poetische GRABSCHRIFTEN. Leipzig und Breßlau / In Ver-

legung Jesaiae Fellgiebels / Buchhaͤndlers. Im Jahr 1680. (10–13, 16–17, 19–20; Bl. a6^{v}, Bl. a6^{v}, Bl. a8^{r}, Bl. a8^{r}, Bl. b2^{r}, Bl. a7^{r} »Grabschriften«, S. 3–5 »Vermischte Gedichte«, S. 50–53 »Begraͤbnuͤß Gedichte«)
Benjamin Neukirchs Anthologie. Herrn von Hoffmannswaldau und andrer Deutschen auserlesene und bißher ungedruckte Gedichte. Tl. 1. Hrsg. von Angelo George de Capua und Ernst Alfred Philippson. Tübingen: Niemeyer, 1961. (Neudrucke deutscher Literaturwerke. N. F. 1.) (1–4, 6–7, 14–15, 18; S. 46 f., S. 70 f., S. 437 f., S. 74, S. 88, S. 407 f., S. 126, S. 127, S. 127)
Benjamin Neukirchs Anthologie. Herrn von Hoffmannswaldau und andrer Deutschen auserlesene und bißher ungedruckte Gedichte. Tl. 2. Hrsg. von Angelo George de Capua und Ernst Alfred Philippson. Tübingen: Niemeyer, 1965. (Neudrucke deutscher Literaturwerke. N. F. 16.) (5, 8, 9; S. 12, S. 15, S. 79)

WOLFGANG HELMHARD VON HOHBERG
1612 (Lengenfeld, Niederösterreich) – 1688 (Regensburg)

[Hohberg:] Lust- und Artzeney-Garten des Koͤniglichen Propheten Davids. Das ist Der gantze Psalter in teutsche Verse uͤbersetzt / sam̄t anhangenden kurtzen Christlichen Gebetlein. [...] Gedruckt in Regenspurg bey Christoff Fischern. In Verlegung Georg Sigmundt Freysingers des aͤltern / und Joh: Conrads / Emmrichs beeder Burger und Buchhaͤndler daselbst. Anno M. DC. LXXV. (S. 467 f.)

ERNST CHRISTOPH HOMBURG
1605 (Mihla bei Eisenach) – 1681 (Naumburg)

E. C. Homburgs Schimpff- vnd Ernsthaffte CLIO Erster [-Ander] Theil. Zum andern mal vmb die Helffte vermehret / so viel muͤglich / verbessert / vnd heraus gegeben. Gedruckt zu Jehna / bey Blasio Lobenstein / im Jahr M DC XLII. In Verlegung Zachariae Hertels / Buchhaͤndlern in Hamburg. (1–3; Bl. V 4^{v}f., Bl. M 7^{r} – M 8^{r}, Bl. Cc 1^{v})

ANNA OWENA HOYERS
1584 (Koldenbüttel, Schleswig) – 1655 (Gut Sittwick bei Stockholm)

ANNAE OVENAE Hoijers Geistliche und Weltliche POEMATA. Amstel-dam / Beij Ludwig Elzevieren. A°. 1650. (S. 276–278)

HENRICH HUDEMANN
um 1595 (Beidenfleth, Holstein) – 1628 (Wewelsfleth, Holstein)
1. Teutschland. Emblema 37
2. Von der Zeit 37
HENRICI HUDEMANNI, F. HOLSATI, DIVITIAE POETICAE. HAMBURGI Ex officinâ Typographicâ PAULI LANGII, ANNO M DC XXV. (1–2; S. 203 f., S. 208)

CHRISTIAN FRIEDRICH HUNOLD
1681 (Wandersleben, Thüringen) – 1721 (Halle)
Er ist gluͤcklich im Schlaffe 311
[Hunold:] Die Edle Bemuͤhung muͤssiger Stunden / In Galanten, Verliebten / Sinn- Schertz- und Satyrischen Gedichten / Von Menantes. HAMBURG / Verlegts Gottfried Liebernickel / Buchhaͤndler im Thum. 1702. (S. 52 f.)

CHRISTOPH KALDENBACH
1613 (Schwiebus, Schlesien) – 1698 (Tübingen)
1. Hn. Valentin Baumgarten / als er zu Koͤnigsberg Magister ward 97
2. Preussisches Valet 98
Christoph Kaldenbachs Deutsche Lieder und Getichte / In gewisse Buͤcher eingetheilet. […] Tuͤbingen / Gedruckt bey Martin Rommey / 1683. (1–2; S. 505 f., S. 43 f.)

JOHANNES KHUEN
1606 (Moosach bei München) – 1675 (München)
Joseph und Maria fliehen mit dem Jesu Kindlein in Egypten . . 221
[Khuen:] GAVDIA PASTORVM, SchaͤfferFrewd / Oder Triumph der Geistlichen Schaͤfferey / Von vilerley Newen Gesaͤnglein. […] Getruckt zu Muͤnchen / bey Luca Straub / In Verlegung Johann Wagners Buchhandlers. ANNO M. DC. LV. (S. 61–65)

JOHANN KLAJ
um 1616 (Meißen) – 1656 (Kitzingen)
1. An die Stadt Nuͤrnberg 168
2. *Hellglaͤntzendes Silber* 168

[Harsdörffer – Klaj:] PEGNESISCHES SCHAEFERGEDICHT / in den BERINORGISCHEN GEFILDEN / angestimmet von STREFON und CLAJVS. Nůrnberg / bey Wolfgang Endter. M. DC. XXXXIV. (1–2; S. 8, S. 20)

[Klaj:] Geburtstag Deß Friedens / Oder rein Reimteutsche Vorbildung / Wie der großmåchtigste Kriegs- und Siegs-Fůrst MARS auß dem långstbedrångten und hǒchstbezwångten Teutschland / seinen Abzug genommen [...]. Nůrnberg / In Verlegung Wolffgang Endters / 1650. (3–6; S. 7 f., S. 8, S. 9, S. 9 f.)

DAVID KLESEL

1631 (Tiefhartmannsdorf, Schlesien) – 1687 (Schlichtingsheim, Schlesien)

[Abraham Klesel:] Vergiß mein nicht / Oder Jesus-sůsse Andachten Auff Sonn- und Fest-Tage / item sonderliche Zeit und Fålle / und zwar der Gestalt / eingerichtet Daß Sie / nach Belieben / kǒnnen gebethet und [...] gesungen werden [...]. Zur Lissa Gedruckt durch Michael Vucken / Im Jahr des Heils 1675. (Bl.):(7^{v} f.)

CHRISTIAN KNORR VON ROSENROTH

1636 (Alt-Raudten, Schlesien) – 1689 (Sulzbach, Oberpfalz)

[Knorr von Rosenroth:] Neuer Helicon mit seinen Neun Musen Das ist: Geistliche Sitten-Lieder / Von Erkåntniß der wahren Glůckseligkeit / und der Unglůckseligkeit falscher Gůter; dann von den Mitteln zur wahren Glůckseligkeit zu gelangen / und sich in derselben zu erhalten. [...] Nůrnberg / Verlegts Joh. Jonathan Felßecker / 1684. (S. 161–163)

MICHAEL KONGEHL

1646 (Kreuzburg, Ostpreußen) – 1710 (Königsberg)

[Kongehl:] Belustigung bey der Unlust aus allerhand Geist- und Weltlichen Gedicht-Arten. Stettin / Zu finden bey Joh. Adam Plener / Buchhåndler. 1683. *Die beiden Teile der Gedichtsammlung haben zusätzliche Titelblätter, der zweite Teil hat eigene Seitenzählung.* (1–2; I, S. 327, II, S. 32 f.)

[Kongehl:] Lust-Quartier / neben dem Cypressen-Håyn / auß Allerhand Lust-Gedichten / wie auch Geistlichen und Weltlichen EPIGRAMMATIBUS, Bey- oder Uber-Schrifften [...]. DANZIG / Verlegt durch Martin Hallervord / Buchhåndlern in Königsberg / Drukts David Friedrich Rhet / 1694. (3; S. 132–134)

ADAM KRIEGER

1634 (Driesen, Neumark) – 1666 (Dresden)

Herrn Adam Kriegers [...] Neue ARIEN / In 5. Zehen eingetheilet [...]. So nach seinem Seel. Tode erst zusammen gebracht / und zum Druck befördert worden [...]. I. VOCE. Dreßden / In Wolffgang Seyfferts Druckerey / Anno 1667. (Bl. R 2^{r} = Nr. V,3)

QUIRINUS KUHLMANN

1651 (Breslau) – 1689 (Moskau)

A. Z! Qvirin Kuhlmanns Unsterbliche Sterblikeit Oder Hundert Spilersinnliche Virzeilige Grabe-schrifften / Zum zweitenmahl gedrukkt. Zu JENA / Drukts Samuel Adolph Můller 1671. (1–3; S. 14)

A. Z! Qvirin Kuhlmanns Breßlauers Himmlische Libes-kůsse / ůber di fůrnemsten Oerter Der Hochgeheiligten Schrifft / vornemlich des Salomonischen Hohenlides wi auch Anderer dergleichen Himmelschmeckende Theologische Bůcher Poetisch abgefasset. Zu JEHNA Drukkt Samuel Adolph Můller Im Jahr 1671. (4–5; S. 53–55, S. 41)

[Kuhlmann:] A. Z! D. Funffzehn Gesånge. o. O. [Amsterdam 1677.] (6; S. 42 f.)

[Kuhlmann:] A. Z! Des KÜHLPSALTER DRITTER THEIL. AMSTERDAM, Im Jahre Jesu Christi, 1686. (7; S. 43 f.)

LAURENTIUS VON SCHNÜFFIS
1633 (Schnifis, Vorarlberg) – 1702 (Konstanz)

[Laurentius von Schnüffis:] Mirantisches Flötlein. Oder Geistliche Schäfferey / In welcher Christus / under dem Namen Daphnis / die in dem Sünden-Schlaff vertieffte Seel Clorinda zu einem bessern Leben aufferweckt / und durch wunderliche Weis / und Weeg zu grosser Heiligkeit führet. [...] Gedruckt zu Costantz / In der Fürstl. Bischöffl. Druckerey / Bey David Hautt / Anno 1682. In Verlegung Johann Jacob Mantelin Burgern / und Handelsmann zu Lauffenburg. (S. 54–62)

FRIEDRICH VON LOGAU
1605 (Brockuth bei Nimptsch, Schlesien) – 1655 (Liegnitz)

 [Logau:] Salomons von Golaw Deutscher Sinn-Getichte Drey Tausend. […] Breßlaw / In Verlegung Caspar Kloßmanns / Gedruckt in der Baumannischen Druckerey durch Gottfried Gründern. [1654.] (1–22; I,2,68; I,3,60; I,5,1; I,9,71; I,9,75; II,1,100; II,2,52; II,2,75; II,3,8; II,8,77–80; II,9,69; II, Zugabe, 49; II, Zugabe, 133; III,1,1; III,5,56; III,6,26; III, Zugabe, 178; I,6,4; II,2,87)

DANIEL CASPER VON LOHENSTEIN

1635 (Nimptsch, Schlesien) – 1683 (Breslau)

Daniel Caspers von Lohenstein Blumen. Breßlau / Auf Unkosten JEsaiae Fellgibels / Buchhändlers alldar. 1680. (1–2; S. 140–142 »Himmel-Schlüssel«, Bl. b5^{v} »Der Erleuchtete Hoffmann«)

JOHANN GABRIEL MAIER

1639 (Arbon, Bodensee) – 1699 (Nürnberg)

[Birken:] Der Norische Parnaß und Irdische HimmelGarten: welchen der Norische Fo̊bus / als deren Besitzer / verwechslet mit dem Himmelischen Sion und Ewigem Paradeis […]. Nůrnberg / gedrukt bey Christof Gerhard / im 1677 Christgeburt-Jahr. (S. 8)

JOHANN GOTTLIEB MEISTER

1665 (Mühlau bei Burgstädt, Sachsen) – 1699 (Leipzig)

[Meister:] Unvorgreiffliche Gedancken Von Teutschen EPIGRAMMATIBUS, In deutlichen Regeln und annehmlichen Exempeln / nebst einen Vorbericht von dem Esprit der Teutschen / abgefaßet von M. M. Leipzig / bey Martin Theodor Heybey. 1698. (S. 223)

JOHANN MATTHÄUS MEYFART

1590 (Jena) – 1642 (Erfurt)

[Meyfart:] TUBA NOVISSIMA, Das ist / VOn den vier letzten dingen des Menschen / nemlich / von dem Todt / Jůngsten Gericht / ewigen Leben vnnd Verdamniß / Vier vnterschiedliche Predigten / gehalten zu Coburgk bey gegebener Gelegenheit […]. Gedruckt zu Coburgk in der

Fůrstl. Druckerey / durch Johann Forckel / in Verlegung Friderich Gruners / Buchhåndlers daselbst / im Jahr 1626. (S. 85–88)

DANIEL GEORG MORHOF
1639 (Wismar) – 1691 (Lübeck)

Daniel Georg Morhofen Teutsche Gedichte. KIEL / Gedruckt und verlegt durch Joachim Reuman / Acad. Buchdr. im Jahr 1682. (1–2; S. 361 f., S. 372)

HEINRICH MÜHLPFORT
1639 (Breslau) – 1681 (Breslau)

Benjamin Neukirchs Anthologie. Herrn von Hoffmannswaldau und andrer Deutschen auserlesene und bißher ungedruckte Gedichte. Tl. 2. Hrsg. von Angelo George de Capua und Ernst Alfred Philippson. Tübingen: Niemeyer, 1965. (Neudrucke deutscher Literaturwerke. N. F. 16.) (S. 306–308)

BENJAMIN NEUKIRCH
1665 (Roniken, Schlesien) – 1729 (Ansbach)

Benjamin Neukirchs Anthologie. Herrn von Hoffmannswaldau und andrer Deutschen auserlesene und bißher ungedruckte Gedichte. Tl. 1. Hrsg. von Angelo George de Capua und Ernst Alfred Philippson. Tübingen: Niemeyer, 1961. (Neudrucke deutscher Literaturwerke. N. F. 1.) (1–4; S. 465, S. 65, S. 129, S. 133)

GEORG NEUMARK
1621 (Langensalza, Thüringen) – 1681 (Weimar)

G. Neumarks […] Fortgepflantzter Musikalisch-Poetischer Lustwald / In dessen erstem Theile / so wohl zu Aufmunterung Gottseeliger Gedanken / und zur Erbauung eines Christlichen Tugendsamen Lebens anfůhrende Geist- und Weltliche Gesånge; Als auch zu keuscher Ehrenliebe dienende Schåferlieder [...] enthalten sind. Im Zweiten / so wohl Geistals Weltliche weitlåuftigere Poetische Gedanken / Glůkkwůnschungen / Lobschriften / Leichreden / Trauer- und Hochzeitsversche begriffen. Im Dritten / sind allerhand kurtze Getichte [...] zu befinden. JEHNA / Drukkts und verlegts Georg Sengenwald / im 1657sten Jahre. (S. 354–360)

MAGNUS DANIEL OMEIS
1646 (Nürnberg) – 1708 (Altdorf)

[Omeis:] Grůndliche Anleitung zur Teutschen accuraten Reim- und Dicht-Kunst / durch richtige Lehr-Art / deutliche Reguln und reine Exempel vorgestellet [...]. Hierauf folget eine Teutsche Mythologie / darinnen die Poetische Fabeln klårlich erzehlet / und derer Theologisch-Sittlich- Natůrlich- und Historische Bedeutungen ůberall angefůget werden; wie auch eine Zugabe von etlich-gebundenen Ehr- Lehr- und LeichGedichten. [...] Nůrnberg / in Verlegung Wolfgang Michahelles und Johann Adolph / Buchhåndll. Gedruckt zu Altdorf / durch Heinr. Meyern / Acad. Buchdr. A. 1704. (S. 340 f. »Teutsche Mythologie«)

MARTIN OPITZ VON BOBERFELD
1597 (Bunzlau) – 1639 (Danzig)

MARTINI OPITII HIPPONAX AD ASTERIEN puellam formae & animi dotibus longè amabilissimam. Item Germanica quaedam ejusdem argumenti. GORLICII IohannIs RhaMbae typI eXCVDebant. [1618.] (2; Bl. C 2^{r})

MARTINI OPICII. Teutsche Pöemata vnd ARISTARCHVS Wieder die verachtung Teutscher Sprach, Item Verteutschung Danielis Heinsij Lobgesangs Iesu Christi, vnd Hymni in Bachum Sampt einem anhang Mehr auserleßener geticht anderer Teutscher Pöeten. Der gleichen in dieser Sprach Hiebeuor nicht auß kommen. Straszburg In verlegung Eberhard Zetzners. Anno 1624. (3; S. 104)

MARTINI OPITII Acht Bůcher, Deutscher Poematum durch Ihn selber heraus gegeben / auch also vermehret vnnd vbersehen / das die vorigen darmitte nicht zuuergleichen sindt. Inn Verlegung Dauid Můllers Buchhandlers Inn Breßlaw. 1625. (1, 4, 6–11, 13, 17; S. 239 f., S. 153 f., S. 185 f., S. 186 f., S. 200 f., S. 201 f., S. 207, S. 214, S. 214 f., S. 221, S. 236)

Martin Opitzen Schåfferey Von der Nimfen Hercinie. Gedruckt zum Brieg / In verlegung David Můllers Buchhandlers in Breßlaw. 1630. (5, 12; S. 57 f., S. 58 f.) Die Psalmen Davids Nach den Frantzo̊sischen Weisen gesetzt. Durch Martin Opitzen. [...] Dantzigk / Gedruckt vnd verlegt durch Andream Hůnefeldt / Buchhåndler / 1637. (19; S. 374 f.)

MARTINI OPITII Geistliche Poëmata, Von jhm selbst anjetzo zusammen gelesen / verbessert vnd absonderlich herauß gegeben. In Verlegung David Můllers Buchhåndlers S. Erben. M. DC. XXXVIII. (20; S. 31 f.)

FLORILEGII VARIORVM EPIGRAMMATVM LIBER ALTER. MART. OPITIVS ex vetustis ac recentioribus Poetis congessit et versibus Germanicis reddidit. [...] GEDANI, Typis ac sumptibus Andreae Hünefeldii. Anno M DC XXXIX. (16; S. 39)

MARTINI OPITII Weltliche Poëmata. Der Ander Theil. Zum vierdten mal vermehret vnd vbersehen herauß gegeben. Franckfurt / In Verlegung THOMAE MATHIAE Götzen / Im Jahr M. DC. XXXXIV. (15, 21–22; S. 175 f., S. 155 f., S. 64)
[Erdmann Neumeister:] DE POËTIS GERMANICIS Hujus seculi praecipuis DISSERTATIO COMPENDIARIA. [...] ANNO M. DC. XCV. (18; S. 78)

NICOLAUS PEUCKER
um 1620 (Kolbnitz bei Jauer, Schlesien) – 1674 (Kölln an der Spree)
Der Drache ... hält seine Ablage bey Hn. ... Didden 216
NICOLAI Peuckers [...] wolklingende / lustige Paucke Von 100. Sinnreichen Schertz-Gedichten / Theils der Hohen Herrschaft in tiefster Unterthänigkeit / theils vielen Hoch-Adelichen / und andern vornehmen hiesigen Familien zu besondern Ehren geschrieben / Nunmehr aber nach des sel. Autoris Tode in diese Ordnung verfasset / mit Fleiß übersehen und zum Druck befodert von OTTO CHRISTIAN Pfeffern / Buchhändlern in Berlin. druckts Gotth. Schlechtiger / 1702. (S. 550–553)

JOHANNES PLAVIUS
lebte in der 1. Hälfte des 17. Jahrhunderts in Danzig
Sey der Obrigkeit unterthan 62
M. Johannis Plavii Sonnette. Dantzigk / Gedruckt bey Georg Rheten / In verlegunge des Dichters 1630. *Zitiert nach:* Danziger Barockdichtung. Hrsg. von Heinz Kindermann. Leipzig: Reclam, 1939. (Deutsche Literatur in Entwicklungsreihen. Reihe Barock. Erg.-Bd.) (S. 136 f.)

PROKOP VON TEMPLIN
1608 (Templin, Brandenburg) – 1680 (Linz)
Gott lobende Welt-Music 231
[Prokop von Templin:] Hertzens-Frewd vnd Seelen-Trost. Tl. 2. Passau: Georg Höller, 1661. *Zitiert nach:* Schwund- und Kirchenbarock. Hrsg. von Herbert Cysarz. Leipzig: Reclam, 1937. (Deutsche Literatur in Entwicklungsreihen. Reihe Barock. Barocklyrik. Bd. 3.) (S. 142)

SIMON RETTENPACHER
1634 (Aigen bei Salzburg) – 1706 (Kremsmünster)
Christi Reich und Geburt 263

Deutsche Gedichte Simon Rettenbachers. Hrsg. von Richard Newald. Augsburg: Filser, 1930. S. 62–64.

EUCHARIUS GOTTLIEB RINCK

1670 (Stötteritz bei Leipzig) – 1745 (Altdorf)

Uber Herrn v. Hoffmannswaldau Gedichte 273

Benjamin Neukirchs Anthologie. Herrn von Hoffmannswaldau und andrer Deutschen auserlesene und bißher ungedruckte Gedichte. Tl. 1. Hrsg. von Angelo George de Capua und Ernst Alfred Philippson. Tübingen: Niemeyer, 1961. (Neudrucke deutscher Literaturwerke. N. F. 1.) (S. 61)

JOHANN RIST

1607 (Ottensen, Holstein) – 1667 (Wedel bei Hamburg)

1. Als die ... Zeitung erschallete / daß der Hertzog von Friedland ... wehre ermordet worden 75
2. Die prächtige Schönheit seiner Galatheen 76
3. Sie rühmet ihre Bestendigkeit 76
4. Ernstliche Betrachtung / Der unendlichen Ewigkeit 77

JOHANNIS RISTII HOLSATI Poetischer Lust-Garte Das ist: Allerhand anmuhtige Gedichte auch warhafftige Geschichte auß Alten vnd Newen beglaubten Geschichtschreiberen / mit fleiß außerlesen vnd benebenst mancherley Elegien, Sonnetten, Epigrammaten, Oden, Graabschrifften / Hochzeit- Lob- Trawr- und Klaag-Gedichten / &c. [...] an den Tag gegeben. Hamburg / Gedruckt bey Jacob Rebenlein / In verlegung Zachariae Hertels / Buchhändlers. Im Jahr M DC XXXVIII. (1; Bl. L 7^{v} f.)

[Rist:] Des DAPHNIS aus Cimbrien GALATHEE. HAMBURG. Bey Jacob Rebenlein. [1642.] (2. 3; Bl. C 4^{v} f., Bl. C 1^{r})

Johann: Risten Holst: Predigers Himlische Lieder mit sehr anmuthigen von den weitberühmten H: Johan Schopen gesetzten Melodeyen. Lüneburg beÿ Johann: und Heinrich Sternn. Anno 1643. *Darin mit eigener Seitenzählung:* Johann: Risten H. P. Himlischer Lieder [...] Das Vierdte Zehn. Lüneburg / Bey Johann vnd Heinrich Sternen. ANNO M. DC. XLII. (4; S. 51–58)

ROBERT ROBERTHIN

1600 (Saalfeld, Ostpreußen) – 1648 (Königsberg)

Vivam dum mihi vita datur 96

 L. H. Fischer (Hrsg.): Gedichte des Königsberger Dichterkreises aus Heinrich Alberts Arien und musicalischer Kürbshütte (1638–1650). Halle: Niemeyer, 1883. (Neudrucke deutscher Literaturwerke des 16. und 17. Jahrhunderts. Nr. 44–48.) (S. 16)

JESAIAS ROMPLER VON LÖWENHALT
1605 (Dinkelsbühl, Franken) – nach 1672 (Durlach, Karlsruhe?)
An Johann Risten als er … zu einem Tichter gekro̊nt worden . . 82
Des Jesaias Romplers von Lo̊wenhalt erstes gebůsch seiner Reim-gedichte. Getruckt zu Strasburg / bej Joh. Phil. Můlben / in dem 1647.ten jar Chrl.^{er} z. (S. 160–162)

DOROTHEA ELEONORA VON ROSENTHAL
Lebensdaten unbekannt
MEin liebster Opitius růhrte die Seiten 138
Dorotheen Eleonoren von Rosenthal Poetische Gedancken An Einen Der Deutschen Poesie sonderbahren Befo̊rderern / geschrieben in Breßlau. Im Jahr 1641. (S. 13)

ALBRECHT CHRISTIAN ROTTH
1651 (Ottenhausen, Thüringen) – 1701 (Leipzig)
[An eine Braut] 271
[Rotth:] Vollståndige Deutsche Poesie / in drey Theilen / Deren der I. Eine Vorbereitung / In welcher die gantze Prosodia enthalten / und was sonst in dergleichen Sachen pflegt geschrieben zu werden? II. Eine fernere Anleitung zu den insgemein ůblichen Gedichten. […] III. Eine richtige Einleitung zu den vor andern so beniemten Poetischen Gedichten. […] LEIPZIG / In Verlegung Friedrich Lanckischen Erben / Anno 1688. (II, S. 297 f.)

JOHANN CASPAR SCHADE
1666 (Kühndorf bei Meiningen) – 1698 (Berlin)
[Über die Anfangsworte des 63. Psalms] 266
Christliches Ehren-Gedåchtnůß Des weyland WohlEhrwůrdigen / Großachtbaren und Hochwohlgelahrten / Herrn M. Johann Caspar Schadens / Gewesenen treuverdienten Predigers und Seelsorgers der Gemeinde zu S. Nicolai in Berlin / Nachdem derselbige den 25. Julii 1698. aus diesem leben seelig abgefordert / sein verblichener co̊rper

aber den 28. auf dem Kirchhoff zu S. Nicolai in seine ruhe gebracht worden war / in solcher Kirche den 31. ejusd. (war der VI. Sontag nach Trinit.) Mit einer predigt ůber etliche wort Psal. LXIII,2. von Philipp Jacob Spenern / D. Churfl. Brandenb. Consist. Raht und Propsten in Berlin / In volckreicher versamlung wůrdiglich begangen. Daselbst gedruckt mit Salfeldischer Wittwe Schrifften. (S. 52)

JOHANNES SCHEFFLER
1624 (Breslau) – 1677 (Breslau)

1. [*Aus:*] Geistreiche Sinn- und Schlussreime (Nr. 1–20) 224
2. Sie fraget bey den Creaturen nach ihrem Allerliebsten 228
3. Sie begehret verwundet zu seyn von ihrem Geliebten 230

[Scheffler:] Johannis Angeli Silesii Geistreiche Sinn- vnd Schlussrime [!]. [*am Ende:*] Gedruckt und Verlegt zu Wienn / bey Einer Lo̊bl: N: Oe: Landtschafft Buchdrucker / Johann Jacob Kůrner. ANNO M. DC. LVII. (1; S. 21–26)
[Scheffler:] Heilige Seelen-Lust / Oder Geistliche Hirten-Lieder / Der in jhren JESUM verliebten Psyche [...] Allen liebhabenden Seelen zur Ergetzligkeit und Vermehrung jhrer heiligen Liebe / zu Lob und Ehren Gottes an Tag gegeben. Breßlaw / In der Baumannischen Drukkerey drukts Gottfried Grůnder. [1657.] (2–3; S. 36–39, S. 118–120)

JOHANN HERMANN SCHEIN
1586 (Grünhain bei Zwickau) – 1630 (Leipzig)

1. *MEin Schifflein lieff im wilden Meer* 38
2. *AMor das liebe Råuberlein* 38
3. *GLeich wie ein armes Hirschelein* 39

[Schein:] DILETTI PASTORALI, Hirten Lust / Von 5. Stimmen / zusampt dem Basso Continouo, Auff Madrigal-manier Componirt [...]. CANTO I. Leipzig / In Verlegung des AUTORIS, ANNO M. DC. XXIV. (1–2; Nr. 9, Nr. 14)
[Schein:] SOPRANO I. à 3. Musica boscareccia. Wald-Liederlein / Auff Italian-Villanellische Invention Beydes für sich allein mit lebendiger Stim / oder in ein Clavicimbel, Spinet, Tiorba, Lauten etc. Wie auch auff Musicalischen Instrumenten anmůhtig vnnd lieblich zu spielen / FINGIRT vnd COMPONIRT [...]. Straßburg / In verlegung Friedrich Spoors / im Jahr M. DC. XLIV. [*zuerst 1621–28*] (3; I, Bl. Cc 1^r)

WENCEL SCHERFFER VON SCHERFFENSTEIN
1598/99 (Leobschütz, Schlesien) – 1674 (Brieg)

Wencel Scherffers Geist: und Weltlicher Gedichte Erster Teil / in sich begreiffend Eilf Bůcher / deren inhalt nach der Zuschrifft zufinden. [...] Zum Briege gedrukkt von Christoff Tschorn. M. DC. LII. (1–2; S. 678, S. 676)

DAVID SCHIRMER
1623 (Pappendorf bei Freiberg, Sachsen) – 1687 (Dresden)

David Schirmers Poetische ROsen-GEpůsche. Von Ihm selbsten aufs fleißigste übersehen / mit einem gantz neuen Buche vermehret und in allem verbesserter heraus gegeben. DRESDEN / In Verlegung Andreas Lôflers Buchfůhrers. Gedruckt bey Melchior Bergen / Chur-F. Såchs. HofBuchdr. M. DC. LVII. (1–5; S. 479, S. 3 f., S. 77 f., S. 180 f., S. 167)

JOHANN MATTHIAS SCHNEUBER
1614 (Müllheim, Baden) – 1665 (Straßburg)

Johann-Matthias Schneübers Gedichte. Gedruckt zu Strasburg beÿ Joh: Philipp Můlben. M. DC. XL. IV. (S. 336 f.)

JOHANN GEORG SCHOCH
1627 (Leipzig) – um 1690 (?)

Johann-Georg Schochs Neu-erbaueter Poetischer Lust- u. Blumen-Garten / Von Hundert Schåffer- Hirten- Liebes- und Tugend-Liedern / Wie auch Zwey Hundert Lieb- Lob- und Ehren-Sonnetten auf unterschiedliche Damen / Standes-Personen / Sachen / u. d. g. Nebenst Vier Hundert Denck-Sprůchen / Sprůch-Wôrtern / Retzeln / Grab- und

Uberschrifften / Gespraͤchen und Schertz-Reden [...]. LEIPZIG / In Verlegung Christian Kirchners / Im Jahr 1660. (1–3; S. 163, S. 14 f., S. 22 »Sonnette«)

JUSTUS GEORG SCHOTTELIUS
1612 (Einbeck) – 1676 (Wolfenbüttel)

1. Tugendmacht 177
2. Donnerlied 177

[Schottelius:] Fruchtbringender Lustgarte In sich haltend Die ersten fuͤnf Abtheilungen / Zu ergetzlichem Nutze Ausgefertiget / Und gedrukt In der Fuͤrstlichen Haupt-Vestung Wulfenbuͤttel / Durch Johann Bißmark / In verlegung Michael Cubachs / Buchhaͤndlers in Luͤneburg. Im Jahr / 1647. (1–2; S. 261, S. 258 f.)

SIBYLLA SCHWARZ
1621 (Greifswald) – 1638 (Greifswald)

1. *ISt Lieb ein Feur* 99
2. *LIebe schont der Goͤtter nicht* 99
3. *MEin Alles ist dahin* 100
4. Epigramma 100

Sibyllen Schwarzin Vohn Greiffswald aus Pommern / Ander Teil Deutscher Poëtischer Gedichten / Nuhn zuhm ersten mahl Auß jhren eignen Handschriften heraußgegeben und verleget Vohn M. SAMUEL GERLACH / auß dem Hertzogtuhm Wuͤrtemberg. und zu DANTZIG Gedrukt / bey seel. Georg Rheten Witwen / im M. DC. L. Jahr. (1–4; Bl. O 3^{r}, Bl. O 4^{r}, Bl. P 2^{v}, Bl. H 1^{v})

JACOB SCHWIEGER
um 1630 (Altona, Holstein) – vor dem 28. 1. 1664 (Glückstadt, Holstein)

CYnthia du schoͤnstes Licht 200

Die Verfuͤhrete Schaͤferin Cynthie / Durch Listiges Nachstellen des Floridans: Entdekket Von Jacob Schwigern. Gluͤkstadt / gedrukt durch Melchior Koch / im Jahr 1660. (Bl. B 8^{r} – B 9^{r})

CAROL SEYFFART
1630 (Halle) – 1681 (Gröbzig, Sachsen-Anhalt)

Hochzeit-Schrifft 218

M. Carol Seyffarts [...] Poetischer Gluͤcks-Topff / In welchem Allerley /

 und zwart meist Weltliche / traurig- und lustig-geziemende Gedichte zu ergreiffen und zu finden / und sonderlich dem Liebhaber der reinen Teutschen Poesie zu Nutz / mit der bewehrtesten Poeten Redens-Arten und Zierligkeiten geschmůcket / Auff instȧndiges Anhalten zusammen getragen und erȯffnet. In Verlegung des Autoris. [*andere Exemplare haben statt dessen:* Zu finden bey Peter Brȯssel / Buchhandl. in Jehna /] Eißleben / druckts Andreas Koch / im Jahr der Erlȯsung 1671. (S. 202 f.)

JUSTUS SIEBER
1628 (Einbeck) – 1695 (Schandau, Sachsen)

Justus Siebers Poëtisierende Jugend / Oder Allerhand Geist- und Weltliche Teutsche Getichte. Dresden / Auff Andreas Lȯfflers / Buchführers / Verlag druckts Melchior Bergen Im 1658sten. (1–2; S. 818 f., S. 719)

JOHANN WILHELM SIMLER
1605 (Zürich) – 1672 (Zürich)

Johann Wilhelm Simlers Teutsche Gedichte: darinnen I. Vierverse / oder summbegriffenliche Inhȧlte der Psalmen Davids: II. Vnderscheidenliche / auf zeiten und anlȧsse gerichtete Gesȧnge: III. Allerhand Vberschrifften. Getrukt zů Zürich / Bey Johann Jakob Bodmer. M DC XXXVIII. (S. 166)

FRIEDRICH SPEE VON LANGENFELD
1591 (Kaiserswerth bei Düsseldorf) – 1635 (Trier)

[Spee:] TRVTZ NACHTIGAL, Oder Geistlichs-Poetisch LVST-WALDLEIN, Deßgleichen noch nie zuvor in Teutscher sprach gesehen. [...] Jetzo / nach vieler wunsch vnd langem anhalten / zum erstenmahl in Truck verfertiget. [...] Cȯllen / In verlag Wilhelmi Friessems Buchhȧndlers / in der Tranckgaß im Ertz-Engel Gabriel. Im Jahr 1649. [...] (1–3; S. 7–9, S. 35–40, S. 211–213)

JOSUA STEGMANN

1588 (Sulzfeld bei Meiningen) – 1632 (Rinteln)

[Stegmann:] Christliches GebetBůchlein / Auff die bevorstehende Betrůbte Krigs / Theurung vnd SterbensZeiten gerichtet / Benebenst Morgen vnd Abendtsegen auff alle Tage in der Wochen / So wol auch BeichtCommunion vnd andern Gebetlein auff allerhand Noth der Christenheit accommodiret. [...] 1627 Itzo vermehrt vnd zum andern mal gedruckt. Rinteln / bey Petro Lucio Typog. Acad. (S. 716 f.)

JOHANN STEINMANN

Lebensdaten unbekannt

Letterkehre / Welche / Die Hochwůrdige / Durchleuchtige / Hochgebohrne Fůrstinn vnd Frau / Frau ANNE-SOPHIEN / Gebohrne Pfalzgråfinn bey Rhein / Herzoginn in Beyern / Des Keyserlichen Freyen Weltlichen Stifts Quedlinburg Aptissinn / Gråfinn zu Veldenz und Spanheim [...] Seine Gnådige Fůrstinn und Gnådigen Frålinnen / Nebenst darweisung eines herzlichen Wunsches / in ihrem Lobe zu beehren / Auß denen Nahmen und Titeln erfunden / mit Bilder-Reimen außgezieret / Vnd Seine Wenigkeit damit einzugnådigen / Den 1. des ingehenden Jahrs / untertåhnig überreichet Johann Steinmann Kåiserlicher Poet. Gedrukkt zu Quedlinburg bey Johann Ockeln / Im Jahr 1653. (Bl.)(2^{v})

KASPAR STIELER

1632 (Erfurt) – 1707 (Erfurt)

[Stieler:] Die Geharnschte Venus oder Liebes-Lieder im Kriege gedichtet mit neuen Gesang-Weisen zu singen und zu spielen gesezzet nebenst ettlichen Sinnreden der Liebe Verfertiget und Lustigen Gemůhtern zu Gefallen heraus gegeben von Filidor dem Dorfferer. HAMBURG / Gedrukkt bey Michael Pfeiffern. In Verlegung Christian Guht / Buchhånlers im Tuhm / Im Jahr 1660. (1–4; S. 1–4, S. 20–22, S. 88–90, S. 200–204)

ERNST STOCKMANN

1634 (Lützen) – 1712 (Allstedt, Thüringen)

Auff das Begraͤbnuͤß eines vornehmen Cavalliers 220

M. Ernst Stockmanns / P. L. C. Poetische Schrifft-Lust / Oder hundert Geistliche Madrigalen / Einer zierlichen Italiaͤnischen Art Verse / Mit einem Viertheil hundert Politischen Freuden- und Trauer-Madrigalen erweitert. Leipzig / verlegts Georg Heinrich Frommann / Buchhaͤndler. Anno 1668. (S. 90 f.)

JOHANN THOMAS

1624 (Leipzig) – 1679 (Altenburg, Sachsen)

Die Schwalbe 214

[Thomas:] Damon und Lisillen Keuscher Liebes-Wandel In Zweyen unterschiedlichen Teilen von Matthia Jonsohnen beschrieben / Deßen zweiten bis anhero in keinem Buchladen befindlichen Teile Das Nachgedaͤchtnis der nunmehro Seeligen LISILLEN anbeigefuͤget / und von Einigen Tugendgesinten Liebhab: Zum Drukke befoͤrdert worden Im 1672. Heil. Jahre. [*Darin mit eignem Titelblatt:*] Anderer Teil. MATTHIAE Jonsohn Nachgedaͤchtnuͤs / Der nunmehr selig verstorbenen LISILLE. Gedrukkt im Jahr. M. DC. LXXI. (Bl. A 12ᵛ – B 1ᵛ)

ANDREAS TSCHERNING

1611 (Bunzlau) – 1659 (Rostock)

1. Auff Hn. Johann Mochingers geliebten Soͤhnleins …
   Begraͤbnuͤß 85
2. Wein 88
3. Orpheus 88

Andreas Tschernings Deutscher Getichte Fruͤling. Breßlaw, In Verlegung Georg Baumans Buchdruckers. 1642. (1–3; S. 328–331, S. 259, S. 257)

GABRIEL VOIGTLÄNDER

um 1596 (Reideburg bei Halle) – 1643 (Nykøbing, Dänemark)

1. Der Autor kans Niemand zu Danck machen 108
2. Ihm vergnuͤget nichts denn seine Liebste 110

[Voigtländer:] Erster Theil Allerhand Oden vnnd Lieder / welche auff allerley / als Italianische / Frantzoͤsische / Englische / vnd anderer Teutschen guten Componisten / Melodien vnd Arien gerichtet […].

Sohra / Gedruckt auff der Koͤnigl: Adelichen Academy / Von Henrich Krusen / bestalten Buchdrucker daselbst. Im Jahr M. DC. XLII. (1–2; S. 1, S. 24 f.)

GEORG RODOLF WECKHERLIN

1584 (Stuttgart) – 1653 (London)

Triumf NEwlich bey der F. kindtauf zu Stutgart gehalten. Beschriben Durch G. Rodolfen Weckherlin. Stutgart / Getruckt bey Johan-Weyrich Roͤßlin / M. DC. XVI. (1; Bl.)(3^{v} –)(4^{v}) Das ander Buch Oden vnd Gesaͤng. Durch Georg-Rodolf Weckherlin. [*am Ende*:] Stutgart / Gedruckt bey Johann-Weyrich Roͤßlin. Im Jahr 1619. (2; S. 49 f.)

Georg-Rodolf Weckherlins Gaistliche vnd Weltliche Gedichte. Amsterdam / Bey Jan Jansson. 1648. (3–11; S. 635, S. 647 f., S. 649 f., S. 693 f., S. 701 f., S. 702 f., S. 707, S. 708 f., S. 801)

CHRISTIAN WEISE

1642 (Zittau) – 1708 (Zittau)

[Weise:] Der gruͤnen Jugend Uberfluͤssige Gedancken / Aus vielfaͤltiger und mehrentheils fremder Erfahrung in offenhertziger Einfalt Allen Jungen und Lustbegierigen Gemuͤhtern vorgestellet von D. E. Amsterdam im Jahr 1668. (Bl. H 2^{v} – H 3^{v})

DIEDERICH VON DEM WERDER

1584 (Werdershausen, Sachsen-Anhalt) – 1657 (Reinsdorf, Sachsen-Anhalt)

[Werder:] Krieg vnd Sieg Christi Gesungen in 100. Sonnetten Da in jedem vnd jeglichem Verse die beyden wörter / KRIEG und SIEG auffs wenigste einmahl / befindlich seynd. Wittenberg / Gedruckt bey Johann Rőhnern / Im Jahr 1631. (1; Bl. B 1^{r})
[Werder:] Die BuszPsalmen / in Poesie gesetzt. Sampt angehengtem TrawerLied vber die klågliche Zerstőrung der Lőblichen vnd Vhralten Stadt Magdeburg. Leipzig / In Verlegung Eliae Rehefelds / Gedruckt bey Abraham Lambergs seligen Erben / ANNO M. DC. XXXII. (2; Bl. C 3^{r} – C 4^{r})

CHRISTIAN WERNICKE

1661 (Elbing, Westpreußen) – 1725 (Kopenhagen)

[Wernicke:] Uberschriffte Oder EPIGRAMMATA, In kurtzen Satyren, Kurtzen Lob-Reden und Kurtzen Sitten-Lehren bestehend. […] AMSTERDAM, Bey Adrian Brackman, Anno 1697. (S. 45 f.)

PHILIPP VON ZESEN

1619 (Priorau bei Dessau) – 1689 (Hamburg)

PHILIPPI CAESII Deutsches Helicons Erster und Ander Theil / Oder Unterricht / wie ein Deutscher Vers und Getichte auf mancherley Art ohne fehler recht zierlich zu schreiben. […] Itzo wieder vermehret und zum andern mahl herraus gegeben. Wittenberg / Gedruckt bey Johann Rőhnern / Im Jahr M DC XLI. (1–2, 5; I, Bl. B 1^{v} f., II, S. 132–135, I, S. 76)

[Zesen:] Ritterholds von Blauen Adriatische Rosemund. [...] Amsteltam, Bei Ludwich Elzevihrn. 1645. (4; S. 241 f.)
Filip Zesens Durch-aus vermehrter und zum dritt- und letzten mahl in dreien teilen aus gefartigter Hoch-deutscher Helikon / oder Grund-richtige anleitung zur hoch-deutschen Dicht- und Reim-kunst. Zu Wittenberg getruͤckt auf kosten Johan Seelfisches, Buchhaͤndlers. Anno 1649. (9; III, Bl. E 7^{r})
Meien-lied Der Roͤmischen Keiserlichen / wie auch zu Hungern und Boͤhmen Koͤniglichen Majestaͤt / Der Allerdurchleuchtigsten Eleonoren / seiner Allergnaͤdigsten Keiserin und Frauen am ersten Maͤi-tage des 1653 jahres / aus alleruntertaͤhnigster schuldigkeit gewidmet durch F. von Zesen. [*Einblattdr.*] (6)
Filip Zesens Durch-aus vermehrter und zum viert- und letzten mahl in vier teilen ausgefaͤrtigter Hoch-Deutscher Helikon / oder Grund-richtige Anleitung zur Hoch-deutschen Dicht- und Reim-kunst. JENA / In Verlegung Daniel Reihels / Buchhaͤndl. in Perlin / gedrukkt bey Georg Sengenwalden / 1656. (3, 8; II, S. 32 f., II, S. 34)
Filips von Zesen Dichterisches Rosen- und Liljen-tahl / mit mancherlei Lob- lust- schertz- schmerz- leid- und freuden-liedern gezieret. zu Hamburg bei Georg Rebenlein / im 1670 jahre. (7; S. 131–135)

JULIUS WILHELM ZINCGREF
1591 (Heidelberg) – 1635 (St. Goar)

MARTINI OPICII. Teutsche Pöemata vnd ARISTARCHVS Wieder die verachtung Teutscher Sprach, Item Verteutschung Danielis Heinsij Lobgesangs Iesu Christi, vnd Hymni in Bachum Sampt einem anhang Mehr auserleßener geticht anderer Teutscher Pöeten. Der gleichen in dieser Sprach Hiebeuor nicht auß kommen. Straszburg In verlegung Eberhard Zetzners. Anno 1624. (1–2; S. 162, S. 189)

ANONYM

PostBott. Getruckt im Jahr / 1621. [*Einblattdr. o. O.*]

Der Mitternaͤchtische Lewe / welcher in vollen Lauff durch die Pfaffen-Gasse rennet. [*Einblattdr. o. O., o. J.*]

Wallensteins Epitaphium 50
THEATRI EVROPAEI Continuatio III. Das ist: Historischer Chronicken Dritter Theil / In sich begreiffend Eine kurtze vnnd warhaffte Beschreibung aller vornehmen / Denck- vnd Chronickwuͤrdigen Geschichten / so sich hin vnd wider in der gantzen Welt [...] von Anno 1633. biß 1638. [...] allerseits begeben vnd zugetragen. [...] Franckfurt / Getruckt in Wolffgang Hoffmans Buchtruckerey / Im Jahr M. DC. XXXXIIII. (S. 185)

Klage der Goͤtter uber die falsche Wahre der [...] deutschen Vers-Craͤmer 88
Andreas Tschernings Deutscher Getichte Fruͤling. Breslaw, In Verlegung Georg Baumans Buchdruckers. 1642. (S. 367 f.)

Newe Bauren-Klag 151
Newe Bauren-Klag / Vber die Vnbarmhertzige Bauren Reuͤtter dieser zeit. Getruckt Im Jahr 1643. [*Einblattdr. o. O.*]

KOmm braune nacht 304
Benjamin Neukirchs Anthologie. Herrn von Hoffmannswaldau und andrer Deutschen auserlesene und bißher ungedruckte Gedichte. Tl. 1. Hrsg. von Angelo George de Capua und Ernst Alfred Philippson. Tübingen: Niemeyer, 1961. (Neudrucke deutscher Literaturwerke. N. F. 1.) (S. 303 f.)

An die nacht 305
Benjamin Neukirchs Anthologie. Herrn von Hoffmannswaldau und andrer Deutschen auserlesene und bißher ungedruckte Gedichte. Tl. 4. Hrsg. von Angelo George de Capua und Erika A. Metzger. Tübingen: Niemeyer, 1975. (Neudrucke deutscher Literaturwerke. N. F. 24.) (S. 143 f.)

Allegorisch Sonnet 306
Benjamin Neukirchs Anthologie. Herrn von Hoffmannswaldau und andrer Deutschen auserlesene und bißher ungedruckte Gedichte. Tl. 2. Hrsg. von Angelo George de Capua und Ernst Alfred Philippson. Tübingen: Niemeyer, 1965. (Neudrucke deutscher Literaturwerke. N. F. 16.) (S. 327)

Inhalt